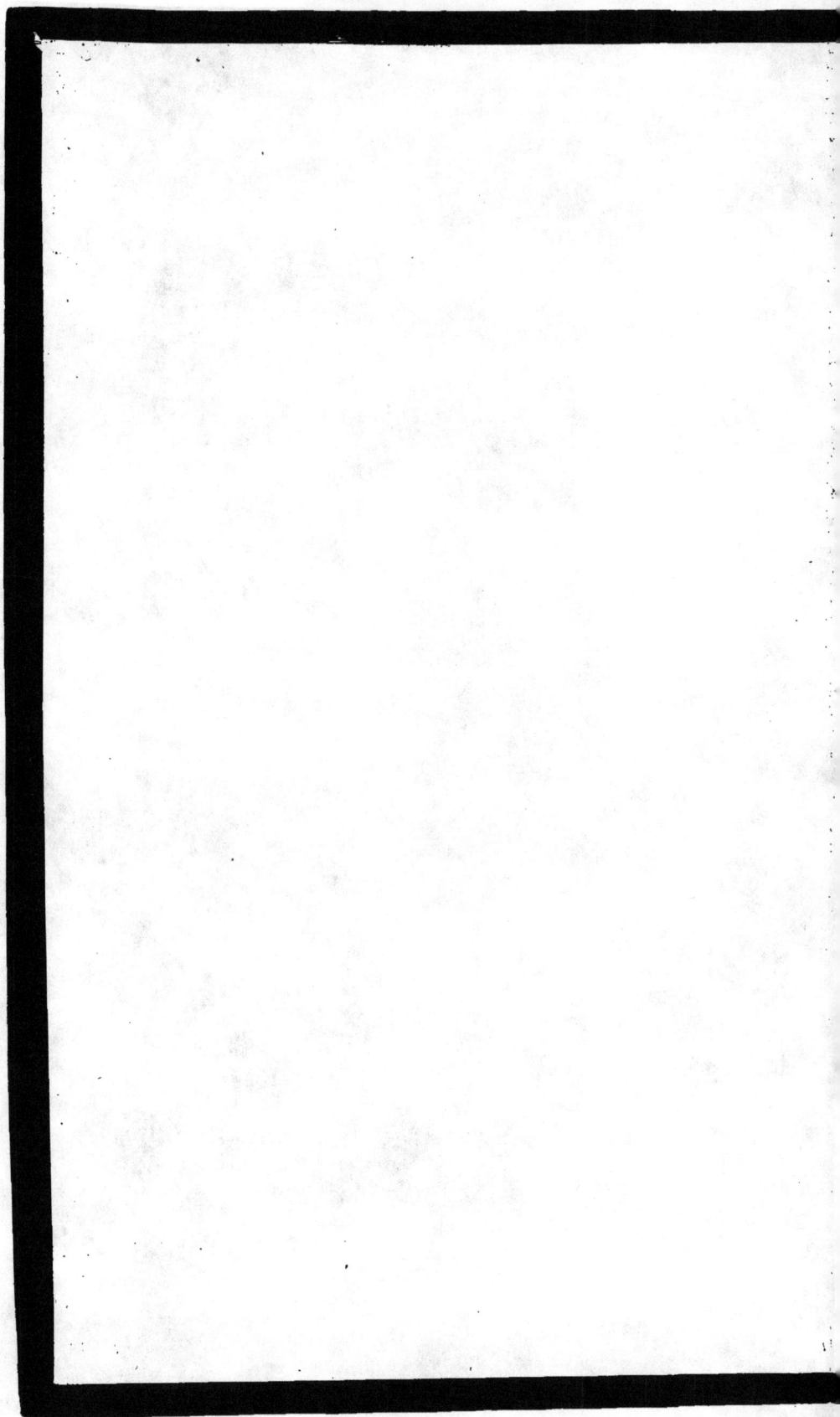

RECUEIL

DES

LOIS, DÉCRETS, ORDONNANCES,

ARRÊTÉS, CIRCULAIRES, ETC.

CONCERNANT LE SERVICE

DES INGÉNIEURS AU CORPS IMPÉRIAL DES MINES.

(EXTRAIT.)

RECUEIL

MÉTHODIQUE ET CHRONOLOGIQUE

DES

LOIS, DÉCRETS, ORDONNANCES,

ARRÊTÉS, CIRCULAIRES, ETC.

CONCERNANT LE SERVICE

DES INGÉNIEURS AU CORPS IMPÉRIAL DES MINES,

DRESSÉ PAR M. LAMÉ FLEURY,

INGÉNIEUR DES MINES,

ET PUBLIÉ PAR ORDRE DE S. EXC. LE MINISTRE

DE L'AGRICULTURE, DU COMMERCE ET DES TRAVAUX PUBLICS.

EXTRAIT

RELATIF AUX APPAREILS À VAPEUR.

PARIS.

IMPRIMERIÈ IMPÉRIALE.

M DCCC LVI.

SOMMAIRE.

L'astérisque (') indique que la note qu'il accompagne fait partie du texte original.

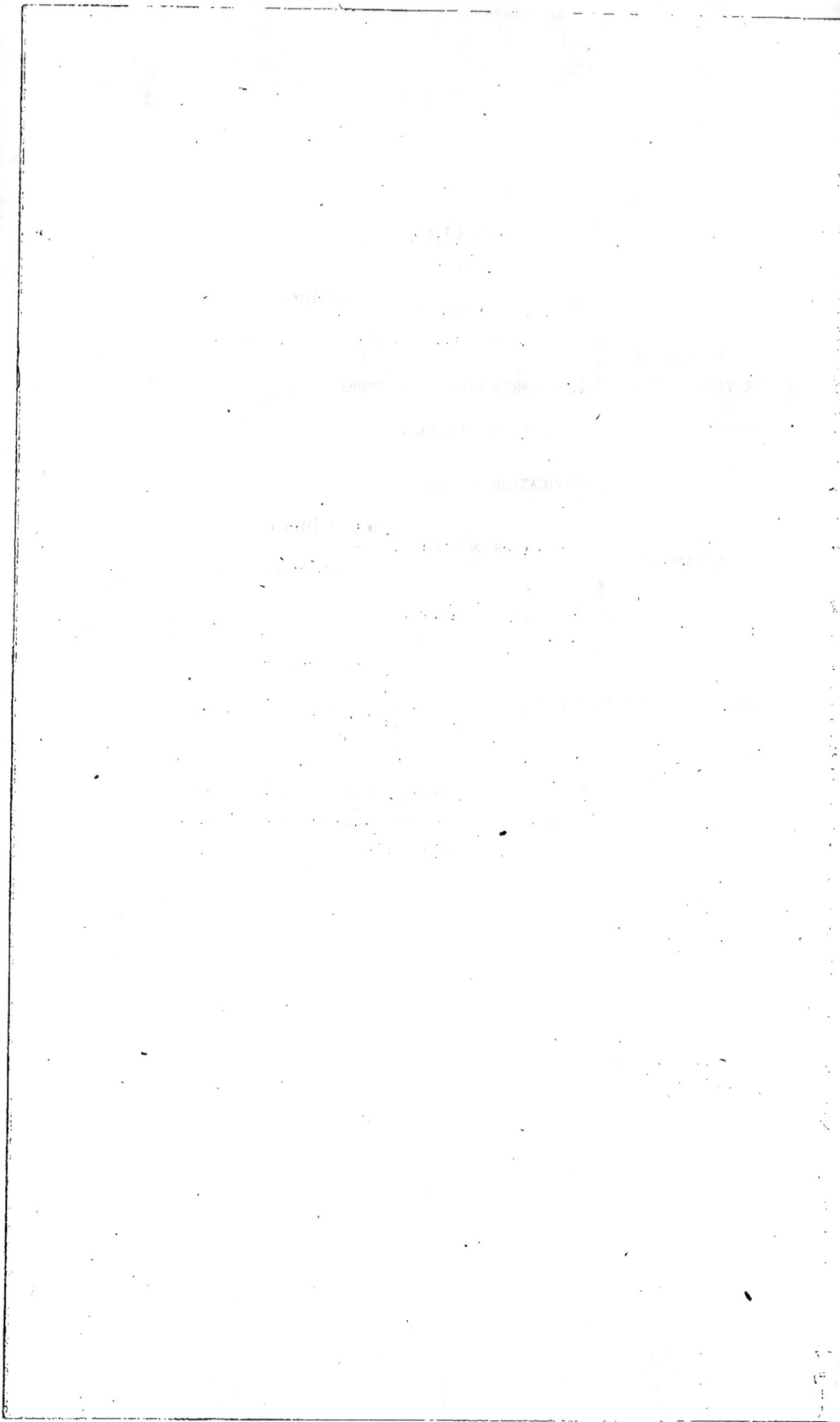

APPAREILS A VAPEUR FIXES.

MACHINES ET CHAUDIÈRES A VAPEUR.

GÉNÉRALITÉS.

ORDONNANCE ROYALE RELATIVE AUX MACHINES ET CHAUDIÈRES À VAPEUR AUTRES QUE CELLES QUI SONT PLACÉES SUR DES BATEAUX [1].

LOUIS-PHILIPPE, etc.   22 mai 1843.

Vu les ordonnances des 29 octobre 1823, 7 mai 1828, 23 septembre 1829 et 25 mars 1830, concernant les machines et chaudières à vapeur;

L'ordonnance du 22 juillet 1839, relative aux locomotives employées sur les chemins de fer [2];

Les rapports de la commission centrale des machines à vapeur, établie près de notre ministre des travaux publics;

Notre conseil d'état entendu,

ARTICLE 1er. Seront soumises aux formalités et aux mesures de sûreté prescrites par la présente ordonnance, les machines à vapeur et les chaudières fermées dans lesquelles on doit produire de la vapeur [3].

Les machines et chaudières établies à bord des bateaux seront régies par une ordonnance spéciale.

TITRE 1er. — DISPOSITIONS RELATIVES À LA FABRICATION ET AU COMMERCE DES MACHINES OU CHAUDIÈRES À VAPEUR.

ART. 2. Aucune machine ou chaudière à vapeur ne pourra être livrée par un fabricant si elle n'a subi les épreuves prescrites ci-après [4]. Lesdites épreuves seront faites à la fabrique, sur la déclaration des fabricants, et d'après les ordres des préfets, par les ingénieurs des mines, ou, à leur défaut, par les ingénieurs des ponts et chaussées.

---

[1] Voir ci-après l'arrêté, en date du 8 avril 1848, du ministre de la guerre, concernant les appareils à vapeur employés sur terre en Algérie.

[2] Tous ces actes, n'ayant plus aujourd'hui qu'un intérêt purement historique, n'ont point été reproduits dans ce Recueil; il en est d'ailleurs parlé, avec quelques détails, dans la circulaire du 24 juillet 1843.

[3] Voir ci-après le chapitre des Récipients divers de vapeur.

[4] Voir ci-après le titre 1er de la loi pénale du 21 juillet 1856.

Art. 3. Les chaudières ou machines à vapeur venant de l'étranger devront être pourvues des mêmes appareils de sûreté que les machines et chaudières d'origine française, et subir les mêmes épreuves. Ces épreuves seront faites au lieu désigné par le destinataire dans la déclaration qu'il devra faire à l'importation.

TITRE II.—DISPOSITIONS RELATIVES À L'ÉTABLISSEMENT DES MACHINES ET DES CHAUDIÈRES À VAPEUR PLACÉES À DEMEURE AILLEURS QUE DANS LES MINES.

SECTION Ire. — DES AUTORISATIONS [1].

Art. 4. Les machines à vapeur et les chaudières à vapeur, tant à haute pression qu'à basse pression, qui sont employées à demeure, partout ailleurs que dans l'intérieur des mines, ne pourront être établies qu'en vertu d'une autorisation délivrée par le préfet du département [2], conformément à ce qui est prescrit, par le décret du 15 octobre 1810, pour les établissements insalubres et incommodes de deuxième classe.

Art. 5. La demande en autorisation sera adressée au préfet. Elle fera connaître :

1° La pression maximum de la vapeur, exprimée en atmosphères et en fractions décimales d'atmosphère, sous laquelle les machines à vapeur ou les chaudières à vapeur devront fonctionner;

2° La force de ces machines, exprimée en chevaux (le cheval-vapeur étant la force capable d'élever un poids de 75 kilogrammes à un mètre de hauteur dans une seconde de temps);

3° La forme des chaudières, leur capacité et celle de leurs tubes bouilleurs, exprimées en mètres cubes;

4° Le lieu et l'emplacement où elles devront être établies, et la distance où elles se trouveront des bâtiments appartenant à des tiers et de la voie publique;

5° La nature du combustible que l'on emploiera;

6° Enfin le genre d'industrie auquel les machines ou les chaudières devront servir.

Un plan des localités et le dessin géométrique de la chaudière seront joints à la demande.

Art. 6. Le préfet renverra immédiatement la demande en

---

[1] Voir aussi le § 3 de l'instruction ministérielle du 23 juillet 1843.

[2] Voir les exceptions portées par les articles 78 et 79 de cette ordonnance, et le titre II de la loi spéciale du 21 juillet 1856.

autorisation, avec les plans, au sous préfet de l'arrondissement, pour être transmise au maire de la commune.

Art. 7. Le maire procédera immédiatement à des informations *de commodo et incommodo*. La durée de cette enquête sera de dix jours.

Art. 8. Cinq jours après qu'elle sera terminée, le maire adressera le procès-verbal de l'enquête, avec son avis, au sous-préfet, lequel, dans un semblable délai, transmettra le tout au préfet, en y joignant également son avis.

Art. 9. Dans le délai de quinze jours, le préfet, après avoir pris l'avis de l'ingénieur des mines [1], ou, à son défaut, de l'ingénieur des ponts et chaussées, statuera sur la demande en autorisation.

L'ingénieur signalera, s'il y a lieu, dans son avis, les vices de construction qui pourraient devenir des causes de danger, et qui proviendraient, soit de la mauvaise qualité des matériaux, soit de la forme de la chaudière ou du mode de jonction de ses diverses parties. Il indiquera les moyens d'y remédier, si cela est possible.

Art. 10. L'arrêté [2] par lequel le préfet autorisera l'établissement d'une machine ou d'une chaudière à vapeur indiquera :

1° Le nom du propriétaire ;

2° La pression maximum de la vapeur, exprimée en nombre d'atmosphères, sous laquelle la machine ou la chaudière devra fonctionner, et les numéros des timbres dont la machine et la chaudière auront été frappées, ainsi qu'il est prescrit ci-après, article 19 ;

3° La force de la machine, exprimée en chevaux ;

4° La forme et la capacité de la chaudière ;

[1] « Les mesures qui concernent les machines à vapeur fixes destinées à mettre en mouvement les tours et autres appareils des ateliers de réparations, ou à faire marcher les pompes qui alimentent les prises d'eau pour les machines locomotives, restent, comme le prescrivent les règlements sur la matière, dans les attributions exclusives du préfet de chaque département ; mais, par dérogation aux règles du service départemental, dérogation déjà établie d'ailleurs et consacrée par l'expérience, la surveillance de ces machines fixes et appareils à vapeur sera confiée désormais aux ingénieurs du contrôle ; car le bon entretien de ces machines n'intéresse pas seulement la sécurité locale, il intéresse également la régularité, et, par suite, la sécurité de la circulation sur les chemins de fer. » (Circulaire adressée, le 15 avril 1850, par le ministre des travaux publics aux préfets, au sujet du contrôle des chemins de fer en exploitation.

[2] Voir le modèle d'arrêté, annexe B de l'instruction ministérielle du 23 juillet 1843.

5° Le diamètre des soupapes de sûreté, la charge de ces soupapes;

6° La nature du combustible dont il sera fait usage;

7° Le genre d'industrie auquel servira la machine ou la chaudière à vapeur.

Art. 11. Le recours au conseil d'état est ouvert au demandeur contre la décision du préfet qui aurait refusé d'autoriser l'établissement d'une machine ou chaudière à vapeur.

S'il a été formé des oppositions à l'autorisation, les opposants pourront se pourvoir, devant le conseil de préfecture, contre la décision du préfet qui aurait accordé l'autorisation, sauf recours au conseil d'état.

Les décisions du préfet, relatives aux conditions de sûreté que les machines ou chaudières à vapeur doivent présenter, ne seront susceptibles de recours que devant notre ministre des travaux publics.

Art. 12. Les machines et les chaudières à vapeur ne pourront être employées qu'après qu'on aura satisfait aux conditions imposées dans l'arrêté d'autorisation [1].

Art. 13. L'arrêté du préfet sera affiché, pendant un mois, à la mairie de la commune où se trouve l'établissement autorisé. Il en sera, de plus, déposé une copie aux archives de la commune; il devra, d'ailleurs, être donné communication dudit arrêté à toute partie intéressée qui en fera la demande.

SECTION II. — ÉPREUVES DES CHAUDIÈRES ET DES AUTRES PIÈCES CONTENANT LA VAPEUR [2].

Art. 14. Les chaudières à vapeur, leurs tubes bouilleurs et les réservoirs à vapeur, les cylindres en fonte des machines à vapeur et les enveloppes en fonte de ces cylindres, ne pourront être employés, dans un établissement quelconque, sans avoir été soumis préalablement, et ainsi qu'il est prescrit au titre Ier de la présente ordonnance, à une épreuve opérée à l'aide d'une pompe de pression [3].

Art. 15. La pression d'épreuve sera un multiple de la *pression effective*, ou autrement de la plus grande tension que la vapeur pourra avoir dans les chaudières et autres pièces contenant la vapeur, diminuée de la pression extérieure de l'atmosphère.

---

[1] Voir l'article 6 de la loi du 21 juillet 1856.

[2] Voir le S 1er de l'instruction ministérielle du 23 juillet 1843, ainsi que les circulaires des 24 juillet 1843 et 26 août 1852.

[3] Voir l'article 3 de la loi du 21 juillet 1856.

On procédera aux épreuves en chargeant les soupapes des chaudières de poids proportionnels à la pression effective, et déterminés suivant la règle indiquée en l'article 24.

A l'égard des autres pièces, la charge d'épreuve sera appliquée sur la soupape de la pompe de pression.

Art. 16. Pour les chaudières, tubes bouilleurs et réservoirs en tôle ou en cuivre laminé, la pression d'épreuve sera *triple* de la pression effective.

Cette pression d'épreuve sera *quintuple* pour les chaudières et tubes bouilleurs en fonte [1].

Art. 17. Les cylindres en fonte des machines à vapeur, et les enveloppes en fonte de ces cylindres, seront éprouvés sous une pression *triple* de la pression effective.

Art. 18. L'épaisseur des parois des chaudières cylindriques, en tôle ou en cuivre laminé, sera réglée conformément à la table n° 1 annexée à la présente ordonnance.

L'épaisseur de celles de ces chaudières qui, par leurs dimensions et par la pression de la vapeur, ne se trouveraient pas comprises dans la table, sera déterminée d'après la règle énoncée à la suite de ladite table; toutefois, cette épaisseur ne pourra dépasser 15 millimètres.

Les épaisseurs de la tôle devront être augmentées s'il s'agit de chaudières formées, en partie ou en totalité, de faces planes, ou bien de conduits intérieurs, cylindriques ou autres, traversant l'eau ou la vapeur, et servant soit de foyers, soit à la circulation de la flamme [2]. Ces chaudières et conduits devront, de plus, être, suivant les cas, renforcés par des armatures suffisantes.

Art. 19. Après qu'il aura été constaté que les parois des chaudières en tôle ou en cuivre laminé ont les épaisseurs voulues, et après que les chaudières, les tubes bouilleurs, les réservoirs de vapeur, les cylindres en fonte et les enveloppes en fonte de ces cylindres auront été éprouvés, il y sera appliqué des timbres, indiquant, en nombre d'atmosphères, le degré de tension intérieure que la vapeur ne devra pas dépasser. Ces timbres seront placés de manière à être toujours apparents, après la mise en place des chaudières et cylindres.

---

[1] Voir ci-après le S 7 de l'instruction ministérielle du 23 juillet 1843, la circulaire du 24 du même mois, et celle du 22 mars 1853, pros- crivant les fonds en fonte dans la construction des bouilleurs.

[2] Voir ci-après la circulaire du 17 décembre 1848.

Aᴿᴛ. 20. Les chaudières qui auront des faces planes seront dispensées de l'épreuve, mais sous la condition que la force élastique ou la tension de la vapeur ne devra pas s'élever, dans l'intérieur de ces chaudières, à plus d'*une atmosphère et demie*.

Aᴿᴛ. 21. L'épreuve sera recommencée sur l'établissement dans lequel les machines ou chaudières doivent être employées, 1° si le propriétaire de l'établissement la réclame; 2° s'il y a eu, pendant le transport ou lors de la mise en place, des avaries notables; 3° si des modifications ou réparations quelconques ont été faites depuis l'épreuve opérée à la fabrique.

SECTION III. — ᴅᴇs ᴀᴘᴘᴀʀᴇɪʟs ᴅᴇ sûʀᴇᴛé ᴅᴏɴᴛ ʟᴇs ᴄʜᴀᴜᴅɪèʀᴇs à ᴠᴀᴘᴇᴜʀ
ᴅᴏɪᴠᴇɴᴛ êᴛʀᴇ ᴍᴜɴɪᴇs.

§ 1ᵉʳ. Des soupapes de sûreté [1].

Aᴿᴛ. 22. Il sera adapté à la partie supérieure de chaque chaudière deux soupapes de sûreté, une vers chaque extrémité de la chaudière.

Le diamètre des orifices de ces soupapes sera réglé d'après la surface de chauffe de la chaudière et la tension de la vapeur dans son intérieur, conformément à la table n° 2 annexée à la présente ordonnance.

Aᴿᴛ. 23. Chaque soupape sera chargée d'un poids unique, agissant soit directement, soit par l'intermédiaire d'un levier.

Chaque poids recevra l'empreinte d'un poinçon. Dans le cas où il serait fait usage de leviers, ils devront être également poinçonnés. La quotité des poids et la longueur des leviers seront fixées par l'arrêté d'autorisation mentionné à l'article 10 [2].

Aᴿᴛ. 24. La charge maximum de chaque soupape de sûreté sera déterminée en multipliant 1ᵏ,033 par le nombre d'atmosphères mesurant la pression effective, et par le nombre de centimètres carrés mesurant l'orifice de la soupape.

La largeur de la surface annulaire de recouvrement ne devra pas dépasser la trentième partie du diamètre [3] de la surface cir-

---

[1] Voir le § 3, 1°, de l'instruction ministérielle du 23 juillet 1843, ainsi que les circulaires des 24 juillet 1843 et 28 janvier 1845.

[2] Voir la circulaire du 28 janvier 1845.

[3] Ces deux mots avaient primitivement été oubliés; ils ont donné lieu à une ordonnance du 15 juin 1844, portant rectification de l'article 24 de l'ordonnance du 22 mai 1843, et aussi du paragraphe 2 de l'article 31

culaire exposée directement à la pression de la vapeur, et cette largeur, dans aucun cas, ne devra excéder deux millimètres.

§ 2. Des manomètres [1].

Art. 25. Toute chaudière à vapeur sera munie d'un manomètre à mercure, gradué en atmosphères et en fractions décimales d'atmosphère, de manière à faire connaître immédiatement la tension de la vapeur dans la chaudière.

Le tuyau qui amènera la vapeur au manomètre sera adapté directement sur la chaudière, et non sur le tuyau de prise de vapeur ou sur tout autre tuyau dans lequel la vapeur serait en mouvement.

Le manomètre sera placé en vue du chauffeur.

Art. 26. On fera usage du manomètre à air libre, c'est-à-dire ouvert à sa partie supérieure, toutes les fois que la pression effective de la vapeur ne dépassera pas quatre atmosphères.

On emploiera toujours le manomètre à air libre, quelle que soit la pression effective de la vapeur, pour les chaudières mentionnées à l'article 43 [2].

Art. 27. On tracera sur l'échelle de chaque manomètre, d'une manière apparente, une ligne qui répondra au numéro de cette échelle que le mercure ne devra pas dépasser.

§ 3. De l'alimentation et des indicateurs du niveau de l'eau dans les chaudières.

Art. 28. Toute chaudière sera munie d'une pompe d'alimentation, bien construite et en bon état d'entretien, ou de tout autre appareil alimentaire d'un effet certain.

Art. 29. Le niveau que l'eau doit avoir habituellement dans chaque chaudière sera indiqué, à l'extérieur, par une ligne tracée d'une manière très-apparente sur le corps de la chaudière ou sur le parement du fourneau.

Cette ligne sera d'un décimètre au moins au-dessus de la partie la plus élevée des carneaux, tubes ou conduits de la flamme et de la fumée dans le fourneau [3].

---

de l'ordonnance du 23 mai 1843, relative aux bateaux à vapeur, où la même omission s'était glissée.

[1] Voir, aux *Appareils de sûreté*, ce qui concerne les manomètres, et notamment les circulaires des 17 décembre 1849 et 26 août 1852.

[2] Voir, aux *Appareils de sûreté*, le régime de liberté introduit par l'instruction ministérielle du 15 décembre 1849.

[3] Voir ci-après la circulaire du 15 septembre 1847.

Art. 30. Chaque chaudière sera pourvue d'un *flotteur d'alarme*, c'est-à-dire qui détermine l'ouverture d'une issue par laquelle la vapeur s'échappe de la chaudière, avec un bruit suffisant pour avertir, toutes les fois que le niveau de l'eau dans la chaudière vient à s'abaisser de cinq centimètres au-dessous de la ligne d'eau dont il est fait mention à l'article 29.

Art. 31. La chaudière sera, en outre, munie de l'un des trois appareils suivants : 1° un flotteur ordinaire d'une mobilité suffisante; 2° un tube indicateur en verre; 3° des robinets indicateurs convenablement placés à des niveaux différents [1]. Ces appareils indicateurs seront, dans tous les cas, disposés de manière à être en vue du chauffeur.

§ 4. Des chaudières multiples.

Art. 32. Si plusieurs chaudières sont destinées à fonctionner ensemble, elles devront être disposées de manière à pouvoir, au besoin, être rendues indépendantes les unes des autres.

En conséquence, chaque chaudière sera alimentée séparément, et devra être munie de tous les appareils de sûreté prescrits par la présente ordonnance.

SECTION IV. — DE L'EMPLACEMENT DES CHAUDIÈRES À VAPEUR [2].

Art. 33. Les conditions à remplir, pour l'emplacement des chaudières à vapeur, dépendent de la capacité de ces chaudières, y compris les tubes bouilleurs, et de la tension de la vapeur.

A cet effet, les chaudières sont réparties en quatre catégories.

On exprimera en mètres cubes la capacité de la chaudière avec ses tubes bouilleurs, et en atmosphères la tension de la vapeur, et on multipliera les deux nombres l'un par l'autre.

Les chaudières seront dans la première catégorie quand ce produit sera plus grand que 15;

Dans la deuxième, si ce même produit surpasse 7 et n'excède pas 15;

Dans la troisième, s'il est supérieur à 3 et s'il n'excède pas 7;

---

[1] Voir le § 3, 3°, de l'instruction ministérielle du 23 juillet 1843, et particulièrement, aux *Appareils de sûreté*, la circulaire du 4 octobre 1847.

[2] Voir le § 4 de l'instruction ministérielle du 23 juillet 1843, les circulaires des 24 juillet 1843 et 4 octobre 1847, ainsi que l'article 6 de la loi du 21 juillet 1856.

Dans la quatrième catégorie, s'il n'excède pas 3.

Si plusieurs chaudières doivent fonctionner ensemble dans un même emplacement, et s'il existe entre elles une communication quelconque, directe ou indirecte, on prendra, pour former le produit comme il vient d'être dit, la somme des capacités de ces chaudières, y compris celle de leurs tubes bouilleurs.

Art. 34. Les chaudières à vapeur comprises dans la première catégorie devront être établies en dehors de toute maison d'habitation et de tout atelier.

Art. 35. Néanmoins, pour laisser la faculté d'employer au chauffage des chaudières une chaleur qui autrement serait perdue, le préfet pourra autoriser l'établissement des chaudières de la première catégorie dans l'intérieur d'un atelier qui ne fera pas partie d'une maison d'habitation. L'autorisation sera portée à la connaissance de notre ministre des travaux publics.

Art. 36. Toutes les fois qu'il y aura moins de 10 mètres de distance entre une chaudière de la première catégorie et les maisons d'habitation ou la voie publique, il sera construit, en bonne et solide maçonnerie, un mur de défense de 1 mètre d'épaisseur. Les autres dimensions seront déterminées comme il est dit à l'article 41.

Ce mur de défense sera, dans tous les cas, distinct du massif de maçonnerie des fourneaux, et en sera séparé par un espace libre de 50 centimètres de largeur au moins. Il devra également être séparé des murs mitoyens avec les maisons voisines.

Si la chaudière est enfoncée dans le sol, et établie de manière que sa partie supérieure soit à un mètre au moins en contre-bas du sol, le mur de défense ne sera exigible que lorsqu'elle se trouvera à moins de 5 mètres des maisons habitées ou de la voie publique.

Art. 37. Lorsqu'une chaudière de la première catégorie sera établie dans un local fermé, ce local ne sera point voûté; mais il devra être couvert d'une toiture légère, qui n'aura aucune liaison avec les toits des ateliers ou autres bâtiments contigus, et reposera sur une charpente particulière.

Art. 38. Les chaudières à vapeur comprises dans la deuxième catégorie pourront être placées dans l'intérieur d'un atelier, si toutefois cet atelier ne fait pas partie d'une maison d'habitation ou d'une fabrique à plusieurs étages.

Art. 39. Si les chaudières de cette catégorie sont à moins de

5 mètres de distance, soit des maisons d'habitation, soit de la voie publique, il sera construit de ce côté un mur de défense tel qu'il est prescrit à l'article 36.

ART. 40. A l'égard des terrains contigus non bâtis apparte-nant à des tiers, si, après l'autorisation donnée par le préfet pour l'établissement des chaudières de première ou de seconde catégorie, les propriétaires de ces terrains font bâtir dans les distances énoncées aux articles 36 et 39, ou si ces terrains viennent à être consacrés à la voie publique, la construction de murs de défense, tels qu'ils sont prescrits ci-dessus, pourra, sur la demande des propriétaires desdits terrains, être imposée au propriétaire de la chaudière par arrêté du préfet, sauf re-cours devant notre ministre des travaux publics.

ART. 41. L'autorisation donnée par le préfet, pour les chau-dières de la première et de la deuxième catégorie, indiquera l'emplacement de la chaudière et la distance à laquelle cette chaudière devra être placée par rapport aux habitations appar-tenant à des tiers et à la voie publique, et fixera, s'il y a lieu, la direction de l'axe de la chaudière [1].

Cette autorisation déterminera la situation et les dimensions, en longueur et en hauteur, du mur de défense de 1 mètre, lorsqu'il sera nécessaire d'établir ce mur, en exécution des ar-ticles ci-dessus.

Dans la fixation de ces dimensions, on aura égard à la capa-cité de la chaudière, au degré de tension de la vapeur, et à toutes les autres circonstances qui pourront rendre l'établisse-sement de la chaudière plus ou moins dangereux ou incom-mode.

ART. 42. Les chaudières de la troisième catégorie pourront aussi être placées dans l'intérieur d'un atelier qui ne fera pas partie d'une maison d'habitation, mais sans qu'il y ait lieu d'exiger le mur de défense.

ART. 43. Les chaudières de la quatrième catégorie pourront être placées dans l'intérieur d'un atelier quelconque, lors même que cet atelier fera partie d'une maison d'habitation.

Dans ce cas, les chaudières seront munies d'un manomètre à air libre, ainsi qu'il est dit à l'article 26.

ART. 44. Les fourneaux des chaudières à vapeur comprises dans la troisième et dans la quatrième catégorie seront entière-

---

[1] Voir, aux *Appareils de sûreté*, la circulaire du 4 octobre 1847.

ment séparés, par un espace vide de 5o centimètres au moins, - des maisons d'habitation appartenant à des tiers.

Art. 45. Lorsque les chaudières établies dans l'intérieur d'un atelier ou d'une maison d'habitation seront couvertes, sur le dôme et sur les flancs, d'une enveloppe destinée à prévenir les déperditions de chaleur, cette enveloppe sera construite en matériaux légers ; si elle est en briques, son épaisseur ne dépassera pas 1 décimètre.

TITRE III. — DISPOSITIONS RELATIVES À L'ÉTABLISSEMENT DES MACHINES À VAPEUR EMPLOYÉES DANS L'INTÉRIEUR DES MINES.

Art. 46. Les machines à vapeur placées à demeure dans l'intérieur des mines seront pourvues des appareils de sûreté prescrits, par la présente ordonnance, pour les machines fixes, et devront avoir subi les mêmes épreuves. Elles ne pourront être établies qu'en vertu d'autorisations du préfet, délivrées sur le rapport des ingénieurs des mines.

Ces autorisations détermineront les conditions relatives à l'emplacement, à la disposition et au service habituel des machines.

TITRE IV. — DISPOSITIONS RELATIVES À L'EMPLOI DES MACHINES À VAPEUR LOCOMOBILES ET LOCOMOTIVES.

SECTION 1re. — DES MACHINES LOCOMOBILES.

Art. 47. Sont considérées comme *locomobiles* les machines à vapeur qui, pouvant être transportées facilement d'un lieu dans un autre, n'exigent aucune construction pour fonctionner à chaque station.

Art. 48. Les chaudières et autres pièces de ces machines seront soumises aux épreuves et aux conditions de sûreté prescrites aux sections II et III du titre II de la présente ordonnance, sauf les exceptions suivantes pour celles de ces chaudières qui sont construites suivant un système tubulaire.

Lesdites chaudières pourront être éprouvées sous une pression *double* seulement de la pression effective [1].

On pourra, quelle que soit la tension de la vapeur dans ces

---

[1] Voir le § 1er de l'instruction ministérielle du 23 juillet 1843.

chaudières, remplacer le manomètre à air libre par un manomètre à air comprimé, ou même par un thermomanomètre,
c'est-à-dire par un thermomètre gradué en atmosphères et parties décimales d'atmosphère : les indications de ces instruments
devront être facilement lisibles et placées en vue du chauffeur.

On pourra se dispenser d'adapter auxdites chaudières un
flotteur d'alarme, et il suffira qu'elles soient munies d'un tube
indicateur en verre convenablement placé.

ART. 49. Indépendamment des timbres relatifs aux conditions de sûreté, toute locomobile recevra une plaque portant le
nom du propriétaire.

ART. 50. Aucune locomobile ne pourra fonctionner à moins
de 100 mètres de distance de tout bâtiment, sans une autorisation spéciale donnée par le maire de la commune. En cas de
refus, la partie intéressée pourra se pourvoir devant le préfet.

ART. 51. Si l'emploi d'une machine locomobile présente des
dangers, soit parce qu'il n'aurait point été satisfait aux conditions de sûreté ci-dessus prescrites, soit parce que la machine
n'aurait pas été entretenue en bon état de service, le préfet, sur
le rapport de l'ingénieur des mines, ou, à son défaut, de l'ingénieur des ponts et chaussées, pourra suspendre ou même interdire l'usage de cette machine.

SECTION II. — DES MACHINES LOCOMOTIVES [1].

ART. 52. Les machines à vapeur *locomotives* sont celles qui,
en se déplaçant par leur propre force, servent au transport des
voyageurs, des marchandises ou des matériaux.

ART. 53. Les dispositions de l'article 48 sont applicables aux
chaudières et autres pièces de ces machines, sauf l'exception
énoncée en l'article ci-après.

ART. 54. Les soupapes de sûreté des machines locomotives
pourront être chargées au moyen de ressorts, disposés de manière
à faire connaître, en kilogrammes et en fractions décimales de
kilogramme, la pression qu'ils exerceront sur les soupapes.

ART. 55. Aucune machine locomotive ne pourra être mise
en service sans un *permis de circulation,* délivré par le préfet du
département où se trouvera le point de départ de la locomotive.

ART. 56. La demande du permis contiendra les indications

---

[1] Voir ci-après le chapitre spécialement consacré à cette sorte de machines
à vapeur.

comprises sous les numéros 1 et 3 de l'article 5 de la présente ordonnance, et fera connaître, de plus, le nom donné à la machine locomotive et le service auquel elle sera destinée.

Le nom de la locomotive sera gravé sur une plaque fixée à la chaudière.

Art. 57. Le préfet, après avoir pris l'avis de l'ingénieur des mines, ou, à son défaut, de l'ingénieur des ponts et chaussées, délivrera, s'il y a lieu, le permis de circulation.

Art. 58. Dans ce permis seront énoncés :

1° Le nom de la locomotive et le service auquel elle sera destinée ;

2° La pression maximum (en nombre d'atmosphères) de la vapeur dans la chaudière, et les numéros des timbres dont la chaudière et les cylindres auront été frappés ;

3° Le diamètre des soupapes de sûreté[1] ;

4° La capacité de la chaudière ;

5° Le diamètre des cylindres et la course des pistons ;

6° Enfin le nom du fabricant et l'année de la construction.

Art. 59. Si une machine locomotive ne satisfait pas aux conditions de sûreté ci-dessus prescrites, ou si elle n'est pas entretenue en bon état de service, le préfet, sur le rapport de l'ingénieur des mines, ou, à son défaut, de l'ingénieur des ponts et chaussées, pourra en suspendre ou même en interdire l'usage.

Art. 60. Les conditions auxquelles sera assujettie la circulation des locomotives et des convois, en tout ce qui peut concerner la sûreté publique, seront déterminées par arrêtés du préfet du département où sera situé le lieu du départ, après avoir entendu les entrepreneurs, et en ayant égard tant au cahier des charges des entreprises qu'aux dispositions des règlements d'administration publique concernant les chemins de fer.

TITRE V. — DE LA SURVEILLANCE ADMINISTRATIVE DES MACHINES ET CHAUDIÈRES À VAPEUR.

Art. 61. Les ingénieurs des mines, et, à leur défaut, les ingénieurs des ponts et chaussées, sont chargés, sous l'autorité des préfets, de la surveillance des machines et chaudières à vapeur.

Art. 62. Ces ingénieurs donnent leur avis sur les demandes en autorisation d'établir des machines ou des chaudières à va-

---

[1] Voir la note qui accompagne le § 3, 1°, de l'instruction ministérielle du 23 juillet 1843.

peur, et sur les demandes de permis de circulation concernant les machines locomotives ; ils dirigent les épreuves des chaudières et des autres pièces contenant la vapeur ; ils font appliquer les timbres constatant les résultats de ces épreuves, et poinçonner les poids et les leviers des soupapes de sûreté.

ART. 63 [1]. Les mêmes ingénieurs s'assurent, au moins une fois par an, et plus souvent lorsqu'ils en reçoivent l'ordre du préfet, que toutes les conditions de sûreté prescrites sont exactement observées.

Ils visitent les machines et les chaudières à vapeur ; ils en constatent l'état, et ils provoquent la réparation et même la réforme des chaudières et des autres pièces que le long usage ou une détérioration accidentelle leur ferait regarder comme dangereuses.

Ils proposent également de nouvelles épreuves, lorsqu'ils les jugent indispensables pour s'assurer que les chaudières et les autres pièces conservent une force de résistance suffisante, soit après un long usage, soit lorsqu'il y aura été fait des changements ou réparations notables.

ART. 64. Les mesures indiquées en l'article précédent sont ordonnées, s'il y a lieu, par le préfet, après avoir entendu les propriétaires, lesquels pourront, d'ailleurs, réclamer de nouvelles épreuves lorsqu'ils les jugeront nécessaires.

ART. 65. Lorsque, par suite de demandes en autorisation d'établir des machines ou des appareils à vapeur, les ingénieurs des mines ou les ingénieurs des ponts et chaussées auront fait, par ordre du préfet, des actes de leur ministère de la nature de ceux qui donnent droit aux allocations établies par l'article 89 du décret du 18 novembre 1810 [2] et par l'article 75 du décret du 7 fructidor an XII [3], ces allocations se-

---

[1] Voir ci-après la circulaire du 17 décembre 1848.

[2] Décret impérial portant organisation du corps des ingénieurs des mines. — Titre X. Dispositions générales.
ART. 89. Lorsque les ingénieurs des mines auront été employés pour l'exécution des jugements des cours, et lorsqu'ils auront été commis pour des travaux dépendant particulièrement des départements et des communes,

ou qu'ils auront été requis, comme experts, dans des discussions entre des exploitants, chefs d'usines et autres particuliers, ils seront remboursés de leurs frais de voyage et autres dépenses, d'après la fixation qui en sera faite par les cours, les tribunaux ou le préfet, selon les cas, et d'après un mandat du préfet, rendu exécutoire, ou en vertu d'une ordonnance de justice.

[3] Décret impérial portant organisation du corps des ingénieurs des

ront fixées et recouvrées dans les formes déterminées par lesdits décrets [1].

Art. 66. Les autorités chargées de la police locale exerceront
une surveillance habituelle sur les établissements pourvus de
machines ou de chaudières à vapeur.

TITRE VI. — DISPOSITIONS GÉNÉRALES.

Art. 67. Si, à raison du mode particulier de construction de
certaines machines ou chaudières à vapeur, l'application à ces
machines ou chaudières d'une partie des mesures de sûreté
prescrites par la présente ordonnance se trouvait inutile, le
préfet, sur le rapport des ingénieurs, pourra autoriser l'établissement de ces machines et chaudières en les assujettissant à des
conditions spéciales [2].

Si, au contraire, une chaudière ou machine paraît présenter
des dangers d'une nature particulière, et s'il est possible de les
prévenir par des mesures que la présente ordonnance ne rend
point obligatoires, le préfet, sur le rapport des ingénieurs,
pourra accorder l'autorisation demandée, sous les conditions
qui seront reconnues nécessaires.

ponts et chaussées.—Titre XIII. Dispositions générales.

Art. 75. En exécutoin de l'article
13 du présent règlement, lorsque les
ingénieurs des ponts et chaussées
auront prêté leur ministère pour l'exécution des lois et décrets impériaux et
des jugements des cours, et lorsqu'ils
auront été commis pour des travaux
dépendant de l'administration publique, de celle des départements et
des communes, ils seront remboursés
de leurs frais de voyage et autres dépenses, et ils recevront, en outre, des
honoraires proportionnés à leur travail.

Ces honoraires seront déterminés
par le temps qu'ils auront employé,
soit à faire des plans et projets, soit à
en suivre l'exécution, sans que la base
puisse être établie sur l'étendue des
dépenses.

Les ingénieurs fourniront l'état de
leurs frais et indemnités, dont ils seront remboursés d'après l'approbation,
le règlement et le mandat du préfet.

Ce mandat sera exécutoire contre
les particuliers qui, intéressés dans
une affaire administrative, conten-
tieuse ou judiciaire, auront été déclarés devoir supporter les frais dus à
l'ingénieur; et il sera procédé au recouvrement par voie de contrainte,
comme en matière d'administration.

Lorsque l'ingénieur ordinaire et
l'ingénieur en chef auront concouru
à la même opération, chacun d'eux
fournira l'état de ses dépenses respectives : quant aux honoraires, s'ils ne
sont pas susceptibles de distinction,
ils seront partagés dans une proportion
qui sera concertée entre eux, et qui,
à défaut de concert, sera réglée par
le directeur général, sur l'avis du
conseil des ponts et chaussées.

[1] Voir maintenant les deux décrets
du 10 mai 1854, et celui du 27 du
même mois, qni les complète.

[2] Voir, au § 6 de l'instruction ministérielle du 23 juillet 1843, un exemple
de l'application de cette mesure.

Dans l'un et l'autre cas, les autorisations données par le préfet seront soumises à l'approbation de notre ministre des travaux publics.

Art. 68. Lorsqu'une chaudière à vapeur sera alimentée par des eaux qui auraient la propriété d'attaquer d'une manière notable le métal de cette chaudière, la tension intérieure de la vapeur ne devra pas dépasser une atmosphère et demie, et la charge des soupapes sera réglée en conséquence. Néanmoins l'usage des chaudières contenant la vapeur sous une tension plus élevée sera autorisé, lorsque la propriété corrosive des eaux d'alimentation sera détruite, soit par une distillation préalable, soit par l'addition de substances neutralisantes, ou par tout autre moyen reconnu efficace [1].

Il est accordé un délai d'un an, à dater de la présente ordonnance, aux propriétaires des machines à vapeur alimentées par des eaux corrosives, pour se conformer aux prescriptions du présent article. Si, dans ce délai, ils ne s'y sont point conformés, l'usage de leurs appareils sera interdit par le préfet.

Art. 69. Les propriétaires et chefs d'établissements veilleront :

1° A ce que les machines et chaudières à vapeur et tout ce qui en dépend soient entretenus constamment en bon état de service ;

2° A ce qu'il y ait toujours, près des machines et chaudières, des manomètres de rechange, ainsi que des tubes indicateurs de rechange, lorsque ces tubes seront au nombre des appareils employés pour indiquer le niveau de l'eau dans les chaudières ;

3° A ce que lesdites machines et chaudières soient chauffées, manœuvrées et surveillées suivant les règles de l'art.

Conformément aux dispositions de l'article 1384 du code civil, ils seront responsables des accidents et dommages résultant de la négligence ou de l'incapacité de leurs agents.

Art. 70. Il est défendu de faire fonctionner les machines et les chaudières à vapeur à une pression supérieure au degré dé-

[1] M. Lechatelier, ingénieur des mines, s'est livré à l'étude de l'action des eaux corrosives sur les chaudières à vapeur, et a rédigé un mémoire qui a été publié dans les Annales des mines 3e série, (t. XX, p. 575). Il a paru à l'administration qu'il serait utile de faire imprimer à part des exemplaires de ce mémoire, pour être distribués aux chefs d'établissements où l'on se servirait d'eaux de cette nature. L'envoi de ces exemplaires aux préfets a eu lieu par une circulaire du sous-secrétaire d'état des travaux publics, en date du 12 octobre 1842.

terminé dans les actes d'autorisation, et auquel correspondront les timbres dont ces machines et chaudières seront frappées.

ART. 71. En cas de changements ou de réparations notables qui seraient faits aux chaudières ou aux autres pièces passibles des épreuves, le propriétaire devra en donner avis au préfet, qui ordonnera, s'il y a lieu, de nouvelles épreuves, ainsi qu'il est dit aux articles 63 et 64.

ART. 72. Dans tous les cas d'épreuves, les appareils et la main-d'œuvre seront fournis par les propriétaires des machines et chaudières.

ART. 73. Les propriétaires de machines ou de chaudières à vapeur autorisées seront tenus d'adapter auxdites machines et chaudières les appareils de sûreté qui pourraient être découverts par la suite, et qui seraient prescrits par des règlements d'administration publique.

ART. 74. En cas de contravention aux dispositions de la présente ordonnance, les permissionnaires pourront encourir l'interdiction de leurs machines ou chaudières, sans préjudice des peines [1], dommages et intérêts qui seraient prononcés par les tribunaux. Cette interdiction sera prononcée par arrêtés des préfets, sauf recours devant notre ministre des travaux publics. Ce recours ne sera pas suspensif.

ART. 75. En cas d'accident, l'autorité chargée de la police locale se transportera, sans délai, sur les lieux, et le procès-verbal de sa visite sera transmis au préfet, et, s'il y a lieu, au procureur du roi.

L'ingénieur des mines, ou, à son défaut, l'ingénieur des ponts et chaussées, se rendra aussi sur les lieux immédiatement, pour visiter les appareils à vapeur, en constater l'état et rechercher la cause de l'accident. Il adressera sur le tout un rapport au préfet.

En cas d'explosion, les propriétaires d'appareils à vapeur ou leurs représentants ne devront ni réparer les constructions, ni déplacer ou dénaturer les fragments de la chaudière ou machine rompue, avant la visite et la clôture du procès-verbal de l'ingénieur.

ART. 76. Les propriétaires d'établissements aujourd'hui autorisés se conformeront, dans le délai d'un an à dater de la publication de la présente ordonnance, aux prescriptions de la section III du titre II, articles 22 à 32 inclusivement.

---

[1] Voir maintenant la loi spéciale du 21 juillet 1856.

Quant aux dispositions relatives à l'emplacement des chaudières, énoncées dans la section IV du même titre, articles 33 à 45 inclusivement, les propriétaires des établissements existants qui auront accompli toutes les obligations prescrites par les ordonnances des 29 octobre 1823, 7 mai 1828, 23 septembre 1829 et 25 mars 1830, sont provisoirement dispensés de s'y conformer; néanmoins, quand ces établissements seront une cause de danger, le préfet, sur le rapport de l'ingénieur des mines, ou, à son défaut, de l'ingénieur des ponts et chaussées, et après avoir entendu le propriétaire de l'établissement, pourra prescrire la mise à exécution de tout ou partie des mesures portées en la présente ordonnance, dans un délai dont le terme sera fixé suivant l'exigence des cas.

ART. 77. Il sera publié, par notre ministre secrétaire d'état au département des travaux publics, une nouvelle instruction sur les mesures de précaution habituelles à observer dans l'emploi des machines et des chaudières à vapeur[1].

Cette instruction sera affichée à demeure dans l'enceinte des ateliers.

ART. 78. L'établissement et la surveillance des machines et appareils à vapeur qui dépendent des services spéciaux de l'état sont régis par des dispositions particulières, sauf les conditions qui peuvent intéresser les tiers, relativement à la sûreté et à l'incommodité, et en se conformant aux prescriptions du décret du 15 octobre 1810.

ART. 79. Les attributions données aux préfets des départements, par la présente ordonnance, seront exercées par le préfet de police dans toute l'étendue du département de la Seine, et dans les communes de Saint-Cloud, Meudon et Sèvres, du département de Seine-et-Oise.

ART. 80. Les ordonnances royales des 29 octobre 1823, 7 mai 1828, 23 septembre 1829, 25 mars 1830 et 22 juillet 1839, concernant les machines et chaudières à vapeur, sont rapportées.

[1] Voir ci-après cette instruction, en date du 22 juillet 1843.

TABLE N° 1.

ÉPAISSEURS À DONNER AUX CHAUDIÈRES À VAPEUR CYLINDRIQUES EN TÔLE OU EN CUIVRE LAMINÉ *.

DIAMÈTRES des chaudières.	NUMÉROS DES TIMBRES EXPRIMANT LES TENSIONS DE LA VAPEUR.						
	2 atmosphères.	3 atmosphères.	4 atmosphères.	5 atmosphères.	6 atmosphères.	7 atmosphères.	8 atmosphères.
mèt.	millim.	millim.	millim.	millim.	millim.	millim.	millim.
0,50	3,90	4,80	5,70	6,60	7,50	8,40	9,30
0,55	3,99	4,98	5,97	6,96	7,95	8,94	9,93
0,60	4,08	5,16	6,24	7,32	8,40	9,48	10,56
0,65	4,17	5,34	6,51	7,68	8,85	10,02	11,19
0,70	4,26	5,52	6,78	8,04	9,30	10,56	11,82
0,75	4,35	5,70	7,05	8,40	9,75	11,10	12,45
0,80	4,44	5,88	7,32	8,76	10,20	11,64	13,08
0,85	4,53	6,06	7,59	9,12	10,65	12,18	13,71
0,90	4,62	6,24	7,86	9,48	11,10	12,72	14,34
0,95	4,71	6,42	8,13	9,84	11,55	13,26	14,97
1,00	4,80	6,60	8,40	10,20	12,00	13,80	15,60

(*) Pour obtenir l'épaisseur que l'on doit donner aux chaudières, il faut multiplier le diamètre de la chaudière, exprimé en mètres et fractions décimales du mètre, par la pression effective de la vapeur, exprimée en atmosphères, et par le nombre fixe 18; prendre la dixième partie du produit ainsi obtenu et y ajouter le nombre fixe 3. Le résultat exprimera, en millimètres et en fractions décimales du millimètre, l'épaisseur cherchée.

APPAREILS À VAPEUR FIXES.

TABLE Nº 2.

DIAMÈTRES À DONNER AUX ORIFICES DES SOUPAPES DE SÛRETÉ [*].

SUR-FACES de chauffe des chaudiè-res.	NUMÉROS DES TIMBRES INDIQUANT LES TENSIONS DE LA VAPEUR.									
	1 1/2 atmo-sphère.	2 atmo-sphères.	2 1/2 atmo-sphères.	3 atmo-sphères.	3 1/2 atmo-sphères.	4 atmo-sphères.	4 1/2 atmo-sphères.	5 atmo-sphères.	5 1/2 atmo-sphères.	6 atmo-sphères.
mèt. car.	centim.	centim.	centim.	centim.	centim.	centim.	centim.	centim.	centim.	centim.
1	2,493	2,063	1,799	1,616	1,479	1,372	1,286	1,214	1,152	1,100
2	3,525	2,918	2,544	2,286	2,092	1,941	1,818	1,716	1,630	1,555
3	4,317	3,573	3,116	2,799	2,563	2,377	2,227	2,102	1,996	1,905
4	4,985	4,126	3,598	3,232	2,959	2,745	2,572	2,427	2,305	2,200
5	5,574	4,613	4,023	3,614	3,308	3,069	2,875	2,714	2,578	2,459
6	6,106	5,054	4,407	3,958	3,624	3,362	3,149	2,973	2,823	2,694
7	6,595	5,458	4,760	4,276	3,914	3,631	3,402	3,211	3,045	2,910
8	7,050	5,835	5,089	4,571	4,185	3,882	3,637	3,433	3,260	3,111
9	7,478	6,189	5,398	4,848	4,438	4,117	3,857	3,641	3,458	3,299
10	7,882	6,524	5,690	5,110	4,679	4,340	4,066	3,838	3,645	3,478
11	8,267	6,843	5,967	5,360	4,907	4,552	4,265	4,025	3,823	3,648
12	8,635	7,147	6,233	5,598	5,125	4,754	4,454	4,204	3,993	3,810
13	8,987	7,439	6,487	5,827	5,334	4,949	4,636	4,376	4,156	3,965
14	9,325	7,720	6,732	6,047	5,536	5,138	4,811	4,541	4,312	4,124
15	9,654	7,990	6,968	6,259	5,730	5,316	4,980	4,701	4,464	4,259
16	9,970	8,253	7,197	6,464	5,918	5,490	5,143	4,854	4,610	4,399
17	10,277	8,506	7,418	6,663	6,100	5,659	5,302	5,004	4,752	4,534
18	10,575	8,753	7,633	6,841	6,277	5,823	5,455	5,149	4,890	4,666
19	10,865	8,993	7,842	7,044	6,449	5,982	5,605	5,290	5,024	4,794
20	11,147	9,227	8,046	7,227	6,616	6,138	5,750	5,428	5,154	4,918
21	11,423	9,454	8,245	7,389	6,780	6,289	5,892	5,561	5,282	5,040
22	11,691	9,677	8,439	7,580	6,939	6,437	6,031	5,692	5,406	5,158
23	11,954	9,894	8,629	7,750	7,095	6,582	6,167	5,820	5,527	5,274
24	12,211	10,107	8,814	7,917	7,248	6,723	6,299	5,946	5,646	5,388
25	12,463	10,316	8,995	8,080	7,397	6,862	6,429	6,069	5,763	5,499
26	12,710	10,520	9,174	8,240	7,544	6,998	6,556	6,188	5,877	5,608
27	12,952	10,720	9,349	8,397	7,776	7,132	6,681	6,306	5,989	5,715
28	13,190	10,917	9,520	8,551	7,828	7,262	6,804	6,422	6,099	5,819
29	13,423	11,110	9,689	8,703	7,967	7,391	6,924	6,535	6,207	5,922
30	13,653	11,300	9,855	8,851	8,103	7,517	7,043	6,648	6,313	6,024

[*] Pour déterminer les diamètres des soupapes de sûreté, il faut diviser la surface de chauffe de la chaudière, exprimée en mètres carrés, par le nombre qui indique la tension maximum de la vapeur dans la chaudière, préalablement diminué du nombre 0,412 ; prendre la racine carrée du quotient ainsi obtenu, et la multiplier par 2,6 : le résultat exprimera, en centimètres et en fractions décimales du centimètre, le diamètre cherché.

INSTRUCTION MINISTÉRIELLE SUR LES MESURES DE PRÉCAUTION HABITUELLES À OBSERVER DANS L'EMPLOI DES CHAUDIÈRES À VAPEUR ÉTABLIES À DEMEURE.

----

§ 1er. Observations générales.

L'emploi des chaudières à vapeur exige une surveillance exacte de la part des propriétaires de ces appareils, des précautions constantes et une attention soutenue de la part des ouvriers chauffeurs et mécaniciens.

Le propriétaire ne doit confier la conduite de la chaudière qu'à des ouvriers d'une conduite régulière, sobres, attentifs et expérimentés. Il est civilement responsable des amendes et des dommages et intérêts auxquels ses ouvriers seraient condamnés, en cas de contravention.

Le chauffeur doit connaître les précautions à prendre dans la conduite du feu, les soins nécessaires à la conservation et au bon entretien de la chaudière, les circonstances qui peuvent amener des dangers d'explosion, l'usage de chacun des appareils de sûreté dont la chaudière est pourvue. Lorsque l'un de ces appareils vient à se déranger, le chauffeur doit le remettre en ordre, ou bien prévenir le propriétaire de la chaudière, pour qu'il le fasse immédiatement remplacer ou réparer.

§ 2. Du foyer et de la conduite du feu.

Le feu doit être conduit d'une manière égale, afin d'éviter une augmentation de chaleur trop brusque ou un refroidissement trop rapide. Dans l'un et l'autre cas, les parties de la chaudière exposées à l'action du feu éprouveraient des dilatations inégales, qui pourraient occasionner des déchirures ou des fuites d'eau entre les feuilles de tôle assemblées par des rivets.

La mise en feu ne doit donc pas être poussée avec trop de vivacité, surtout lorsque le foyer a été tout à fait refroidi. Quand le feu est arrivé au degré d'activité convenable, on doit charger le combustible sur la grille à des intervalles réguliers et par quantités à peu près égales.

Si la chaudière, par suite d'une interruption momentanée du travail ou de toute autre cause, doit cesser de fournir de la vapeur, le chauffeur fermera d'abord le registre de la cheminée, et ouvrira immédiatement après les portes du foyer.

Si l'interruption se prolonge, il devra, en outre, retirer le combustible de dessus la grille. Si, malgré ces précautions, la tension de la vapeur augmente au point de faire lever les soupapes de sûreté, il soulèvera un peu l'une d'elles, et la maintiendra dans cette position pour donner à la vapeur une libre issue jusqu'à ce que le mercure soit descendu, dans le manomètre, au-dessous du niveau auquel il se tient habituellement. Un chauffeur qui, dans ces circonstances, calerait ou surchargerait les soupapes pour les empêcher de s'ouvrir, exposerait la chaudière à une explosion, comme on en a eu plusieurs exemples.

Vers la fin de la journée, le chauffeur, voyant approcher l'heure où le jeu de la machine doit être définitivement suspendu, diminuera d'avance les charges de combustible, de façon à maintenir seulement la vapeur au degré de tension strictement nécessaire, et à atteindre la fin de la journée avec une petite quantité de combustible sur la grille. Au moment de la suspension du travail, il couvrira les derniers restes de combustible avec des cendres, fermera ensuite le registre de la cheminée et les portes du foyer, et ne quittera la chaudière qu'après s'être assuré que la pression de la vapeur accusée par le manomètre continue de diminuer. S'il restait, par hasard, au moment de la suspension du travail, beaucoup de combustible sur la grille, le chauffeur devrait en retirer la plus grande partie, avec les précautions indiquées pour le cas d'une suspension accidentelle prolongée.

Lors de la mise en feu, le chauffeur commencera par ouvrir le registre de la cheminée, ouvrira ensuite les portes du foyer, tisera, découvrira le feu, et chargera du combustible frais sur la grille.

§ 3. De la chaudière.

On doit éviter avec le plus grand soin :

De pousser la combustion avec une activité extrême ;

D'alimenter avec des eaux contenant des substances capables d'attaquer le métal de la chaudière ;

De laisser s'accumuler des dépôts terreux, ou se former des dépôts incrustants ou *tartres* adhérents aux parois de la chaudière.

Les constructeurs donnent à la grille et à la surface de chauffe d'une chaudière des dimensions en rapport avec la quantité d'eau qui doit être réduite en vapeur par heure. Quand l'appareil est une fois monté, on cherche quelquefois à augmenter la production de vapeur, en poussant la combustion avec une extrême activité. Les résultats de cette pratique sont toujours une consommation de combustible en disproportion avec la quantité d'eau vaporisée, et l'usure rapide des parois de la chaudière exposées directement à l'action du feu.

Cette usure se manifeste par les écailles d'oxyde de fer ou rouille qui se détachent de la surface externe des parois, et finalement par des gonflements de la tôle. On dit alors que la chaudière a eu *un coup de feu*. La solidité d'une chaudière ainsi détériorée est de beaucoup diminuée; elle doit être, par conséquent, réparée sans retard, ou, du moins, visitée avec beaucoup de soin, pour qu'on puisse reconnaître la gravité du mal.

— L'alimentation avec des eaux contenant des substances acides ou salines susceptibles d'attaquer le métal des chaudières, telles que les eaux extraites de certains puits de mines ou de carrières, est prohibée, à moins que les propriétés corrosives de ces eaux ne soient neutralisées par des moyens reconnus efficaces par l'administration.

— Les eaux, même les plus pures, déposent, en passant à l'état de vapeur, des sédiments terreux qu'il ne faut jamais laisser s'accumuler dans les chaudières. Ces sédiments, surtout quand les eaux contiennent des sels calcaires, se prennent ordinairement en masses dures ou pierreuses, qui se fixent sur les parois des chaudières et y adhèrent si fortement, qu'on ne peut les en détacher qu'à coups de ciseau et de marteau; ils s'attachent principalement aux parties inférieures des parois qui sont exposées directement à l'action de la flamme; ils rendent plus difficile et plus lente la transmission de la chaleur du foyer à l'eau contenue dans la chaudière, et occasionnent un accroissement de dépense de combustible, en même temps que l'usure rapide de la chaudière dans la partie exposée à l'action de la flamme. Les effets des dépôts incrustants sont ainsi les mêmes que ceux d'une combustion poussée avec trop d'activité. On a reconnu, par l'expérience, qu'on prévenait l'endurcissement des sédiments en masses pierreuses, en ajoutant à l'eau d'alimentation certaines matières tinctoriales de nature végétale, telles que celle qui est fournie par le bois de campêche. On versera donc une teinture de ce genre dans la bâche alimentaire, de manière à ce que les eaux soient constamment colorées : si la température de ces eaux est suffisamment élevée, il suffira de mettre dans la bâche un sac de toile renfermant du bois de campêche réduit en poudre fine, que l'on renouvellera quand la matière colorante sera épuisée; enfin on pourra aussi jeter dans la chaudière de la poudre de bois de campêche. Ces précautions ne dispenseront pas de nettoyer la chaudière des sédiments vaseux qu'elle contiendra, après un temps de service qui dépendra du degré de pureté des eaux et que l'expérience déterminera.

— Le chauffeur, en nettoyant la chaudière, aura soin de n'y laisser aucun corps solide, tel que outils, chiffons, éponges, etc. L'expérience a montré que ces corps, en se fixant sur un point des parois, pourraient y déterminer l'accumulation des dépôts, et donner lieu ainsi à la destruction de la chaudière.

Si un chauffeur s'apercevait que la chaudière, en raison de sa forme, ne peut pas être nettoyée complétement et à fond, il devrait en prévenir le propriétaire.

Le tuyau qui amène les eaux alimentaires ne doit pas déboucher près des points de la chaudière qui sont exposés extérieurement à l'action directe du feu, surtout quand les chaudières ont une grande épaisseur.

Lorsqu'on s'aperçoit d'une fuite entre les bords d'un plateau de fermeture en fonte et les collets sur lesquels il est appuyé, on ne doit point essayer d'y pourvoir pendant le travail, en serrant les écrous : on courrait le risque d'occasionner la rupture du plateau, et, si elle arrivait, l'ouvrier serait tué par les éclats ou brûlé par l'eau et la vapeur. Ces sortes de fuites ne doivent être réparées que lorsque le travail a cessé.

Le chauffeur doit dénoncer au propriétaire les moindres déchirures ou avaries qu'il remarque, et, à plus forte raison, le prévenir des avaries plus apparentes, telles que les *coups de feu*.

Le propriétaire doit vérifier très-fréquemment l'état de la chaudière, faire faire, sans délai, les réparations nécessaires. Il doit, de plus, donner avis de ces réparations au préfet, afin que la chaudière soit de nouveau visitée par l'ingénieur chargé du service des appareils à vapeur, et soumise, après les réparations, à la pression d'épreuve prescrite par les règlements.

§ 4. Des soupapes de sûreté.

Les soupapes de sûreté sont un accessoire indispensable de toute chaudière à vapeur.

Chaque soupape de sûreté doit être chargée par un poids

unique qui agit ordinairement par l'intermédiaire d'un levier. Les poids et les longueurs des bras des leviers sont fixés par l'arrêté d'autorisation.

Un chauffeur qui se permettrait de surcharger une soupape par une augmentation soit du poids, soit de la longueur du bras de levier, ou de la caler pour en arrêter le jeu, mettrait la chaudière en danger d'explosion [1].

Lorsque les soupapes ne sont pas bien ajustées, il arrive souvent que, après s'être soulevées, elles ne se referment pas complétement, et laissent perdre de la vapeur sous une pression inférieure à celle qui correspond à leur charge. Il suffit, le plus ordinairement, d'appuyer avec la main sur la soupape pour la fermer et faire cesser toute fuite de vapeur. Si la soupape continuait à perdre, ce serait une preuve qu'elle ne porte pas bien sur son siége, et que, en conséquence, elle a besoin d'être nettoyée et rodée de nouveau. Dans aucun cas, le chauffeur ne doit augmenter la charge des soupapes.

§ 5. Du manomètre.

Le manomètre indique, à chaque instant, la tension exacte de la vapeur dans la chaudière, et les variations de cette tension quand elle n'est point constante. Cet instrument est le véritable guide du chauffeur dans la conduite du feu.

Les manomètres seront désormais ouverts à l'air libre [2], sauf pour les chaudières qui seraient timbrées à plus de 5 atmosphères. Les tubes qui contiennent la colonne de mercure sont en verre ou en fer; dans ce dernier cas, la hauteur de la colonne de mercure dans l'instrument et la pression correspondante de la vapeur sont accusées par un index, lié par un cordon à un flotteur qui suit la colonne de mercure. Le tuyau qui conduit la vapeur au manomètre doit être adapté au corps même de la chaudière. Ce tuyau est habituellement muni d'un robinet, qui permet d'ouvrir ou d'intercepter la communication entre le manomètre et la chaudière, mais qui doit être constamment ouvert quand la chaudière est en activité. On le ferme quelquefois quand la chaudière n'est pas en feu, quoique cela soit inutile lorsque les manomètres sont bien disposés.

Le chauffeur doit se garder d'ouvrir brusquement ce robinet,

[1] Il serait d'ailleurs passible des peines portées par l'article 7 de la loi spéciale du 21 juillet 1856.

[2] Se reporter à la note qui accompagne l'article 26 de l'ordonnance réglementaire.

soit pendant que la chaudière est en pleine activité, soit lorsqu'elle est arrêtée depuis quelque temps. Dans le premier cas,
l'ascension du mercure produite par la pression subite de la vapeur pourrait projeter tout ou partie du mercure de l'instrument
hors du tube; dans le second cas, si un vide existait dans la
chaudière, la pression subite de l'air pourrait déterminer le
passage du mercure dans le tuyau de communication et dans
la chaudière même.

§ 6. De la pompe alimentaire et des indicateurs du niveau de l'eau.

Il est de la plus haute importance que le niveau de l'eau soit
maintenu, dans la chaudière, à une hauteur à peu près constante, et toujours supérieure aux conduits ou carneaux de la
flamme et de la fumée.

Le chauffeur doit donc examiner très-fréquemment les appareils qui accusent le niveau de l'eau dans l'intérieur de la chaudière, et régler, d'après leurs indications, la quantité d'eau alimentaire.

Les appareils indicateurs du niveau de l'eau sont : le flotteur,
le tube indicateur en verre, ou des robinets indicateurs convenablement placés à des niveaux différents.

Le chauffeur vérifiera fréquemment la mobilité et le bon
état du flotteur, quand la chaudière sera pourvue de cet appareil.

Il tiendra les conduits du tube indicateur en verre libres
d'obstructions, et le tube lui-même bien net, quand il sera fait
usage de cet appareil. Il devra prévenir le propriétaire et faire
réformer le tube en verre, quand sa transparence sera altérée.

Une ligne, tracée d'une manière très-apparente sur l'échelle
du tube indicateur ou sur une règle placée près du flotteur, indique le niveau au-dessous duquel l'eau ne doit pas descendre
dans la chaudière.

Le chauffeur fera jouer souvent les robinets indicateurs étagés,
quand il en sera fait usage.

L'alimentation est entretenue au moyen de pompes mues par
la machine à vapeur, ou de pompes à bras, ou de retours d'eau
ou appareils alimentaires à jeu de vapeur. Quand l'alimentation
est faite par une pompe mue par la machine, elle peut être
continue ou intermittente : si elle est continue (et il serait à désirer qu'elle le fût toujours), la pompe n'en doit pas moins fournir plus d'eau qu'il n'en faut pour remplacer celle qui est

dépensée en vapeur par coup de piston de la machine. Un embranchement adapté au tuyau alimentaire, et muni d'un robinet de décharge, sert à régler la quantité d'eau foulée par la pompe qui doit entrer dans la chaudière, tandis que le surplus retourne à la bâche. Le chauffeur règle, d'ailleurs, à la main, l'ouverture du robinet, de manière à ce que le niveau de l'eau, accusé par les indicateurs, demeure invariable.

Lorsque l'alimentation est intermittente, en raison de ce qu'elle est effectuée soit par une pompe qui n'est pas munie du robinet de décharge, soit par une pompe mue à bras, soit par un retour d'eau ou autre appareil alimentaire à jeu de vapeur, le chauffeur doit avoir soin de faire jouer l'appareil alimentaire avant que l'eau ne soit descendue jusqu'au niveau indiqué, par la ligne fixe tracée extérieurement, sur la monture du tube indicateur ou près du flotteur.

Dans quelques cas, l'alimentation est régularisée par un mécanisme particulier mu par un flotteur. Cela ne saurait dispenser le chauffeur de fixer son attention sur les indicateurs du niveau, par la raison que le mécanisme, quelque bien construit qu'il soit, peut se déranger, et pourrait être ainsi plus nuisible qu'utile, si le chauffeur se croyait déchargé par là de l'attention dont il ne doit jamais se départir.

Un dérangement qui serait survenu dans l'appareil alimentaire se manifestera aux yeux d'un chauffeur attentif, bien avant qu'il ait pu donner lieu à un accident. Ce dérangement reconnu, le chauffeur doit remettre l'appareil en ordre, en arrêtant, au besoin, le jeu de la machine. En agissant autrement, il mettrait la chaudière en danger.

Si, malgré toutes les précautions indiquées ci-dessus, le chauffeur, trompé par des appareils indicateurs qui seraient défectueux à son insu, venait à reconnaître que l'eau est descendue accidentellement dans la chaudière au-dessous du niveau supérieur des carneaux, il devrait fermer le registre de la cheminée, ouvrir les portes du foyer, afin de ralentir l'activité de la combustion et de faire tomber la flamme ; il se garderait de soulever les soupapes de sûreté, et maintiendrait les portes du foyer ouvertes jusqu'à ce que le jeu de l'appareil alimentaire eût fait remonter l'eau dans la chaudière à son niveau habituel.

§ 7. Du flotteur d'alarme.

Le flotteur d'alarme est destiné à prévenir, par un bruit aigu, un chauffeur qui n'aurait pas donné l'attention convenable à la conduite de la chaudière, que l'eau est descendue jusque tout près du niveau des carneaux. Le chauffeur, averti par le bruit du flotteur d'alarme, doit, avant tout, examiner les indicateurs du niveau de l'eau; si ces appareils indiquent que l'eau n'est pas encore descendue, dans la chaudière, au-dessous du niveau des carneaux, il doit pourvoir immédiatement à l'alimentation. Mais, si le flotteur d'alarme avait fonctionné tardivement, et que l'eau fût descendue trop bas, le chauffeur devrait suivre les indications contenues à la fin du paragraphe précédent.

Le flotteur d'alarme ne doit fonctionner que rarement, puisqu'il est destiné à avertir d'une circonstance qui n'a pu arriver que par la négligence du chauffeur. Celui-ci doit vérifier, chaque jour, s'il est en bon état et si son jeu n'est pas entravé par des corps solides qui boucheraient l'issue de la vapeur, ou par toute autre cause.

Le propriétaire doit aussi vérifier fréquemment par lui-même si cet appareil fonctionne bien.

§ 8. Du local de la chaudière.

Le chauffeur doit maintenir le local de la chaudière libre d'objets encombrants, qui gêneraient le service et pourraient aggraver les suites d'une explosion.

La chaudière, si elle est enveloppée sur le dôme, ne doit être revêtue que de matériaux légers et, autant que possible, incohérents, tels que des cendres, de la terre tamisée ou des briques très-légères.

Le propriétaire et le chauffeur doivent veiller à ce que le local soit tenu fermé pendant les heures où le travail est suspendu, et à ce qu'il ne serve pas de passage et encore moins d'atelier aux ouvriers pendant les heures de travail, à moins d'une autorisation spéciale du préfet.

---

23 juillet 1843.   INSTRUCTION DU MINISTRE DES TRAVAUX PUBLICS POUR L'EXÉCUTION
DE L'ORDONNANCE ROYALE DU 22 MAI 1843.

L'ordonnance royale du 22 mai 1843 contient toutes les prescriptions réglementaires relatives à la fabrication, à la vente

et à l'usage des chaudières et machines à vapeur qui sont placées ailleurs que sur des bateaux.

La présente instruction a pour objet de guider les fonctionnaires chargés d'appliquer cette ordonnance et d'en surveiller
l'exécution, et aussi d'indiquer aux fabricants, aux propriétaires
d'appareils à vapeur et à toutes les personnes intéressées, les
moyens de satisfaire aux mesures prescrites, d'une manière
simple, sûre et aussi économique que possible.

§ 1er. Des épreuves des chaudières et autres pièces destinées à contenir de la vapeur.

Les chaudières à vapeur, leurs tubes bouilleurs, les réservoirs de vapeur, les cylindres en fonte des machines à vapeur
et les enveloppes en fonte de ces cylindres, ne peuvent être
vendus et livrés sans avoir été soumis préalablement à une
épreuve, opérée à l'aide d'une pompe de pression.

Les épreuves doivent donc avoir lieu à la fabrique. Elles sont
faites, sur la demande du fabricant, par l'ingénieur des mines
du département, ou, à son défaut, par l'ingénieur des ponts et
chaussées désigné à cet effet.

Le fabricant préviendra le préfet du département, et, pour
plus de célérité, il pourra écrire en même temps à l'ingénieur
des mines ou des ponts et chaussées chargé de la surveillance
des appareils à vapeur. L'ingénieur, aussitôt qu'il aura été prévenu par le préfet et par le fabricant, prendra jour et heure
pour que l'épreuve ait lieu dans le plus court délai possible. A
cet effet, le fabricant fera par avance remplir d'eau les pièces à
éprouver, préparera les plaques de fermeture des pièces, telles
que les cylindres, enveloppes de cylindres, etc., disposera la
pompe de pression, s'assurera qu'elle fonctionne bien, qu'elle
est capable de produire la pression nécessaire, et que les tuyaux
de communication peuvent la supporter; enfin il sera convenable que l'épreuve ait été faite d'avance par le fabricant, afin
que l'ingénieur trouve tout disposé pour procéder sans retard
à l'épreuve légale.

Pour toutes les pièces assujetties aux épreuves, sauf les exceptions indiquées ci-après, la pression d'épreuve prescrite est
triple de la pression effective de la vapeur.

Pour les chaudières et tubes bouilleurs en fonte, la pression
d'épreuve est quintuple de la pression effective. (Art. 16 de
l'ordonnance.)

3.

Les chaudières qui ont des faces planes sont dispensées de l'épreuve, sous la condition que la pression effective de la vapeur ne dépasse pas une demi-atmosphère. (Art. 20.)

Les chaudières des machines locomobiles et locomotives, qui seront construites suivant un système tubulaire, peuvent être éprouvées sous une pression double de la pression effective. La pression double sera appliquée seulement aux chaudières tubulaires analogues à celles des machines locomotives ordinaires, c'est-à-dire qui seront traversées par un très-grand nombre de tubes d'un petit diamètre, dans lesquels circuleront la flamme et la fumée.

La pression effective de la vapeur est celle qui tend à rompre les parois des chaudières. Elle est donc égale à la force élastique ou à la tension totale de la vapeur, diminuée de la pression que l'air exerce extérieurement sur la chaudière; elle est limitée par la charge des soupapes de sûreté, qui lui sert de mesure.

—L'article 18 de l'ordonnance détermine l'épaisseur du métal que devront avoir les parties cylindriques, remplies d'eau ou de vapeur, des chaudières construites en tôle ou en cuivre laminé, en raison de leur diamètre et de la pression effective de la vapeur.

Ainsi, avant de faire subir à une chaudière la pression d'épreuve réclamée par le fabricant, l'ingénieur devra s'assurer que l'épaisseur du métal, pour chacune des parties cylindriques dont elle se compose, est au moins égale à celle qui est fixée par l'article 18; et, dans le cas où cette condition ne serait point remplie, il ne devra essayer et timbrer la chaudière que pour une tension de la vapeur égale à celle qui correspondra à l'épaisseur de ses parois et à son diamètre.

On mesure l'épaisseur de la tôle sur le bord des feuilles assemblées à recouvrement. On aura soin de mesurer plusieurs feuilles, en divers points de la chaudière, en tenant compte, autant que possible, des effets du refoulement produits par le mattage, ainsi que de l'obliquité du plan suivant lequel sont coupées les feuilles de tôle. On peut aussi, quand il y a incertitude, mesurer l'épaisseur de la tôle sur les bords des tubulures des soupapes ou des orifices préparés pour recevoir les tuyaux qui sont ou seront adaptés à la chaudière.

Il est facile d'appliquer, dans chaque cas particulier, la table n° 1 annexée à l'ordonnance et la règle énoncée à la suite de cette table.

Soit, par exemple, une chaudière cylindrique à deux bouilleurs, dont le fabricant réclame l'épreuve pour une pression intérieure de 5 atmosphères. Si les diamètres du corps de la chaudière et de chacun des bouilleurs sont compris parmi ceux qui sont inscrits dans la première colonne à gauche de la table, on lira immédiatement, dans la 5ᵉ colonne de cette table, dont le titre est 5 atmosphères, les épaisseurs respectives les plus petites que devra avoir le métal de la chaudière et de chacun des bouilleurs, pour que l'épreuve réclamée puisse être faite.

Si l'épaisseur du métal de la chaudière ou d'un bouilleur est inférieure à celle qui est inscrite dans la 5ᵉ colonne, sur la même ligne horizontale que le nombre indiquant, dans la 1ʳᵉ, le diamètre de cette chaudière ou de ce bouilleur, on calculera quel est le numéro le plus élevé du timbre qui puisse être appliqué à la chaudière, en procédant comme dans l'exemple suivant.

Soit le diamètre d'une chaudière égal à 0ᵐ,90 ; l'épaisseur de la tôle devra être au moins égale à 9ᵐⁱˡˡ,48, pour que cette chaudière puisse être éprouvée et timbrée pour 5 atmosphères. Si l'épaisseur réelle n'était que de 8ᵐⁱˡˡ,50, la table indiquerait tout de suite que la pression la plus élevée de la vapeur doit être comprise entre celle de 4 atmosphères, pour laquelle le minimum de l'épaisseur est de 7ᵐⁱˡˡ,86, et celle de 5 atmosphères. Le chiffre exact serait déterminé d'après la règle énoncée au bas de la table, ainsi qu'il suit :

e, désignant l'épaisseur de la chaudière en millimètres ;

d, le diamètre intérieur de la chaudière exprimé en mètres ;

n, la tension de la vapeur exprimée en atmosphères, ou le numéro du timbre ; la pression effective, exprimée en atmosphères, sera égale à $n - 1$.

La règle établit entre les trois nombres e, d, n, la relation exprimée par l'équation :

$$e = 1,8\, d\, (n - 1) + 3 \quad (a).$$

Dans l'exemple choisi, l'épaisseur $e = 8,50$; le diamètre $d = 0,90$; il s'agit de déterminer la tension ou le numéro du timbre : la valeur de n fournie par l'équation (a) est :

$$n = 1 + \frac{e - 3}{1,8\, d}.$$

$$c - 3 = 8,50 - 3 = 5,50$$
$$1,8\, d = 1,8 \times 0,90 = 1,62$$
$$\frac{c - 3}{1,8\, d} = \frac{5,50}{1,62} = 3,39$$
$$n = 1 + \frac{c - 3}{1,8\, d} = 4,39$$

Le numéro du timbre s'obtient donc en retranchant le nombre fixe 3 de l'épaisseur de la tôle, divisant la différence par le produit du diamètre de la chaudière et du nombre fixe 1,8, et ajoutant une unité au quotient.

On trouve ainsi, dans l'exemple choisi, que le numéro du timbre ne peut pas dépasser 4,39; et, comme les timbres ne procèdent que par quarts d'atmosphère, la chaudière ne devrait être essayée et timbrée que pour 4 atmosphères 1/4. Un calcul analogue devrait être fait, au besoin, pour les bouilleurs, et le plus petit des deux résultats obtenus donnerait la pression intérieure de la vapeur, ou le numéro du timbre.

On détermine directement, par la règle énoncée à la suite de la table, ou, ce qui revient au même, par l'équation (a), les épaisseurs à donner aux parties cylindriques, remplies d'eau ou de vapeur, des chaudières en tôle ou en cuivre laminé, dont les diamètres ne se trouveraient pas dans la première colonne à gauche de la table.

L'épaisseur de la tôle ou du cuivre laminé ne doit, d'ailleurs, jamais dépasser 15 millimètres; et, si une épaisseur plus forte était nécessaire, en raison du diamètre projeté d'une chaudière et de la tension de la vapeur, le fabricant devrait substituer à une chaudière unique plusieurs chaudières séparées, de diamètres plus petits.

— L'ordonnance n'assigne pas de règle pour l'épaisseur des chaudières en fonte. La raison en est que cette épaisseur est généralement supérieure à celle qui serait strictement suffisante pour supporter, sans altération, la pression d'épreuve quintuple de la pression effective. Néanmoins, avant d'essayer et de timbrer une chaudière en fonte, l'ingénieur devra vérifier son épaisseur aussi exactement que possible; et, si cette épaisseur lui paraissait assez petite pour que le métal fût altéré par la pression d'épreuve, il devrait en référer au préfet, en lui faisant connaître la forme, les dimensions de la chaudière et la tension pour laquelle l'épreuve est réclamée, ainsi que l'origine et la qualité de la fonte; le préfet demanderait des instructions au ministre des travaux publics.

La résistance de la fonte à la rupture immédiate, sous un effort de traction, étant à peu près le tiers de la résistance à la rupture de la tôle ou du fer forgé, et la pression d'épreuve prescrite étant le quintuple, au lieu du triple, de la pression effective, on regardera comme suspecte toute chaudière en fonte, de forme cylindrique, dont l'épaisseur ne serait pas égale à cinq fois l'épaisseur prescrite pour les chaudières en tôle ou en cuivre laminé[1]. Au reste, on ne fabrique plus guère aujourd'hui de chaudières en fonte; elles sont plus chères que les chaudières en tôle à cause de la grande épaisseur qu'on est obligé de donner aux parois. Elles donnent lieu à une consommation plus grande de combustible, sont plus sujettes à rompre par des chocs ou des variations brusques de température, et offrent enfin moins de sûreté contre les explosions. Leur usage est interdit sur les bateaux à vapeur; si l'ordonnance du 22 mai 1843 ne les a pas prohibées, c'est qu'il existe encore quelques anciennes chaudières de cette espèce, qu'il n'est pas à craindre que leur usage se répande dans l'industrie, et enfin qu'une surveillance constante et bien entendue a paru suffisante pour garantir la sûreté publique contre les chances d'explosion qui leur sont particulières.

—L'ordonnance n'assigne pas non plus de limite d'épaisseur pour les parois planes des chaudières dans lesquelles la pression intérieure de la vapeur doit dépasser une atmosphère et demie, ou pour les conduits intérieurs de forme cylindrique qui servent à la circulation de la flamme, et qui sont pressés par la vapeur du dehors au dedans, ou sur leur convexité. Elle se borne à prescrire que les épaisseurs de la tôle soient augmentées, et que les conduits de forme cylindrique, ainsi que les parois planes, soient renforcés par des armatures suffisantes. C'est ainsi, par exemple, que les parois planes des boîtes à feu des chaudières de machines locomotives sont consolidées par de très-fortes armatures en fer. Le soin d'apprécier si les épaisseurs des parois et les armatures sont suffisantes, dans chaque cas, est laissé à l'ingénieur; il devra donc commencer par examiner la chaudière, dans toutes ses parties, et ne procéder à l'épreuve que s'il juge qu'elle présente une solidité suffisante. Dans le cas contraire, il en référera au préfet, en lui adressant un

---

[1] (*) Un barreau de fonte, soumis à l'extension, rompt sous une charge de 13 à 14 kilogrammes par millimètre carré de la section transversale. La résistance absolue à la rupture par extension du fer en barre, ou de la tôle, est de 40 à 45 kilogrammes par millimètre carré. La fonte résiste beaucoup mieux à l'écrasement qu'à la rupture par extension.

rapport détaillé, accompagné d'un dessin de la chaudière et des armatures; le préfet demandera des instructions au ministre des travaux publics.

— Pour les cylindres, les enveloppes de cylindres, les réservoirs de vapeur qui ne font pas partie de la chaudière, et, en général, pour toutes les pièces qui reçoivent la vapeur sans être exposées à l'action du foyer, et qui ne doivent pas être pourvues de soupapes de sûreté, la soupape d'épreuve est appliquée sur la pompe de pression. Cette soupape doit être bien construite et satisfaire aux conditions prescrites, par l'article 24 de l'ordonnance, pour les soupapes de sûreté des chaudières à vapeur; ainsi la largeur de la surface annulaire par laquelle le disque de la soupape s'applique sur les bords de l'orifice qu'il ferme ne doit pas dépasser la trentième partie du diamètre de cet orifice, c'est-à-dire de la surface circulaire qui sera pressée par l'eau pendant l'épreuve; si, par exemple, l'orifice recouvert par la soupape a un diamètre de 3 centimètres, la largeur de la surface annulaire de recouvrement ou de contact ne devra pas dépasser 1 millimètre; pour un orifice dont le diamètre sera de 2 centimètres, cette largeur ne devra pas dépasser 2/3 de millimètre.

Le levier, par l'intermédiaire duquel la soupape est chargée, doit être ajusté et monté avec précision, ainsi que l'axe autour duquel il tourne. La partie mobile de la soupape doit recouvrir l'orifice de la tubulure, à la manière d'un disque plan, et sans former bouchon, afin que l'eau puisse jaillir sur tout le pourtour de la soupape, pour peu que celle-ci soit soulevée. (Voir, pour plus de détails, l'article du § 3 relatif à la construction des soupapes de sûreté.) D'après l'article 15, on doit procéder aux épreuves des chaudières en chargeant leurs soupapes de sûreté des poids convenables. Lorsqu'une chaudière sera pourvue de deux soupapes, il conviendra de caler l'une d'elles pendant l'épreuve, de manière à ce qu'elle ne puisse pas se soulever, et de charger l'autre.

Il arrive quelquefois que les chaudières sont commandées par des fabricants de machines à vapeur qui se réservent d'y adapter eux-mêmes les soupapes de sûreté prescrites par les règlements. Si un fabricant réclame l'épreuve d'une chaudière qui n'est pas encore pourvue des soupapes de sûreté dont elle devra être munie, il y adaptera une soupape provisoire pour l'épreuve.

Il serait désirable que les chaudières composées de plusieurs parties distinctes, comme les chaudières à bouilleurs, fussent éprouvées, toutes les parties étant assemblées; mais il n'y a pas lieu d'exiger que l'épreuve soit toujours faite de cette manière à la fabrique, parce que les chaudières qui doivent être placées dans des établissements éloignés sont généralement séparées en plusieurs parties, pour rendre leur transport plus facile, et ne sont montées et définitivement assemblées qu'après l'arrivée à destination.

Le fabricant pourra donc présenter à l'épreuve la chaudière en pièces séparées. Le corps de la chaudière sera alors éprouvé en chargeant une soupape adaptée à la chaudière même; pour les bouilleurs, on se servira comme soupape d'épreuve de celle qui est adaptée à la pompe de pression. L'ingénieur expliquera, dans le procès-verbal qu'il adressera au préfet, comme il sera dit ci-après, si l'épreuve a été faite sur la chaudière entière ou séparément sur chacune de ses parties, et, dans le premier cas, si la chaudière doit être démontée de nouveau, après l'épreuve, pour être transportée [1].

— Lorsque la soupape d'épreuve ne sera pas placée directement sur la pièce à éprouver, l'ingénieur s'assurera que les tuyaux qui mettent la pompe en communication avec cette pièce sont libres d'obstructions. Il vérifiera, dans tous les cas, si la soupape est bien ajustée et satisfait aux conditions indiquées quant à la largeur de la surface de recouvrement; puis il calculera le poids dont elle devrait être chargée directement pour faire équilibre à la plus grande pression effective de la vapeur. Il multipliera ce poids par le nombre qui exprime le rapport voulu par l'ordonnance, suivant les cas, entre la pression d'épreuve et la pression effective. Enfin il déterminera la quotité du poids dont le levier de la soupape doit être chargé, pour produire sur celle-ci la pression d'épreuve, en tenant compte du poids de la soupape et de la pression du levier lui-même, ainsi que cela est expliqué à l'article 1er du § 3 de la présente instruction.

— Le poids déterminé pour chaque cas étant suspendu au levier de la soupape d'épreuve, on foulera l'eau avec célérité dans la pièce à éprouver, jusqu'à ce que la soupape se soulève. L'épreuve ne doit être regardée comme concluante et comme ter-

[1] Il indiquera également si l'épreuve a été faite avec une soupape ou à l'aide du manomètre vérificateur dont il est parlé dans la circulaire du 26 août 1852.

minée, que lorsque l'eau jaillit en une nappe mince et à peu
près continue sur le pourtour entier de l'orifice de la soupape
car, si celle-ci était mal ajustée, il pourrait s'échapper des filets
d'eau sur quelques points du contour, bien avant que la limite
de la pression d'épreuve eût été atteinte.

Pendant la durée de l'épreuve, l'ingénieur examine avec soin
si la pièce éprouvée n'a pas de fuites, et si ses parois ne sont
pas déformées par la pression. Quelques légers suintements
entre les feuilles de tôle d'une chaudière, ou même à travers les
pores du métal d'une chaudière ou d'un cylindre, ne sont point
un motif suffisant pour regarder la pièce éprouvée comme défectueuse. Ces suintements, qui se manifestent assez fréquemment, avant même que la pression intérieure ait atteint la limite fixée par la charge des soupapes, peuvent être arrêtés par
quelques coups de marteau. Des fissures dans le métal, par lesquelles aurait lieu une fuite un peu forte, une déformation
sensible qui ne disparaîtrait pas aussitôt que l'épreuve serait
terminée, sont les signes auxquels on reconnaît une pièce défectueuse. C'est principalement aux déformations de la pièce
éprouvée que l'on doit faire attention, dans l'épreuve des chaudières qui sont à parois planes, ou concaves extérieurement,
ou qui contiennent des tuyaux cylindriques pour la circulation
de la flamme.

Quand la pièce aura convenablement supporté l'épreuve,
l'ingénieur fera frapper devant lui, d'un timbre portant l'empreinte fixée par l'administration, une plaque ou médaille de
cuivre, sur laquelle sera gravé le nombre d'atmosphères mesurant la pression intérieure de la vapeur, et qui aura été fixée
d'avance à la pièce éprouvée au moyen de vis en cuivre. L'empreinte sera apposée sur les têtes des vis arasées préalablement
à fleur de la plaque. Elle s'étendra en partie sur le métal de
cette plaque.

Il est possible qu'une chaudière qui aura bien résisté à la
pression présente cependant, en raison de sa forme et du mode
de jonction de ses parties, des vices de construction qui pourraient devenir des causes de danger. A cet égard, une chaudière est surtout défectueuse,

1° Lorsqu'il n'est pas possible de la nettoyer complétement
des sédiments vaseux ou incrustants que les eaux, même répu-
tées les plus pures, abandonneront dans son intérieur en se
vaporisant;

2° Lorsque les communications existantes entre les bouilleurs, ou parties de la chaudière qui seront exposées le plus directement à l'action du feu, et l'espace occupé par la vapeur, sont trop étroites, ou disposées de manière que la vapeur formée dans l'intérieur des bouilleurs ne puisse pas s'en dégager facilement, pour arriver dans le réservoir de vapeur;

3° Lorsque les joints des tubulures qui mettent en communication les diverses parties de la chaudière ne présentent pas une solidité suffisante, ou lorsque cette solidité peut être détruite accidentellement.

Ainsi, par exemple, le mastic de fer dont on se sert quelquefois pour garnir les joints des tubulures de communication entre les bouilleurs et la chaudière, quoiqu'il puisse résister à la pression d'épreuve, ne doit pas être regardé comme établissant entre les deux pièces réunies une jonction suffisamment solide pour résister indéfiniment à la pression de la vapeur. Ce mastic a d'abord l'inconvénient d'attaquer le fer sur lequel il est appliqué; c'est pourquoi on ne doit en faire usage que pour des tubulures épaisses en fonte de fer, et non pour des tubulures en tôle. Il est, en outre, cassant, et son adhérence, qui est fort énergique, peut être détruite accidentellement par le déplacement de la chaudière ou par un choc. Il est donc indispensable, quand on s'en sert, que les pièces assemblées soient, en outre, réunies par des armatures en fer suffisamment fortes pour prévenir, à elles seules, la disjonction, dans le cas même où l'adhérence due au mastic serait entièrement détruite.

Malgré les vices de construction que l'ingénieur pourrait remarquer, il fera timbrer la chaudière qui aurait résisté à l'épreuve, mais il aura soin de signaler ces vices dans le procès-verbal d'épreuve dont il va être parlé.

Après avoir fait apposer l'empreinte du timbre, l'ingénieur dressera un procès-verbal dans lequel seront indiqués,

1° La date de l'épreuve;

2° Le lieu où elle a été faite;

3° Le nom et la résidence du fabricant des pièces éprouvées;

4° La nature, la forme et les dimensions de ces pièces; et, pour les chaudières, l'épaisseur du métal, en millimètres, et leur capacité totale, en mètres cubes;

5° La tension de la vapeur, en atmosphères, ou le nombre gravé sur la plaque timbrée;

6° Le diamètre de l'orifice de la soupape d'épreuve (en centimètres), le rapport des longueurs des bras du levier, et la charge (en kilogrammes) appliquée pour l'épreuve ;

7° L'usage auquel l'appareil est destiné;

8° Le nom et le domicile de celui qui a commandé les pièces éprouvées;

9° La destination définitive de ces pièces, c'est-à-dire la situation de l'établissement où seront placées les chaudières et autres pièces éprouvées, et le nom du propriétaire de l'établissement;

10° Pour les chaudières qui seront formées de plusieurs parties réunies par des tubulures, le procès-verbal indiquera si l'épreuve a eu lieu sur la chaudière montée ou sur les parties séparées.

Il contiendra les observations de l'ingénieur sur les vices de forme, de construction, ou tous autres qu'il aurait remarqués dans les chaudières ou autres pièces éprouvées.

Le procès-verbal sera transmis, sans délai, au préfet du département dans lequel l'épreuve aura été faite.

Dans le cas où la destination de la chaudière ou des autres pièces éprouvées serait pour un département autre que celui dans lequel l'épreuve a eu lieu, le préfet transmettrait immédiatement, à son collègue du département pour lequel les pièces sont destinées, une copie certifiée du procès-verbal d'épreuve.

Dans les départements où il existe des fabriques de chaudières et de machines, les procès-verbaux dont il est fait mention ci-dessus pourront être remplacés par un tableau à colonnes conforme au modèle (A) joint à là présente instruction ; l'état des épreuves sera arrêté par l'ingénieur à la fin de chaque mois, et transmis sans délai au préfet du département.

Le préfet extraira de ce tableau ce qui sera relatif aux pièces destinées à d'autres départements, et enverra les extraits certifiés par lui aux préfets de ces départements.

Il adressera, en outre, tous les mois, au ministre des travaux publics, une copie de l'état des épreuves qui auront été faites dans son département.

§ 2. De l'instruction des demandes. — Des autorisations d'appareils
à vapeur.

Celui qui sera dans l'intention d'employer une chaudière

fermée, ou tout autre appareil à vapeur, pour un usage quelconque, adressera au préfet du département une demande en autorisation, qui devra contenir toutes les indications mentionnées dans l'article 5 de l'ordonnance : un plan des localités et un dessin géométrique de la chaudière, avec échelle, devront y être annexés.

En cas d'omission de quelques-unes des indications nécessaires ou d'insuffisance des plans, le préfet en préviendra immédiatement le demandeur, et l'invitera à compléter sa pétition conformément à l'article 5 de l'ordonnance.

Dès que la demande régulière lui sera parvenue, le préfet la transmettra au sous-préfet de l'arrondissement ; il l'invitera à faire procéder immédiatement par le maire de la commune aux informations *de commodo et incommodo*, et à lui renvoyer, avec ladite demande, le procès-verbal d'enquête, l'avis du maire et le sien, dans les délais prescrits par les articles 7 et 8.

Aussitôt après les avoir reçues, le préfet renverra toutes les pièces de l'affaire à l'ingénieur des mines, ou, à son défaut, à l'ingénieur des ponts et chaussées ; il y joindra la copie certifiée des procès-verbaux des épreuves, si elles ont été faites dans un autre département ; il invitera l'ingénieur à se transporter sur les lieux où l'appareil doit être établi, et à lui adresser son avis sur la demande, dans le plus court délai possible.

L'ingénieur vérifiera si les pièces de l'appareil ont été soumises aux épreuves prescrites par l'ordonnance, et sont revêtues des timbres constatant que ces épreuves ont été faites ; il devra renouveler l'épreuve de la chaudière et des autres pièces, dans les cas prévus par l'article 21. Il sera très-rarement utile d'éprouver de nouveau les cylindres, enveloppes de cylindres et autres pièces en fonte ou en tôle qui doivent recevoir la vapeur formée dans les chaudières ; mais on devra souvent renouveler l'épreuve des chaudières, notamment lorsqu'elles auront été éprouvées à la fabrique par parties séparées, ou que les parties, assemblées pour subir l'épreuve à la fabrique, auront été de nouveau disjointes pour faciliter le transport à l'établissement ; le démontage et le remontage de la chaudière comportent, en effet, des modifications du genre de celles qui sont mentionnées à l'article 21. Si les pièces de la chaudière n'ont pas été séparées, mais si les joints mastiqués des tubulures ont souffert pendant le transport et ont besoin d'être réparés ou refaits, l'épreuve devra également être répétée.

Pour les chaudières qui auront déjà servi dans un autre établissement, l'épreuve sera renouvelée :

1° Quand la date de la première épreuve constatée par les timbres sera incertaine, ou qu'elle remontera à plus de trois ans ;

2° Quand les chaudières auront été démontées, réparées ou modifiées d'une manière quelconque depuis la première épreuve.

L'ingénieur, dans ce cas, vérifiera préalablement, avec beaucoup de soin, l'épaisseur du métal, surtout vers les points des parois qui ont été le plus exposés à l'action du feu ou à d'autres causes de détérioration; il fera détacher les écailles d'oxyde, et ne procédera à l'épreuve qu'après s'être assuré, autant qu'il est possible de le faire par une visite minutieuse, que la chaudière est susceptible d'un bon service.

Quant aux chaudières neuves qui auront déjà été essayées et timbrées, l'ingénieur examinera si elles n'ont pas des formes vicieuses, qui rendraient difficile l'enlèvement des dépôts de leur intérieur, ou qui ne permettraient pas à la vapeur produite dans les parties exposées à l'action du feu de se dégager facilement, pour arriver dans la partie supérieure formant réservoir de vapeur. Dans son rapport, il rendra compte au préfet des opérations auxquelles il s'est livré ; il signalera les vices de construction qu'il aura constatés, et indiquera les moyens de les corriger: il fera connaître à laquelle des catégories établies par l'article 33 appartient la chaudière du demandeur, et quelle est l'étendue de la surface de chauffe en mètres carrés ; il discutera les oppositions consignées dans le procès-verbal d'enquête, tant sous le rapport de la sûreté du voisinage que sous celui de l'incommodité que pourrait causer la fumée. Enfin il terminera son travail par un projet d'arrêté tendant à accorder ou à refuser l'autorisation demandée.

Le rejet de la demande peut être motivé sur l'impossibilité de satisfaire aux conditions de l'ordonnance, ou sur les dommages que l'établissement de l'appareil à vapeur causerait au voisinage, malgré les obligations particulières qui pourraient être imposées au demandeur.

Si l'ingénieur conclut à ce que l'autorisation soit accordée, il sera utile que le projet d'arrêté contienne, outre les indications dont il est fait mention à l'article 10, les principales dispositions de l'ordonnance rendues applicables au cas particulier dont il s'agit, afin que le demandeur soit parfaitement éclairé par la teneur seule de l'arrêté sur les conditions auxquelles il devra satisfaire.

Un modèle d'arrêté (B) est annexé à la présente instruction.

§ 3. Des appareils de sûreté dont les chaudières doivent être pourvues.

Les diamètres des orifices des soupapes de sûreté sont réglés en raison de la surface de chauffe de chaque chaudière et du numéro du timbre, par la table n° 2 annexée à l'ordonnance, et la règle énoncée à la suite de cette table.

1° Des soupapes de sûreté.

Cette règle est exprimée par l'équation suivante, dans laquelle d désigne le diamètre d'une soupape en centimètres; s la surface de chauffe de la chaudière, y compris les parties des parois comprises dans les carneaux ou conduits de la flamme et de la fumée, exprimée en mètres carrés; n le numéro du timbre exprimant en atmosphères la tension de la vapeur :

$$d = 2,6 \sqrt{\frac{s}{n - 0,412}}$$

L'expérience a fait voir qu'une seule soupape, dont l'orifice avait un diamètre déterminé par la formule empirique précédente, suffisait pour débiter toute la vapeur qui pourrait se former dans la chaudière, à la tension de n atmosphères, sous l'influence du feu le plus actif. Ainsi, quand une chaudière sera munie de deux soupapes, ayant les dimensions prescrites et fonctionnant bien, on n'aura point à craindre que la tension de la vapeur dépasse la limite assignée, sauf peut-être le cas où l'eau, par suite d'un défaut d'alimentation, viendrait à atteindre des parois rouges.

Une soupape de sûreté bien construite et ajustée fonctionne avec un grand degré de précision, et elle est très-peu susceptible de se déranger. Au contraire, une soupape mal construite se dérange souvent, laisse fuir la vapeur avant de s'ouvrir, et se soulève sous des pressions qui varient entre des limites assez éloignées; elle manque complétement de précision. Un des vices de construction les plus graves des soupapes de sûreté consiste en ce que la surface annulaire de contact entre le disque mobile de la soupape et le dessus du collet ou de la tubulure fermée par ce disque a une étendue beaucoup trop grande, comparativement à la surface circulaire exposée à l'ac-

tion directe de la vapeur. On comprend qu'alors les deux surfaces qui devraient se toucher ne s'appliquent pas exactement
l'une sur l'autre, ce qui apporte de l'incertitude dans la mesure
de la surface réellement pressée par la vapeur. Les phénomènes
d'adhérence entre les deux surfaces polies et rodées donnent
lieu à une autre cause d'incertitude; enfin des corps étrangers
peuvent se loger entre les surfaces de contact, et le poli qu'elles
ont reçu d'abord s'altère d'autant plus facilement qu'elles sont
plus grandes. C'est pour éviter ces inconvénients que l'article 24
de l'ordonnance assigne des limites à la largeur de la surface
annulaire de recouvrement.

Les plus grandes largeurs que l'on pourra donner à ces surfaces sont les suivantes :

Diamètres des orifices ou des surfaces exposées directement à l'action de la vapeur.	Largeurs correspondantes que les surfaces de recouvrement ne devront pas dépasser.
millimètres.	millimètres.
20	0,67
25	0,83
30	1,00
35	1,17
40	1,32
45	1,50
50	1,67
55	1,83
60 et au-dessus.	2,00

La réduction de largeur des surfaces annulaires de recouvrement exigera que les disques mobiles et les leviers des soupapes soient guidés et ajustés avec précision. La note (C) qui
se trouve à la suite de cette instruction contient des détails
étendus à ce sujet.

Chaque soupape doit être chargée d'un poids unique, agissant
soit directement, soit par l'intermédiaire d'un levier (art. 23);
la quotité du poids et la longueur du levier doivent être réglées
de manière à ce que, le poids étant placé à l'extrémité du levier, la soupape soit chargée de $1^k,033$ par centimètre carré de
surface de l'orifice et par atmosphère de pression effective. On
déterminera la quotité du poids, en procédant comme dans
l'exemple suivant:

Supposant qu'une soupape dont l'orifice a 5 centimètres de

diamètre doive être chargée pour une tension de la vapeur de 4 atmosphères, ou une pression effective de 3 atmosphères, on calculera d'abord la pression totale qui doit avoir lieu sur la soupape, ainsi qu'il suit :

On prendra le carré du diamètre de l'orifice de la soupape.

$$5 \times 5 = 25.$$

La surface de l'orifice est donc de 25 centimètres circulaires.

La pression d'une atmosphère, qui est de $1^k,033$ sur un centimètre carré, est de $1^k,033 \times 0,7854 = 0^k,811$ sur un centimètre circulaire.

La pression de 3 atmosphères sur la surface de la soupape est donc mesurée par le produit de 25 par 0,811 et par 3.

$$25 \times 0,811 \times 3 = 60^k,75.$$

La charge directe doit être de $60^k,75$.

On pèsera la soupape : soit son poids égal à 1 kilogramme.

On déterminera ensuite la pression que le levier exerce sur la soupape ; pour cela, on soulèvera ce levier avec le crochet d'une romaine ou d'un peson à ressort, en le saisissant par le point qui s'appuie sur la tige de la soupape ; si l'on trouve que la pression exercée par le levier, et qui sera accusée par le peson ou romaine, soit de 3 kilogrammes, on aura $3 + 1 = 4$ pour la partie de la charge due à la soupape et au levier. On retranchera cette somme de la charge totale calculée précédemment.

$$60^k,75 - 4 = 56^k,75.$$

L'on aura $56^k,75$ pour la partie de la charge directe que le poids doit exercer.

On mesurera avec soin les distances respectives de l'axe du levier, 1° au point par lequel le levier s'appuie sur la tige de la soupape ; 2° à l'extrémité du levier où le poids sera placé. On prendra le rapport de la seconde distance à la première ; on divisera la charge directe que le poids doit exercer par ce rapport : le quotient exprimera la quotité du poids qui devra être suspendu à l'extrémité du levier. Ainsi, si, dans l'exemple choisi, le rapport des bras du levier est celui de 10 à 1, on aura, pour la quotité du poids :

$$\frac{56^k,75}{10} = 5^k,675.$$

Le nombre exprimant en kilogrammes la quotité du poids ainsi déterminé sera, après vérification, gravé sur le poids, et le timbre appliqué à côté de ce nombre. De même, la longueur totale du levier, en décimètres et fractions de décimètre, sera gravée sur ce levier, et le timbre appliqué à côté de ce nombre. Les agents chargés de la surveillance des machines à vapeur n'auront ensuite qu'à vérifier une longueur et la quotité d'un poids, qui seront connues par des inscriptions, pour s'assurer que les soupapes sont convenablement chargées.

Les soupapes des chaudières de machines locomotives [1] sont pressées par des ressorts dont le mécanicien peut à volonté augmenter ou diminuer la tension ; une échelle divisée indique les charges ou tensions correspondantes aux diverses longueurs du ressort ; les manomètres ou thermomanomètres, dont ces chaudières seront pourvues, offriront aux ingénieurs un moyen facile de vérifier l'exactitude de la graduation.

2° Du manomètre.   L'expérience a fait voir que les manomètres à air comprimé sont tellement sujets à se détériorer, que la plupart des appareils de ce genre adaptés aux chaudières de machines à vapeur ne donnent plus, au bout de fort peu de temps, des indications exactes. C'est pourquoi l'ordonnance a prescrit l'usage des manomètres à air libre pour toutes les chaudières timbrées à 5 atmosphères et au-dessous [2]. La prescription n'a pas été généralisée, parce qu'on a craint qu'en raison de leur longueur les manomètres à air libre, susceptibles d'accuser des pressions supérieures à 5 atmosphères, ne pussent pas toujours être placés dans le local des chaudières. Lorsqu'il n'y aura aucune difficulté de ce côté, l'ingénieur devra toujours conseiller l'usage du manomètre à air libre, quelle que soit la tension de la vapeur, et le préfet pourra même le prescrire, sur le rapport de l'ingénieur, en vertu de la faculté que lui laisse l'article 67 de l'ordonnance, quand il le jugera utile à la sûreté publique.

On trouvera, dans la note (D), la description d'un mano-

---

[1] Les dimensions que les meilleurs constructeurs ont généralement adoptées pour les soupapes de ces chaudières sont égales ou même supérieures à celles qui résulteraient de l'application de la formule $d = 2,6 \sqrt{\dfrac{s}{n - 0,412}}$, dans laquelle on prendrait pour base du calcul la surface de chauffe totale, sans distinguer la surface des tubes de celle de la boîte à feu, et l'expérience démontre que ces dimensions sont suffisantes et convenables. (Extrait de la circulaire du 7 avril 1845, dont la partie principale est p. 255.)

[2] Se reporter à la note qui accompagne l'article 26 de l'ordonnance réglementaire.

mètre à air libre, à cuvette et à tube de verre, que la commission centrale des machines à vapeur a fait exécuter; cet appareil a l'avantage d'être d'une construction simple, d'une vérification facile, de fournir des indications exactes, et paraît peu susceptible de se déranger.

—L'ordonnance permet de remplacer, pour les chaudières de machines locomobiles et locomotives, le manomètre à air libre par un manomètre fermé ou un thermomanomètre.

— La cause principale qui met hors de service, en très-peu de temps, les manomètres fermés, consiste en ce que l'oxygène de l'air confiné dans la partie supérieure du tube est absorbé par le mercure; il en résulte d'abord que la graduation de l'instrument est faussée, et ensuite que les pellicules de mercure oxydé s'attachent à la paroi du tube en verre, qu'elles salissent au point qu'on n'aperçoit plus l'extrémité de la colonne mercurielle.

Il est facile de construire des manomètres fermés qui soient exempts de ces inconvénients. Il suffit, pour cela, d'introduire dans la chambre manométrique de l'air que l'on aura privé de son oxygène, en le faisant passer dans un tube en verre à travers de la tournure de cuivre métallique chauffée au rouge. Tous les fabricants d'instruments de physique sont à même d'exécuter cette opération.

Il est inutile d'ajouter qu'on doit employer du mercure pur, et éviter l'emploi des mastics gras.

Le thermomanomètre est un thermomètre à mercure, construit de manière à accuser des températures qui vont jusqu'à 200 degrés centigrades environ, et dont la tige est divisée en atmosphères et fractions décimales d'atmosphère, d'après les relations connues entre les tensions de la vapeur d'eau à son maximum de densité et les températures correspondantes. (Voir la table annexée à la note D.) La boule du thermomanomètre ne doit pas être plongée dans la vapeur de la chaudière, attendu que la pression fausserait les indications thermométriques. Elle est enfermée dans un tube de métal, fermé par le bas et rentrant dans la chaudière, aux parois de laquelle il est fixé par une bride, au moyen de vis et d'écrous; on remplit l'espace restant entre la boule et les parois du tube métallique avec de la limaille de cuivre, ou tout autre corps bon conducteur du calorique.

Les ingénieurs pourront vérifier la graduation des manomètres à air comprimé et des thermomanomètres par comparaison soit

4.

avec des thermomètres étalons dont la graduation aura été vérifiée, soit avec des manomètres à air libre adaptés à des chaudières ordinaires, soit enfin avec une soupape très-bien ajustée et chargée par l'intermédiaire d'un levier s'appuyant sur un couteau. (Voir la note C.)

On pourrait encore, pour les thermomanomètres, vérifier deux divisions de l'échelle correspondantes à des températures fixes, telles que celles des points d'ébullition, à l'air libre, de l'eau pure, et de l'essence de térébenthine pure et rectifiée; cette essence bout à 157 degrés du thermomètre centigrade. Pour ces vérifications, on fera bouillir le liquide dans un matras ou autre vase à long col, qui ne sera rempli qu'en partie : on tiendra le thermomanomètre plongé dans la vapeur qui occupera la partie supérieure et le col du vase, la boule étant en dehors du liquide en ébullition et à une petite distance de sa surface.

3° Des indicateurs du niveau de l'eau et du flotteur d'alarme. La construction et la disposition des tubes indicateurs en verre, des robinets indicateurs et des flotteurs ordinaires, sont assez généralement connues pour qu'il soit inutile de les décrire ici. Il suffira de dire que les tubulures qui portent les tubes indicateurs en verre doivent être munies de robinets, qui permettent de nettoyer ces tubes et de prévenir l'écoulement de la vapeur et de l'eau, en cas de rupture accidentelle du tube. Une chaudière devra être pourvue de l'un des appareils énumérés ci-dessus, et, en outre, d'un flotteur d'alarme, destiné à avertir, par un bruit aigu, un chauffeur qui aurait négligé d'entretenir la chaudière convenablement remplie d'eau.

—On a construit des flotteurs d'alarme de formes très-diverses. Tous consistent en un flotteur, qui fait ouvrir, au moment où la surface de l'eau s'abaisse dans la chaudière jusqu'au niveau des carneaux, un petit orifice par lequel la vapeur jaillit sur les bords d'un timbre ou d'une lame métallique vibrante, dont le bruit très-aigu ne peut manquer d'être entendu par le chauffeur et les ouvriers occupés dans le voisinage.

Les ingénieurs peuvent admettre tout instrument de ce genre dont l'effet sera certain. La note (E) renferme, comme exemple, la description d'un flotteur à sifflet, exécuté par les soins de la commission centrale des machines à vapeur et qui peut être employé, quelle que soit la tension de la vapeur.

Pour les chaudières dans lesquelles la pression effective de la vapeur ne dépasserait pas une demi-atmosphère, on pourrait se dispenser de l'emploi d'un flotteur, et placer simplement le sifflet d'alarme sur l'orifice supérieur d'un tuyau vertical de 4 à 5 centimètres de diamètre intérieur, ouvert par le bas, qui traverserait le dôme de la chaudière et s'enfoncerait jusqu'au niveau au-dessous duquel la surface de l'eau ne devrait pas descendre. Sa longueur serait suffisante pour que la colonne d'eau, élevée dans son intérieur et comptée à partir du plan d'eau, fît équilibre à la pression effective que la vapeur ne devrait pas dépasser.

Les chaudières de machines à vapeur sont habituellement alimentées par des pompes mues par la machine; les unes sont à jeu continu, les autres à jeu intermittent. Lors même que le jeu est continu, l'alimentation ne peut être assurée qu'autant que la pompe est capable de fournir un volume d'eau plus grand que celui qui est dépensé en vapeur par la chaudière; il faut donc que l'étendue de la course du piston de la pompe alimentaire soit variable, à la volonté du mécanicien, ou que l'eau foulée par la pompe se divise en deux parties, dont l'une est admise dans la chaudière et l'autre retourne à la bâche. La quantité d'eau admise dans la chaudière est réglée par des mécanismes mis en jeu au moyen de flotteurs ou par un robinet qui est à la disposition du chauffeur. Ce dernier moyen, combiné avec de bons indicateurs du niveau de l'eau, est peut-être le meilleur de tous : en tout cas, il est suffisant, pourvu que le chauffeur donne à la conduite de la chaudière l'attention convenable.

4° Des appareils alimentaires.

Lorsque le jeu de la pompe alimentaire est intermittent, le chauffeur ou mécanicien peut, à volonté, l'empêcher de fonctionner, soit en décrochant la tige du piston, soit en relevant le clapet d'aspiration, ou en fermant un robinet d'aspiration. Il ne doit pas négliger de faire jouer la pompe dès le moment où le niveau de l'eau, dans la chaudière, est descendu à la hauteur de la ligne d'eau tracée à l'extérieur, conformément à l'article 29. Il peut d'ailleurs profiter, pour alimenter, des instants où la tension de la vapeur accusée par le manomètre est un peu plus élevée qu'à l'ordinaire.

L'alimentation continue est préférable, sous le rapport de la sécurité; le tuyau de décharge d'une pompe à jeu continu peut même être disposé de manière à faire apercevoir les dérangements qui seraient survenus à cette pompe.

— Dans les machines locomotives, l'alimentation des chaudières est toujours intermittente. Des robinets d'épreuve, adaptés aux tuyaux alimentaires, permettent aux mécaniciens de vérifier si les pompes ne sont pas dérangées et foulent de l'eau dans les chaudières.

—Les chaudières à vapeur destinées au chauffage des habitations ou à d'autres usages, et qui ne sont pas jointes à des machines, sont alimentées par des retours d'eau ou des appareils appropriés à la nature des opérations que l'on exécute à l'aide de la vapeur. L'ingénieur devra, dans chaque cas, examiner la construction de ces appareils, en étudier le jeu et vérifier s'ils sont d'un effet certain. S'ils lui paraissaient vicieux, il indiquerait les améliorations qui devraient y être apportées.

§ 4. De l'emplacement des chaudières à vapeur.

Les dangers et les dommages qui peuvent résulter de la rupture ou de l'explosion d'une chaudière à vapeur sont d'autant plus graves que la masse d'eau échauffée et la pression de la vapeur sont plus grandes. L'ordonnance a, en conséquence, réparti les chaudières en quatre catégories, pour lesquelles les conditions d'emplacement prescrites sont différentes.

—Les grandes chaudières de la première catégorie devront être placées en dehors de toute maison d'habitation et de tout atelier, sauf l'exception mentionnée dans l'article 35. Les maisons d'habitation, la voie publique, situées dans les limites des distances prévues par l'article 36, seront protégées par des murs de défense; la toiture du local contenant la chaudière sera en matériaux légers, et n'aura aucune liaison avec les toits des ateliers et autres bâtiments contigus.

Les préfets doivent tenir la main à ce que les conditions d'isolement du local des chaudières de la première catégorie, de toute maison d'habitation et de tout atelier, ne soient point éludées. Ainsi, l'isolement des ateliers ne serait qu'apparent, si le local de la chaudière était contigu aux ateliers, et n'en était séparé que par des murs mitoyens légers ou des murs solides mais percés de larges ouvertures. Quand cette contiguïté existera, le mur mitoyen devra être très-solide et entièrement plein, sauf les ouvertures qui seraient indispensables pour le passage des tuyaux de vapeur ou des arbres de transmission de mouvement, dans le cas où les machines à vapeur seraient établies dans le même local que les chaudières.

Les chaudières de la première catégorie pourront être placées, par exception, dans l'intérieur des ateliers (art. 35), quand on voudra employer à leur chauffage une chaleur qui autrement serait perdue. Dans ce cas, les conditions prescrites par l'article 36, à l'égard des tiers et de la voie publique, seront toujours exigibles, et l'autorisation devra être portée à la connaissance du ministre des travaux publics.

— Les chaudières de la deuxième catégorie pourront être placées dans l'intérieur d'un atelier qui ne fera pas partie d'une maison d'habitation ou d'une fabrique à plusieurs étages. Les murs de défense seront exigés vis-à-vis des maisons d'habitation et de la voie publique situées dans les limites de distances fixées par l'article 39.

— Les chaudières de la troisième catégorie pourront aussi être placées dans l'intérieur d'un atelier qui ne fera pas partie d'une maison d'habitation ; les murs, de défense vis-à-vis des maisons d'habitation et de la voie publique ne seront pas exigés.

Enfin les chaudières de la quatrième catégorie ne seront soumises à aucune autre condition de local que celle d'être séparées, par un intervalle de $0^{m},50$, des murs mitoyens avec les maisons d'habitation voisines (art. 44). Elles pourront, d'ailleurs, être établies même dans un atelier qui ferait partie d'une maison d'habitation, et sans murs de défense.

La liberté très-étendue laissée aux propriétaires de chaudières à vapeur de la troisième et de la quatrième catégorie rend indispensable d'écarter de ces chaudières tous les objets ou matériaux d'un poids un peu considérable, qui pourraient aggraver les dommages résultant d'une explosion. Il est pourvu à cette nécessité par l'article 45.

— L'article 41 laisse aux préfets la faculté de déterminer la situation et les dimensions, en hauteur et en longueur, des murs de défense exigés, par les articles 36, 39 et 40, pour les chaudières de la première et de la deuxième catégorie, ainsi que la distance de ces chaudières aux maisons d'habitation voisines et à la voie publique, et même la direction de leur axe. Ces divers points devront être traités avec soin dans le rapport de l'ingénieur. Il examinera si la position des chaudières indiquée par le propriétaire est celle qui, eu égard au local dont on dispose, offre le moins d'inconvénients pour le voisinage. Il déterminera la hauteur et la longueur des murs de défense, de manière à ce que, en cas d'explosion, les débris de la chaudière rompue ne puissent atteindre les habitations voisines ou les personnes qui se trouveraient sur la voie publique. Enfin l'axe de la chaudière devra être, autant que possible, disposé parallèlement aux murs des habitations ou à la voie publique, parce que, en cas d'explosion, c'est ordinairement dans la direction de l'axe de la chaudière que les fragments sont lancés avec le plus de violence par l'action de la vapeur. L'ingénieur indiquera, sur le plan fourni par le demandeur, la situation de la chaudière et des murs de défense qu'il proposera au préfet d'exiger. Toutes les conditions définitivement prescrites par le préfet seront énoncées d'une manière détaillée dans l'arrêté d'autorisation.

§ 5. Des machines employées dans les mines. — Des machines locomobiles et locomotives.

L'établissement des chaudières dans l'intérieur des mines ne devra être autorisé que sous des conditions tout à fait particulières et appropriées à chaque localité, de manière à ce que l'échappement de la fumée ainsi que l'aérage de la mine soient parfaitement assurés, et qu'il n'y ait aucun danger d'incendie.

— Les machines locomobiles et locomotives sont assujetties à des dispositions particulières, qui sont assez détaillées dans le titre IV de l'ordonnance pour que toute autre explication soit superflue.

§ 6. Dispositions générales.

Les prescriptions de l'ordonnance sont applicables à presque toutes les chaudières à vapeur. Cependant il y en a quelques-unes qui, en raison de l'usage particulier auquel elles sont destinées, ou même de leurs dimensions et de leur forme, peuvent être dispensées, sans inconvénient, d'une partie des mesures prescrites par l'ordonnance, soit purement et simplement, soit en les assujettissant à des conditions spéciales.

On peut citer, comme exemple, les chaudières qui sont employées, dans beaucoup de buanderies des environs de Paris, pour le lessivage du linge. Ces chaudières, qui ont une petite capacité, sont établies auprès et en contre-bas du cuvier qui contient le linge. Un tuyau, qui plonge dans leur intérieur et s'ouvre à quelques centimètres du fond, s'élève verticalement au-dessus des bords supérieurs du cuvier, se recourbe et se termine par un entonnoir renversé, placé à l'aplomb de l'axe de ce cuvier. On emplit d'abord la chaudière de lessive; on chauffe : la lessive, pressée par la vapeur, s'élève dans le tuyau et vient se déverser sur le linge; la chaudière est presque complétement vidée.

La lessive traverse le linge, arrive dans un espace libre ménagé au-dessous d'un grillage ou double fond, et retourne à la chaudière, par un tuyau qui met celle-ci en communication avec le fond du cuvier et qui est terminé par un clapet s'ouvrant du cuvier vers la chaudière.

Il est évident qu'il serait inutile d'adapter à des chaudières de ce genre des soupapes ordinaires, ou des manomètres, puisque la pression de la vapeur y est limitée par la hauteur du large tuyau par lequel se déverse la lessive. On ne peut non plus y adapter ni flotteur ordinaire, ni flotteur d'alarme, puisqu'elles sont destinées à se vider presque tout à fait par intervalles. Mais il faut que la lessive puisse retourner facilement du cuvier à la chaudière, et remplir celle-ci de nouveau. Il est nécessaire, pour cela, que ces chaudières soient pourvues d'une *soupape atmosphérique*, qui s'ouvre de dehors en dedans, au moment où la chaudière s'est vidée, et qui ne se referme que lorsque la chaudière est remplie de nouveau à peu près complétement. Le jeu d'une semblable soupape peut être assuré par un flotteur disposé d'une manière particulière.

L'article 67 laisse aux préfets la faculté de dispenser, sur le rapport des ingénieurs, certains appareils à vapeur d'une partie des prescriptions générales, et de prescrire des mesures spéciales, dans des cas exceptionnels, comme celui que l'on vient de citer. Les arrêtés des préfets devront alors être soumis au ministre des travaux publics.

—La destruction rapide et incessante des chaudières alimentées avec des eaux qui contiennent des acides libres ou des sels acides, comme celles qui sont extraites d'un grand nombre de puits de mines ou de carrières, donne lieu à des dangers que l'article 68 a pour but de prévenir. Cet article exige que les propriétés corrosives des eaux alimentaires soient neutralisées par une distillation préalable, ou par tout autre moyen reconnu efficace, toutes les fois que la pression effective de la vapeur dans la chaudière dépassera une demi-atmosphère. L'on pourra faire usage, dans ce cas, de machines à condenseurs fermés, ou neutraliser les eaux acides par des moyens chimiques que l'on fera connaître à l'ingénieur. Celui-ci devra s'assurer qu'ils sont efficaces, et rendra compte au préfet, dans son rapport, des expériences qu'il aura faites à cet effet et de leur résultat [1].

---

[1] Voir la note qui accompagne l'article 68 de l'ordonnance réglementaire.

—L'article 75 exige que les propriétaires d'appareils à vapeur fassent connaître immédiatement à l'autorité locale, c'est-à-dire au maire de la commune, les accidents qui seraient survenus : le maire doit immédiatement se transporter sur les lieux, dresser un procès-verbal succinct des circonstances de l'accident, et le transmettre sans délai au préfet, qui ordonnera, s'il y a lieu, à l'ingénieur des mines, ou, à son défaut, à l'ingénieur des ponts et chaussées, de se transporter sur les lieux.

Si l'accident survenu est grave, s'il a occasionné des blessures, ou s'il y a eu explosion d'une chaudière ou autre pièce contenant la vapeur, le maire préviendra le propriétaire de l'appareil qu'il ne doit ni réparer les constructions, ni déplacer ou dénaturer les fragments de la pièce rompue, avant la visite de l'ingénieur, qui, dans ce cas, sera ordonnée d'urgence par le préfet.

§ 7. De la surveillance administrative.

Dans leurs visites, les ingénieurs devront d'abord vérifier si les appareils de sûreté des chaudières et les pompes alimentaires sont entretenus en bon état. Ils examineront les chaudières elles-mêmes, et particulièrement celles qu'un long usage ou certaines circonstances particulières, telles que le défaut de soin, l'inhabileté du chauffeur, etc., leur feraient regarder comme suspectes.

Si les chaudières présentent des vices apparents, ils en provoqueront la réforme ou la réparation par un rapport au préfet. Quand l'inspection extérieure ne suffira pas pour éclairer l'ingénieur au sujet d'une chaudière suspecte, il demandera au propriétaire de faire renouveler l'épreuve; et, en cas de refus de la part de celui-ci, il fera son rapport au préfet, qui ordonnera l'épreuve, s'il y a lieu (art. 64).

Les épreuves des chaudières en fonte de fer devront être renouvelées au moins une fois chaque année [1].

Les ingénieurs et les agents placés sous leurs ordres veilleront à ce que l'instruction pratique, en date du 22 juillet 1843, soit affichée dans le local des chaudières; ils s'assureront si les chauf-

---

[1] Il en est de même, aux termes de la circulaire du 17 décembre 1848, des chaudières à foyer et conduits de flamme intérieurs.

— Le principe de l'épreuve an-nuelle des chaudières en fonte avait été posé, pour la première fois, par une circulaire, en date du 29 janvier 1842, du sous-secrétaire d'état des travaux publics aux préfets.

feurs la comprennent, et s'ils se sont rendus familiers avec les précautions qui y sont recommandées.

Ils vérifieront si les chefs d'établissement ont à leur disposition les pièces de rechange exigées par l'article 69, c'est-à-dire des tubes de rechange et une petite quantité de mercure pour les manomètres à air libre et à tube en verre, des tubes en verre pour les indicateurs du niveau de l'eau, enfin des manomètres fermés ou des thermomanomètres, quand il sera fait usage de ces derniers instruments.

APPAREILS À VAPEUR FIXES.

(A)

DÉPARTEMENT

d

ÉTAT DES ÉPREUVES DE CHAUDIÈRES À VAPEUR, TUBES BOUILLEURS, CYL

D.

NUMÉRO DE L'ÉPREUVE.	DATE de l'épreuve.	INDICA-TION du lieu où l'épreuve a été faite.	NOM et résidence du fabricant des chaudières et des autres pièces éprouvées.	DÉSIGNATION des chaudières et des autres pièces éprouvées.	DIMENSIONS DES CHAUDIÈRES et des autres pièces éprouvées.				NUMÉROS DES TIMBRES.	SOUPAPES D'ÉPREUVE.			
					Lon-gueur.	Dia-mètre.	Épais-seur.	Capa-cité totale des chau-dières.		Pompe d'é-preuve P. Chau-dière Ch. (1)	Dia-mètre des orifices.	Largeur de la zone de contact. (2)	R le l

(1) * On écrira dans cette colonne la lettre P, pour indiquer que la soupape d'épreuve était adaptée à la pompe de pression, et le Ch., pour indiquer que la soupape d'épreuve était adaptée à la chaudière éprouvée.

(2) * On entend par zone de contact la surface annulaire par laquelle le disque de la soupape s'applique sur le collet de la tu Cette largeur ne doit, dans aucun cas, excéder 1/30e du diamètre de l'orifice, et, pour les soupapes les plus grandes, elle ne ¢ excéder deux millimètres.

LLET 1843.

À VAPEUR.

PES DE CYLINDRES, QUI ONT ÉTÉ FAITES À L'AIDE DE LA POMPE DE PRESSION

NT.

USAGE de l'appareil.	NOM ET DOMICILE de celui qui a commandé la chaudière et les autres pièces éprouvées.	DÉSIGNATION DU PROPRIÉTAIRE et de la situation de l'établissement où seront placées les chaudières et les autres pièces éprouvées.			OBSERVATIONS. (4)
		Nom du propriétaire.	Situation de l'établissement		
			dans le département.	dans les autres départements, ou à l'étranger.	

scrira dans cette colonne la quotité du poids qui a été suspendu au levier de la soupape, lors de l'épreuve.
nsignera dans cette colonne, s'il y a lieu, les observations relatives aux vices de forme ou de construction des chaudières
remarqués ; lorsque la chaudière aura été éprouvée avec ses bouilleurs, on dira si elle doit être de nouveau démontée
ort à destination. On fera connaître si l'épreuve porte sur une pièce neuve, ou sur une pièce ancienne et qui aurait été

(B) MODÈLE D'ARRÊTÉ D'AUTORISATION [1].

Nous, préfet du département d.............

Vu la demande du sieur.............tendant à obtenir l'autorisation de faire usage d............chaudière... à vapeur et d.............machine...à vapeur, dans sa fabrique d.............., sise à......., commune d......................

Vu les plans annexés à la demande;

Vu l'ordonnance royale du 22 mai 1843 et les instructions ministérielles des 22 et 23 juillet même année;

Vu le procès-verbal d'enquête *de commodo et incommodo*, ouvert le................, et clos le............

Vu l'avis du maire de la commune d.............

L'avis du sous-préfet de l'arrondissement d.........

L'avis de l'ingénieur.........

Arrêtons ce qui suit:

ARTICLE 1er. Le sieur.............est autorisé, sous les conditions ci-après, à faire usage, dans sa fabrique d....... sise à..................,commune d..............

1° D........chaudière... à vapeur, de forme........ et d'une capacité d........... mètre cube;

2° D...........machine...à vapeur, dont la puissance est d..............cheva..., pour servir à.........; lesquelles chaudière..et machine.. ont été éprouvées et timbrées pour une pression de............ atmosphères.

ART. 2. La (ou chaque) chaudière sera pourvue des appareils de sûreté suivants:

1° Deux soupapes de sûreté placées une vers chaque extrémité de la chaudière. Chacune des soupapes aura au moins un diamètre de.... millimètres, correspondant à une surface de chauffe d.......mètres carrés et au timbre de la chaudière; elle sera chargée directement, ou par l'intermédiaire d'un levier, d'un poids unique équivalent à......kilogrammes de charge directe par centimètre carré de l'orifice. La largeur de la surface annulaire de recouvrement ne dépassera pas...... millimètre..

---

[1] (*) Ce modèle s'applique au cas le plus ordinaire, celui où la demande comprend à la fois une ou plusieurs chaudières et une ou plusieurs machines à vapeur.

Le poids et le levier seront vérifiés et poinçonnés à la diligence de l'ingénieur.

La quotité du poids, en kilogrammes, et la longueur totale du levier, en décimètres, seront gravées sur ces pièces avant l'application de l'empreinte du poinçon.

2° D'un manomètre à air libre[1] placé en vue du chauffeur, gradué en atmosphères et dixièmes d'atmosphère, et qui recevra la vapeur par un tuyau adapté à la chaudière même. Une ligne très-apparente sera tracée sur l'échelle en face de la division correspondante à.........atmosphères, que l'index ou le niveau du mercure ne devra pas dépasser.

3° D'un flotteur ordinaire d'une mobilité suffisante, ou d'un autre appareil propre à faire connaître, à chaque instant, le niveau de l'eau dans la chaudière, et placé en vue du chauffeur.

4° D'un flotteur d'alarme, disposé de manière à faire entendre un bruit aigu produit par l'échappement de la vapeur, dans le cas où le niveau de l'eau viendrait à s'abaisser dans la chaudière à 5 centimètres au-dessous de la ligne d'eau tracée sur le parement du fourneau, comme il sera dit ci-après.

ART. 3. Une ligne indiquant le niveau habituel de l'eau dans la chaudière sera tracée sur le parement extérieur du fourneau. Cette ligne sera d'un décimètre au moins au-dessus de la partie la plus élevée des carneaux, tubes ou conduits de la flamme et de la fumée.

La (ou chaque) chaudière sera alimentée par une pompe mue par la machine, ou par tout autre appareil reconnu propre à remplir ce but par l'ingénieur.

ART. 4. L....chaudière....ser.....placée..dans le local

---

[1] Le régime de liberté, introduit par l'instruction ministérielle du 15 décembre 1849, nécessite une modification dans la rédaction de cette prescription.

On pourrait intercaler ici les mots *ou un manomètre de forme quelconque,* et ajouter un second alinéa emprunté aux textes des circulaires des 17 décembre 1849 et 26 août 1852, — ainsi conçu :

« Lorsqu'il s'agira d'un manomètre autre que celui à air libre, décrit dans l'instruction du 23 juillet 1843, la chaudière sera pourvue d'un ajutage qui permette de vérifier l'exactitude de l'instrument employé. Cet ajutage consistera en un tube de $0^m,01$ de diamètre, placé sur le tuyau de prise de vapeur du manomètre à demeure, ou mieux sur le boisseau d'un robinet à deux eaux, adapté à ce manomètre même, et terminé par une bride verticale de $0^m,015$ de largeur et $0^m,005$ d'épaisseur. »

désigné au plan fourni par le demandeur, dont une copie sera annexée à la minute du présent arrêté.

(Suivent ici les conditions relatives au local des chaudières et aux murs de défense, qui dépendent de la catégorie à laquelle appartiennent les chaudières, et de leur distance aux habitations et à la voie publique, conformément aux articles 33 à 45 de l'ordonnance, et au § 4 de l'instruction du 23 juillet 1843.)

Art. 5. Le combustible dont on fera usage sera.........

. . . .

Art. 6. Le permissionnaire sera tenu, 1° de laisser visiter ses appareils par l'ingénieur, les gardes-mines et tous autres agents chargés de la surveillance des appareils à vapeur, toutes les fois qu'ils se présenteront;

2° De nous donner avis de toutes les modifications et réparations qui seraient faites aux chaudières à vapeur, avant de les faire fonctionner de nouveau;

3° En cas d'explosion ou d'accident, de nous en informer sur-le-champ, et de ne faire aucune réparation aux bâtiments, de ne déplacer ni dénaturer, avant la visite de l'ingénieur chargé de dresser le procès-verbal, aucun fragment des pièces rompues, sauf ce qui serait indispensable pour secourir les blessés et prévenir de nouveaux accidents;

4° De fournir la main-d'œuvre et les appareils nécessaires aux nouvelles épreuves qui seraient ordonnées par nous;

5° De se conformer à toutes les autres dispositions de l'ordonnance du 22 mai 1843;

6° D'adapter aux chaudières et machines les appareils de sûreté qui seraient prescrits ultérieurement par des règlements d'administration publique.

Art. 7. L'instruction ministérielle du 22 juillet 1843, sur les mesures de précaution habituelles à observer dans l'emploi des chaudières à vapeur établies à demeure, sera affichée dans le local de la chaudière.

Art. 8. En cas de contravention aux dispositions du présent arrêté, le sieur.................et le mécanicien employé par lui seront poursuivis conformément aux lois[1], et l'autorisation pourra être, en outre, révoquée ou suspendue.

[1] Voir ci-après la loi du 21 juillet 1856, — qu'il sera maintenant nécessaire de viser dans le préambule de l'arrêté. On pourrait remplacer les mots *aux lois* par ceux-ci : *à la loi du 21 juillet 1856.*

Art. 9. Expédition du présent arrêté sera expédiée à M. le maire de la commune d............chargé de le notifier au permissionnaire et de le faire afficher à la mairie pendant un mois. Copie en sera déposée aux archives de la commune, pour être communiquée à toute partie intéressée qui en fera la demande. Ampliation en sera adressée à l'ingénieur........, chargé d'en surveiller l'exécution.

Fait à..............., le...........18...

(C) SUR LA CONSTRUCTION DES SOUPAPES DE SÛRETÉ.

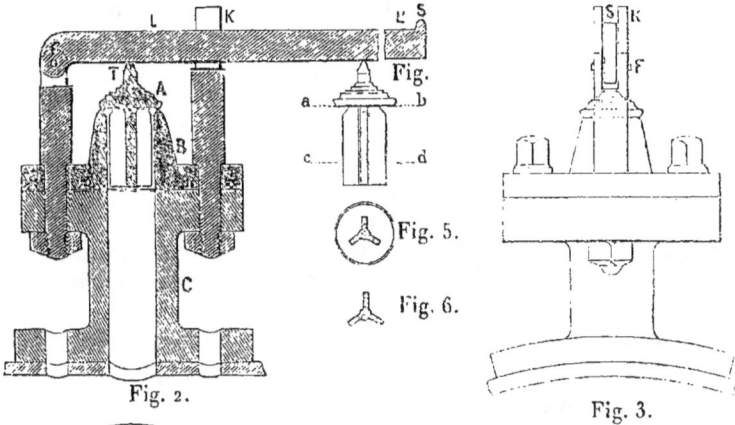

Fig. 4.

Fig. 5.

Fig. 6.

Fig. 2.

Fig. 3.

Fig. 1.

Échelle des figures 1 à 8.

2.déc.

Les figures 1, 2 et 3 représentent le plan, la coupe verticale et l'élévation d'une soupape de sûreté.

Le disque mobile A et la tubulure B, sur laquelle il s'applique, sont en bronze; le prolongement de la tubulure C, qui s'adapte à la chaudière, est en fonte; le levier LL' et les autres pièces sont en fer forgé; le disque A est ordinairement guidé soit par une lanterne venue à la fonte en dessous de ce disque et qui pénètre dans la tubulure, soit par trois ou quatre ailettes dont les plans se croisent suivant l'axe perpendiculaire au plan du disque, et dont les bords touchent le contour cylindrique intérieur de la tubulure.

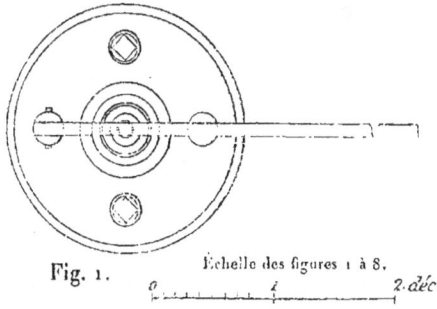

Les ailettes sont préférables à la lanterne, parce que celle-ci obstrue en partie le passage de la vapeur et qu'elle paraît plus sujette à s'engager dans la tubulure. On invite, en conséquence, les constructeurs à adopter de préférence les disques guidés par des ailettes, tels qu'ils sont représentés fig. 2, 4, 5 et 6. L'intérieur de la tubulure B est alésé, et l'appendice inférieur du disque tourné de manière à ce qu'il n'y ait qu'un jeu très-petit entre les surfaces qui doivent glisser l'une dans l'autre; la face inférieure du disque, qui est directement au-dessus de l'orifice de la tubulure, forme une surface légèrement concave, relevée au-dessus du plan de la surface de recouvrement, fig. 2 et 4. L'extrémité supérieure de la tubulure B est évasée, comme on le voit fig. 2, et la largeur des ailettes est, au contraire, diminuée dans la partie correspondante à l'évasement de la tubulure, ainsi qu'on le voit par les figures 4, 5 et 6, qui réprésentent l'élévation du disque isolé et deux sections horizontales de ce disque, dont la première est faite suivant le plan ab de la figure 4, qui contient la surface annulaire de contact, et l'autre suivant le plan inférieur cd de la figure 4. La face inférieure du disque est fouillée sur le tour. Par suite de cette construction, le disque ne peut faire *bouchon* dans la tubulure, et ouvre, dès qu'il se soulève, une issue aussi libre que possible à la vapeur. La tige T, qui est venue de fonte avec le disque de la soupape, est tournée avec lui, afin que son axe soit exactement perpendiculaire au plan du disque et passe par son centre; elle se termine, à sa partie supérieure, par une surface conique à pointe émoussée, sur laquelle presse le levier LL'. Ce levier tourne autour d'un boulon ou goupille F, dont l'axe doit être situé exactement dans le prolongement du plan tangent au sommet de la tige du disque de la soupape reposant sur son siége. Au moment où celui-ci commence à se soulever, les points du levier sur lesquels s'appuie la tige décrivent des arcs de cercle verticaux; il n'y a pas glissement des surfaces en contact l'une sur l'autre, et, par conséquent, aucun frottement ne tend à incliner le disque de la soupape d'un côté ou de l'autre, et à faire frotter les ailettes contre le contour de la tubulure. Le levier LL' est guidé dans une seconde fourchette K, pour prévenir les mouvements dans le sens horizontal; il se termine à son extrémité libre par une saillie S, destinée à retenir le poids qui y est suspendu.

Il est permis de négliger le frottement de l'œil du levier

contre le boulon ou goupille F, lorsque la soupape a été bien
ajustée et qu'elle est entretenue dans un état convenable de
propreté. Toutefois on peut, pour plus de précision, faire appuyer le levier sur le tranchant d'un couteau en acier. Les
figures 7 et 8 représentent une soupape exécutée
par M. Sorel, dont le levier est ainsi appuyé sur
un couteau, et qui fonctionne avec une précision
comparable à celle d'une bonne balance. L'œil
du levier est de forme triangulaire, comme on le
voit dans la figure 7; le boulon bb, fig. 8, qui
traverse les deux branches de la fourchette et le
levier, est aciéré et aminci en forme de couteau,
dans la partie sur laquelle s'appuie le levier; un
goujon g, qui pénètre dans une cavité correspondante ménagée dans une branche de la fourchette,
sert de repère pour placer le boulon de façon à
ce que l'arête du couteau soit horizontale et tournée vers le bas.

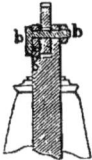

Fig. 7.

Fig. 8.

Quelques constructeurs remplacent la tige T, adhérente au
disque de la soupape, par une cavité cylindrique forée dans
l'épaisseur de ce disque, suivant son axe, et dans laquelle entre
une pièce, en forme d'olive ou de navette, dont l'extrémité supérieure s'engage dans une petite cavité creusée dans l'épaisseur
du levier LL': la pression du levier est ainsi transmise au disque
de la soupape par l'*olive,* et le tout forme un système articulé.
Cette disposition, qui est certainement bonne quand l'axe fixe
autour duquel tourne le levier est mal placé, paraît inutile
lorsque cet axe est situé dans le plan de contact mutuel du levier et du sommet de la tige T de la soupape.

(D) NOTE SUR LES MANOMÈTRES À AIR LIBRE.

La figure 1 représente, à l'échelle de 1/30, un manomètre à

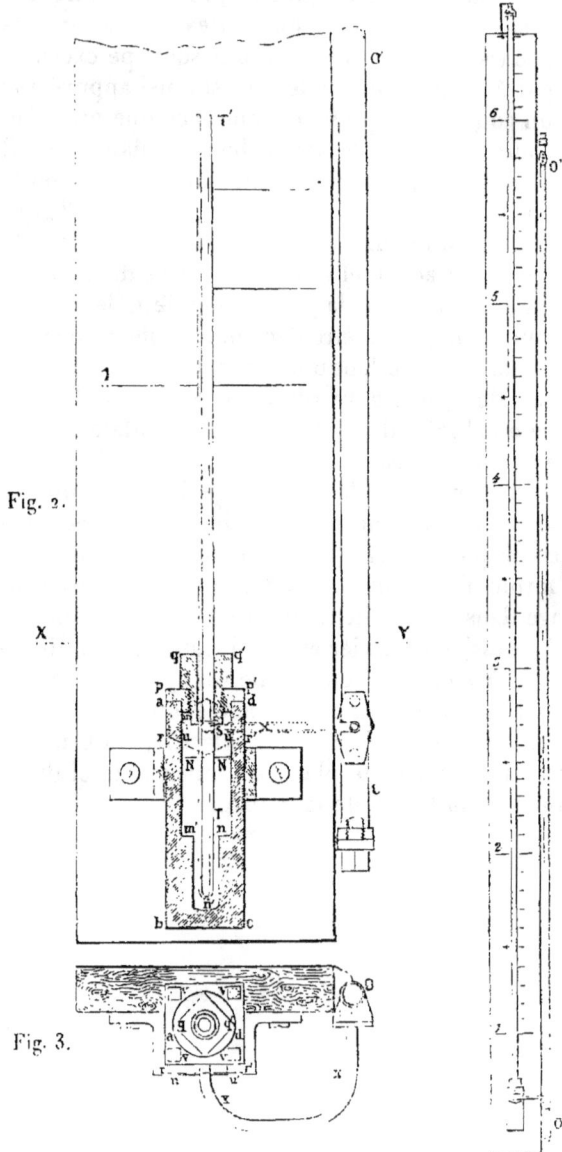

Fig. 2.

Fig. 3.

Fig. 1.

Echelle des figures 2 et 3.

Echelle de la figure 1.

air libre, à cuvette et à tube en verre, pouvant accuser des pressions qui vont jusqu'à 6 atmosphères 1/2.

La figure 2 est une section de la cuvette et du tube par un plan vertical passant par l'axe de la cuvette, à l'échelle de 1/6.

La figure 3 est une section, à la même échelle, du manomètre et de la monture par le plan horizontal XY de la figure 2.

La cuvette a, b, c, d, fig. 2 et 3, est en fer forgé; elle est formée d'un prisme de fer à base carrée de 6 centimètres de côté et de 17 centimètres de hauteur. On a foré, suivant l'axe du prisme, la cavité cylindrique mn de 4 centimètres de diamètre, et de 10 centimètres 6 millimètres de profondeur, et au fond de celle-ci, toujours suivant l'axe du prisme, la cavité cylindrique d'un diamètre moindre $m'n'$, dans laquelle doit pénétrer l'extrémité du tube en verre TT'. Cette cuvette est fermée à sa partie supérieure par une plaque en fer carrée pp', formant bouchon, et fixée aux quatre angles, sur les bords de la cuvette, par les vis v, v, v, v, fig. 3. La pression de ces vis ferme hermétiquement au moyen d'un peu de mastic au minium, interposé entre les surfaces de contact de la plaque et des bords supérieurs de la cuvette. L'ouverture cylindrique ménagée suivant l'axe de la plaque pp' est taraudée en forme d'écrou, et remplie par le bouchon en fer et à vis qq', suivant l'axe duquel on a foré un trou cylindrique d'un diamètre un peu supérieur au diamètre extérieur du tube en verre. Vers le bas, ce trou se rétrécit de manière à ne plus laisser que très-peu de jeu entre lui et le contour extérieur du tube, afin que le mastic avec lequel on scellera le tube en verre, dans la cavité cylindrique percée à travers le bouchon qq', soit retenu par les bords rentrants de cette cavité.

Un trou S est percé à travers une des parois verticales de la cuvette, immédiatement au-dessous du bouchon rentrant qq'; à ce trou est adapté, au moyen d'une bride rr' et de deux vis uu', un petit tuyau xx', courbé dans un plan horizontal, qui met la cuvette en communication, par sa partie supérieure, avec un tube en fer creux OO', de 15 millimètres de diamètre intérieur, fixé sur le côté du madrier de sapin sur lequel l'instrument est monté. Le tube en fer creux OO' se prolonge de quelques centimètres en dessous du tuyau courbe xx'; là il est fermé par un bouchon à vis et en fer; il a une hauteur verticale de 4 mètres; il est fermé également en haut par un bouchon à vis;

immédiatement au-dessous de ce bouchon, il est percé latéralement d'un trou, autour duquel est la bride à laquelle vient
s'adapter l'extrémité des tuyaux de communication avec l'intérieur de la chaudière, qui ne diffèrent en rien de ceux dont on
fait ordinairement usage.

Le tube TT' est en cristal; il doit avoir environ 3 millimètres
de diamètre intérieur, de 9 à 10 millimètres de diamètre extérieur; sa longueur dépend du maximum de la pression que le
manomètre doit mesurer.

Cet instrument doit être rempli de mercure et monté sur
place. Le madrier de sapin, auquel sont attachés la cuvette en
fer et le tube en fer creux OO', est fixé par des crampons contre un
mur vertical. Le tube en verre étant enlevé, on verse d'abord
dans la cuvette, par le trou percé dans le bouchon à vis qq', la
quantité de mercure convenable, laquelle dépend du diamètre
intérieur du tube en cristal et de sa longueur; il faut que, lorsque le mercure s'élèvera dans le tube jusqu'au point qu'il ne
devra pas dépasser, le niveau du mercure dans la cuvette recouvre
d'un demi-centimètre au moins les bords supérieurs de la cavité rétrécie m'n'. Soit NN' la surface de niveau du mercure versé
ainsi dans la cuvette. Après avoir introduit le mercure, on
mettra en place le tube en cristal ; pour cela on l'enfoncera
à travers le bouchon qq', jusqu'à ce que son extrémité inférieure
arrive à 4 ou 5 millimètres du fond de la cavité m'n' ; on fixera
le tube au madrier par quelques brides légères, placées de
mètre en mètre, par exemple, en ayant soin d'interposer un
peu de coton entre le tube et le madrier, et de serrer les brides
assez peu pour que le tube puisse glisser entre ces brides, dans
le sens de sa longueur. On lutera ensuite le tube au bouchon
qq' avec du mastic de fontainier, ou simplement de la cire à
cacheter grossière, qu'il suffit de chauffer à une température
de 60 à 70° pour la ramollir, et pour qu'elle coule dans l'intervalle annulaire compris entre le tube et la cavité du bouchon.
Pendant cette opération, on échauffe le bouchon, en le serrant
entre les branches d'une pince ou tenaille de maréchal préalablement chauffée au rouge sombre, et on facilite l'introduction
du mastic dans la cavité du bouchon en imprimant au tube de
petits mouvements dans le sens parallèle à son axe; on aura
préalablement dépoli le tube à l'extérieur, dans la partie de sa
hauteur qui doit être engagée dans le bouchon.

Le tube en verre étant ainsi scellé, on attend que la cuvette

et le mastic soient refroidis; on ôte le bouchon à vis qui ferme
le tube en fer OO′ à son extrémité supérieure, et l'on remplit
complétement ce tube avec de l'eau, qui, passant par le petit
tuyau de communication xx', se répand aussi dans la cuvette
au-dessus du mercure; puis on remet en place le bouchon de
fermeture du tube OO′; la pression de la colonne d'eau fait
monter le mercure dans le tube de cristal jusqu'à une hauteur
déterminée; le point où arrive la surface du mercure pressé par
la colonne d'eau est le point de départ de l'échelle du manomètre, qui est marqué du chiffre 1 (une atmosphère). A partir
de ce point on divise le madrier sur sa hauteur en parties égales,
dont chacune représente 1/10° d'atmosphère. L'intervalle de
deux divisions devra être égal à 76 millimètres divisés par l'u-
nité, augmentée du rapport du carré du diamètre intérieur du
tube en cristal au carré du diamètre de la cuvette. Si, par
exemple, les diamètres du tube et de la cuvette sont dans le
rapport de 1 à 10, l'intervalle de deux divisions devra être
$\frac{76}{1,01} = 75^{\text{mill}},25$. Une correction aussi faible peut être négligée,
sans inconvénient, dans la pratique. Il faut que les longueurs
du tube en verre et du madrier divisé soient suffisantes pour
que le manomètre puisse mesurer des pressions supérieures
d'une atmosphère ou une atmosphère et demie à celle que la
vapeur ne devra pas dépasser dans la chaudière. Ainsi, si la
chaudière doit fournir de la vapeur à 5 atmosphères (ou 4 atmosphères en sus de la pression extérieure), le manomètre
devra pouvoir mesurer jusqu'à 6 atmosphères au moins, ce qui
exigera que le tube en cristal et le madrier aient une longueur
de 5 × 0,76 $= 3^m,80$ au-dessus du point de départ de la
graduation. La longueur totale du madrier serait d'environ $\frac{1}{11}$
plus grande que $3^m,80$, à cause de l'élévation du point de départ de la graduation au-dessus de la surface du mercure dans
la cuvette, occasionnée par le poids de la colonne d'eau contenue dans le tube OO′.

L'échelle des pressions aura été tracée chez le fabricant de
manomètres; le mercure aura été expédié à part, et il sera bon
d'y joindre un tube en cristal de rechange. Le propriétaire de
l'appareil à vapeur devra tenir note du poids du mercure ;
mais, comme l'instrument ne pourra pas généralement être expédié à destination rempli de mercure, il devra être de nouveau
monté sur place, avec les précautions que nous venons d'indiquer; l'on pourra profiter de cette circonstance pour vérifier

l'exactitude de l'échelle, ou plutôt de son point de départ [1]. Il
faut qu'un semblable manomètre soit installé de manière que
les divisions de l'échelle, auxquelles correspondra habituellement
l'extrémité de la colonne de mercure, soient à peu près à la
hauteur de l'œil du chauffeur ou mécanicien, et que le haut
du tube en fer creux OO′, où viennent se rattacher les tuyaux de
communication avec la chaudière, soit à un niveau plus élevé
que le point d'insertion de ces tuyaux sur la chaudière. Lorsque
cette dernière condition, qui est généralement compatible avec
la première, sera satisfaite, le manomètre accusera la pression
de la vapeur avec un grand degré de précision ; car, pendant
que la chaudière sera en vapeur, le tube en fer creux OO′ sera
constamment rempli d'eau, dont la pression s'ajoutera à celle
de la vapeur sur le mercure, tandis que les tuyaux de communication inclinés vers la chaudière ne contiendront que de la
vapeur. La pression de la vapeur sur le mercure étant transmise
par une longue colonne d'eau verticale, la cuvette ne pourra
jamais s'échauffer, et on n'aura point à craindre que le mastic
de fontainier ou la cire, dont on s'est servi pour sceller le tube
en cristal dans l'ouverture du bouchon qq′, viennent à se ramollir.

On n'aperçoit d'autres causes de dérangement ou d'avarie de
ce manomètre que le bris du tube en cristal, qu'il est facile,
d'ailleurs, de protéger, et l'obstruction du bas du tube en fer par
les impuretés tenues en suspension dans l'eau ou entraînées par
la vapeur. La substitution d'un tube en cristal à celui qui aurait
été rompu se fera sans difficulté, et n'occasionnera qu'une très-
faible dépense. On videra d'abord le tube OO′ de l'eau qu'il
contient, en dévissant le bouchon qui ferme ce tube par le bas,
afin que le mercure retombe en totalité dans la cuvette. Puis
on enlèvera le bout du tube brisé qui sera engagé dans la cuvette; il suffira pour cela de ramollir le mastic en le chauffant,
ce qui se fera facilement, en serrant entre les mâchoires d'une
pince ou tenaille chauffée au rouge sombre le bouchon qq′; s'il
y a eu du mercure perdu, il faudra ajouter dans la cuvette une
quantité à peu près égale à celle qui a été perdue, et enfin

---

[1] (*) Le manomètre peut être expédié monté, mais seulement vide de
mercure. Quand il est mis en place,
à sa destination, on peut verser le
mercure par l'orifice supérieur du
tube TT′, sur lequel on applique un
petit entonnoir en verre, et remplir
ensuite le tube en fer OO′ d'eau que
l'on verse également par l'orifice supérieur de ce tube.

on placera le tube de rechange. Le nettoyage du tube en fer creux peut se faire très-simplement. Après avoir intercepté la communication avec la chaudière, on enlèvera les bouchons à vis qui ferment le tube OO' à ses deux extrémités, on videra ce tube et on le remplira de nouveau avec de l'eau pure.

Pour éviter les déperditions de mercure qui pourraient avoir lieu par l'orifice supérieur du tube, lors des oscillations que la colonne éprouve par des augmentations brusques de pression, on peut coiffer ce tube d'un simple bouchon en bois non mastiqué, et retenu sur le tube par une agrafe en fil de fer, fixée à la monture en bois. L'air extérieur pourra passer entre le bouchon et le tube; mais, en cas d'une oscillation de la colonne mercurielle, le bouchon préviendrait la sortie du métal. Il pourra aussi être avantageux de fermer à la lampe le tube en verre, à son extrémité inférieure, et de ménager un petit trou latéral, tout près de cette extrémité, pour le passage du mercure de la cuvette dans le tube, que l'on appuiera alors sur le fond de la cuvette. Enfin il sera peut-être commode de percer la cuvette d'un trou, fermé par un bouchon à vis et aboutissant au fond de la cavité $m'n'$, par lequel on pourrait vider tout le mercure, quand on voudrait en vérifier le poids, ou le filtrer pour le nettoyer, sans qu'il fût nécessaire de déplacer l'instrument.

Un manomètre à air libre, tel que celui qui est représenté page 68, pouvant accuser jusques à 6 atmosphères, exigera tout au plus 1 kilogramme de mercure, dont la valeur actuelle est de 12 francs. On peut se procurer, à la cristallerie de Choisy-le-Roi, des tubes en cristal de $4^m,50$ de longueur, au prix de 5 francs l'un, au plus. Les tubes en fer creux, de 15 millimètres de diamètre, se vendent, au dépôt de M. Gandillot, au prix de 2 fr. 50 le mètre courant, sur des longueurs variables de $0^m,60$ à 4 mètres. Il résulte évidemment de ces détails que les manomètres à air libre, pour des pressions de 5 à 6 atmosphères, peuvent être établis et vendus à des prix modérés par les fabricants d'instruments de physique; au besoin, ils pourraient être confectionnés dans les ateliers de tous les constructeurs ou ajusteurs de machines.

TABLE DES FORCES ÉLASTIQUES DE LA VAPEUR D'EAU, À SON MAXIMUM DE DENSITÉ,
ET DES TEMPÉRATURES CORRESPONDANTES, DE 1 À 24 ATMOSPHÈRES.

FORCE ÉLASTIQUE de la vapeur, en prenant la pression de l'atmosphère pour unité.	HAUTEUR de la colonne de mercure (à zéro de température) qui mesure la force élastique de la vapeur.	TEMPÉRATURE correspondante, exprimée en degrés du thermomètre centigrade à mercure.	PRESSION exercée par la vapeur sur un centimètre carré de la chaudière ou de la soupape de sûreté.
atmosphères.	mètres.	degrés.	kilogrammes.
1	0,76	100	1,033
1 1/2	1,14	112,2	1,549
2	1,52	121,4	2,066
2 1/2	1,90	128,8	2,582
3	2,28	135,1	3,099
3 1/2	2,66	140,6	3,615
4	3,04	145,4	4,132
4 1/2	3,42	149,06	4,648
5	3,80	153,08	5,165
5 1/2	4,18	156,8	5,681
6	4,56	160,2	6,198
6 1/2	4,94	163,48	6,714
7	5,32	166,5	7,231
7 1/2	5,70	169,37	7,747
8	6,08	172,1	8,264
9	6,84	177,1	9,297
10	7,60	181,6	10,330
11	8,36	186,03	11,363
12	9,12	190,00	12,396
13	9,88	193,7	13,429
14	10,64	197,19	14,462
15	11,40	200,48	15,495
16	12,16	203,60	16,528
17	12,92	206,57	17,561
18	13,68	209,4	18,594
19	14,44	212,1	19,627
20	15,20	214,7	20,660
21	15,96	217,2	21,693
22	16,72	219,9	22,726
23	17,48	221,9	23,759
24	18,24	224,2	24,792

GÉNÉRALITÉS. 75

(E) NOTE SUR LE FLOTTEUR D'ALARME.

La figure représente la section verticale d'un flotteur d'a-

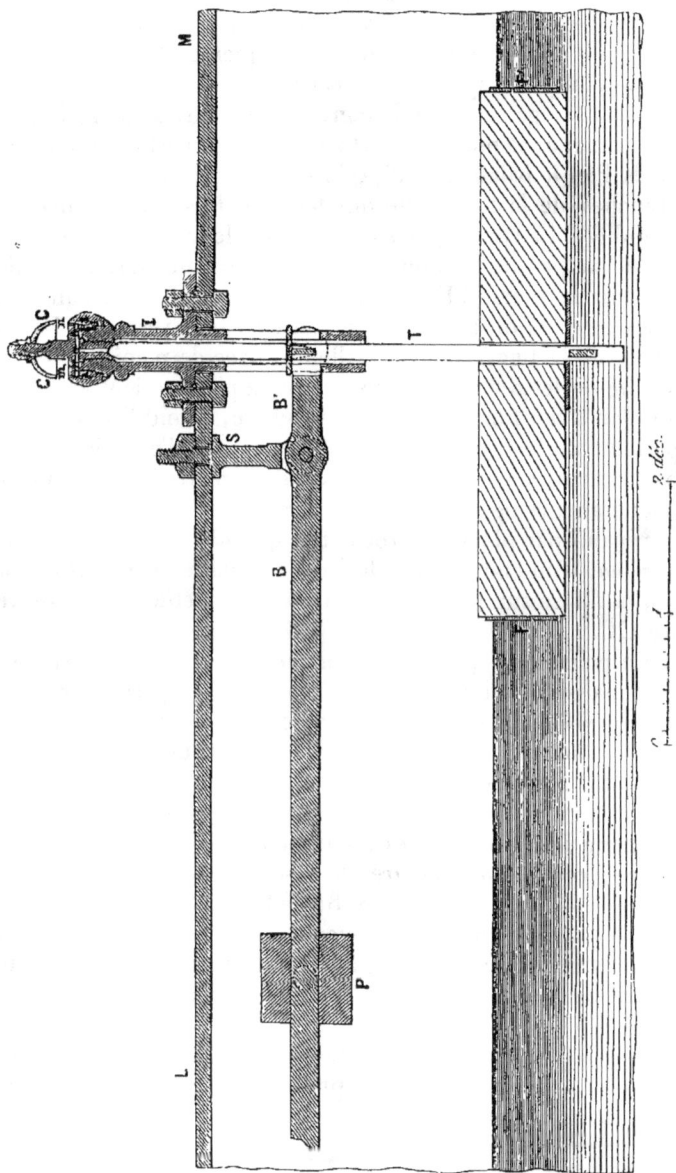

larme que la commission arbitrale des machines à vapeur a fait exécuter. LM est la paroi supérieure de la chaudière sur laquelle on fixe, à l'aide de vis, le bout de tuyau en cuivre I, qui est terminé par un appareil semblable au sifflet des chaudières de machines locomotives. Une pierre FF', ou tout autre corps d'un poids spécifique supérieur à celui de l'eau, est suspendu à la tige verticale T, dont l'extrémité supérieure ferme le petit canal o; la pierre FF' est équilibrée en partie par le contre-poids P et le balancier BB'; celui-ci porte par un couteau sur les branches de la fourchette qui termine le support S fixé à la chaudière. Le contre-poids P est mobile le long du balancier B; on le fixe par une vis de pression en un point tel, qu'il puisse soutenir la pierre FF', lorsque celle-ci est plongée dans l'eau jusqu'aux 3/4 ou aux 5/6es de son épaisseur verticale. La longueur de la tige T étant, d'ailleurs, fixée de manière à ce que les 3/4 ou les 5/6es de l'épaisseur de la pierre soient au-dessous du plan d'eau normal dans la chaudière, quand l'extrémité supérieure de la tige ferme le petit canal o, si l'eau vient alors à baisser dans la chaudière, le poids de la pierre FF' devient prépondérant, la tige T s'abaisse et démasque l'orifice o. La vapeur se répand par plusieurs trous, tels que bb, dans l'espace annulaire aa, d'où elle sort par la fente circulaire et très-étroite mn, qui la dirige sur les bords du timbre ou petite cloche renversée CC.

Le poids de la pierre FF', lorsqu'elle est émergée par suite de l'abaissement du niveau de l'eau, doit l'emporter sur le contre-poids P, et, en outre, surmonter la pression effective de la vapeur sur l'orifice o. On donne, en conséquence, un très-petit diamètre à cet orifice, surtout lorsque la pression effective de la vapeur doit être considérable, afin de ne pas être obligé de donner à la pierre FF' des dimensions trop grandes, qui pourraient être gênantes. Il entre, dans la construction du flotteur d'alarme représenté ci-dessus, 3^k,82 de bronze ou cuivre, à 3 fr. 30 le kilogramme; 7 kilogrammes de fer pour le balancier, les boulons et le contre-poids, à 0 fr. 50 le kilogramme, et une pierre de liais du poids de 23 kilogrammes, d'une valeur de 6 francs.

Les personnes qui sont au fait du prix des travaux d'ajustage jugeront, par ces détails, du prix auquel de semblables appareils peuvent être établis et vendus.

CIRCULAIRE DU MINISTRE DES TRAVAUX PUBLICS AUX PRÉFETS.

24 juillet 1843

Envoi
de l'ordonnance
du
22 mai 1843,
et d'instructions
relatives
à son exécution.

Les machines et chaudières à vapeur ont successivement été soumises à diverses mesures de sûreté par les ordonnances des 29 octobre 1823, 7 mai 1828, 23 septembre 1829, 25 mars 1830 et 22 juillet 1839.

Avant 1823, on ne comptait en France qu'un petit nombre de ces appareils, qui se sont beaucoup multipliés depuis.

Le décret du 15 octobre 1810 et l'ordonnance du 14 janvier 1815, relatifs aux établissements insalubres ou incommodes, ne s'étaient occupés des machines à vapeur, qu'ils désignaient sous le nom de pompes à feu, que par rapport aux inconvénients de la fumée pour le voisinage [1].

L'ordonnance du 29 octobre 1823 prescrivit plusieurs conditions de sûreté; mais elle ne concernait que les machines à haute pression, celles dans lesquelles la force élastique de la vapeur dépasse deux atmosphères.

Les ordonnances des 7 mai 1828 et 23 septembre 1829 déterminèrent des règles pour les épreuves, et y assujettirent toutes les chaudières à haute pression, ainsi que les tubes bouilleurs et les cylindres et enveloppes de cylindres des machines.

L'ordonnance du 25 mars 1830 s'occupa spécialement des chaudières à basse pression, où la tension de la vapeur ne dépasse pas deux atmosphères au plus; elle leur appliqua quelques-unes des dispositions déjà prescrites pour la haute pression, mais en les exemptant des épreuves et de toute condition d'emplacement.

Enfin l'ordonnance du 22 juillet 1839 a fixé des règles pour les épreuves des chaudières des machines locomotives employées sur les chemins de fer.

Ces règlements, faits ainsi à différentes reprises, manquaient d'unité et présentaient diverses lacunes. En outre, le temps et

---

[1] L'administration a chargé, il y a quelques années, la commission centrale des machines à vapeur de faire une série d'expériences au sujet des appareils fumivores. Le rapport contenant le résultat de ces expériences a été publié dans les Annales des mines (4ᵉ série, t. XI, p. 149). Il a, en outre, été fait un tirage à part, et, par circulaire du 14 juin 1848, le ministre des travaux publics en a adressé plusieurs exemplaires aux préfets, pour être distribués aux membres du conseil de salubrité de leur département.

l'expérience ont fait reconnaître que, parmi les précautions exigées, il en était quelques-unes que l'on pouvait rendre moins rigoureuses ou même supprimer entièrement; d'autres, au contraire, qu'il convenait d'étendre ou de compléter, de manière à concilier à la fois les intérêts de l'industrie et ceux de la sûreté publique. Il était donc nécessaire de faire un nouveau règlement, à l'effet de coordonner toutes les dispositions à prescrire aujourd'hui en cette matière.

Les enseignements de la théorie et de la pratique ont été mis à profit. La commission centrale des machines à vapeur a exécuté des expériences ayant pour but de vérifier plusieurs moyens de sûreté, sur l'efficacité desquels des doutes s'étaient élevés. Les diverses circonstances où des explosions sont arrivées ont été l'objet d'une étude suivie. On a pu remonter aux causes déterminantes de quelques accidents, et reconnaître les moyens de prévenir ou d'atténuer le danger.

Dans les anciens règlements, les appareils à vapeur étaient répartis en deux classes, suivant qu'ils fonctionnaient à haute ou à basse pression. Chacune de ces deux classes se trouvait soumise à des conditions distinctes. Il y avait plusieurs inconvénients à ne considérer ainsi que la tension de la vapeur dans les chaudières. De petits appareils étaient assujettis, par cela seul qu'ils fonctionnaient à haute pression, à des conditions d'emplacement souvent fort gênantes et qui apportaient des obstacles à leur emploi dans l'industrie, tandis que de grands appareils à basse pression s'en trouvaient affranchis. Indépendamment de la tension de la vapeur, il faut tenir compte des dimensions de l'appareil. On conçoit qu'une petite chaudière, quoique à haute pression, pourra occasionner beaucoup moins de dommages, si elle vient à éclater, qu'une grande chaudière à basse pression. Et d'un autre côté, les épreuves et les autres moyens de sûreté sont également nécessaires toutes les fois que la vapeur se produit dans un appareil fermé.

On a, en conséquence, supprimé dans la nouvelle ordonnance ce qui se rapportait à l'ancien classement.

Toutes les chaudières devront être munies des mêmes appareils de sûreté.

Emplacement. — Relativement aux conditions de local, elles seront réparties en quatre catégories, que l'on a établies en ayant égard à la fois à la capacité des chaudières et à la tension de la vapeur. Le produit du nombre qui exprime la capacité, en mètres cubes, par le nombre qui exprime la tension de la vapeur, en atmosphères, détermine la catégorie à laquelle appartient la chaudière.

Ces nombres ont été combinés de telle sorte que chaque chaudière se trouvât classée suivant qu'elle présenterait plus ou moins de danger.

La première catégorie comprendra, en général, les grandes chaudières. Elles devront être situées en dehors de toute maison d'habitation et de tout atelier. Néanmoins, on pourra, par exception, dans le cas prévu par l'article 35, en autoriser l'établissement dans un atelier, pourvu que cet atelier ne fasse pas partie d'une maison d'habitation. Il y aurait, en effet, dans certaines circonstances, un véritable préjudice pour le fabricant à ne pouvoir faire servir le même foyer de chaleur à sa chaudière et à ses ateliers. Je vous prie de me donner connaissance des autorisations que vous accorderez dans ces circonstances.

Dans la seconde et la troisième catégorie se trouveront les chaudières de puissance moyenne. Elles pourront être placées dans un atelier, s'il ne fait pas partie d'une maison d'habitation.

Lorsqu'une chaudière de la première catégorie ne sera pas à plus de dix mètres, et une chaudière de la seconde catégorie à plus de cinq mètres de distance d'une maison d'habitation ou de la voie publique, il devra être construit de ce côté un mur de défense de un mètre d'épaisseur. Le préfet en fixera, suivant chaque espèce et d'après les propositions de l'ingénieur, les dimensions en longueur et en hauteur, afin de prévenir les accidents qui pourraient résulter, en cas d'explosion, tant de la projection des matériaux solides que de la force expansive de la vapeur qui se dégagerait subitement.

Si une chaudière de la première catégorie est enterrée en contre-bas du sol, le mur de défense ne sera exigible que lorsqu'elle se trouvera à moins de cinq mètres des habitations ou de la voie publique.

Dans la quatrième catégorie seront toutes les petites chaudières. Elles pourront être établies dans l'intérieur d'un atelier quelconque, lors même qu'il ferait partie d'une maison d'habitation, ce qui facilitera leur emploi dans un grand nombre d'industries.

Les chefs d'établissements trouveront ainsi dans ce nouveau classement de grands avantages, et en même temps les tiers auront toutes les garanties nécessaires.

— Toutes les machines et chaudières à vapeur, sauf l'exception indiquée ci-après, devront être préalablement éprouvées par la pompe de pression.

Jusqu'à présent l'épreuve n'avait eu lieu, en ce qui concerne les appareils fonctionnant sur terre, que pour la haute pression. Cependant elle est ordinairement le meilleur moyen de découvrir les défauts qui peuvent exister soit dans la nature du métal employé, soit dans le mode de construction de la chaudière. Il convenait, en conséquence, d'y assujettir indistinctement tous ces appareils. Cependant les chaudières qui auront des faces planes continueront d'en être exemptées, à la condition que la tension de la vapeur ne devra jamais s'élever à plus d'une atmosphère et demie. Elles pourraient, en effet, être déformées sous la pression d'épreuve.

Comme dans les anciens règlements, la pression d'épreuve, pour les chaudières, tubes bouilleurs et réservoirs en tôle ou en cuivre laminé, sera triple de la pression *effective*, c'est-à-dire de la plus grande tension que la vapeur peut avoir dans leur intérieur, diminuée de la pression atmosphérique. Elle sera quintuple pour les chaudières et tubes bouilleurs en fonte. L'ordonnance du 7 mai 1828 avait déjà établi cette distinction. Elle est motivée par les chances de rupture qui sont particulières aux chaudières en fonte.

Les cylindres et enveloppes de cylindre en fonte ne seront éprouvés que sous une pression triple de la pression effective, parce que ces pièces sont beaucoup moins sujettes aux explosions que les chaudières, qu'elles ne sont pas exposées aux mêmes causes de détérioration que celles-ci, et que les explosions, d'ailleurs excessivement rares, ne pourraient, en tout cas, occasionner que des accidents peu graves.

L'ordonnance détermine les épaisseurs qu'il est nécessaire de donner aux parois des chaudières cylindriques en tôle ou en cuivre, pour qu'elles aient la résistance suffisante, eu égard à leur diamètre, à la tension sous laquelle elles doivent fonctionner et à la pression d'épreuve qu'elles doivent subir. Ces conditions conduisent à une formule algébrique, d'après laquelle a été dressée la table insérée dans l'instruction du 12 juillet 1828[1], et qui est annexée à la nouvelle ordonnance.

---

[1] Cette instruction, la troisième de celles relatives à l'exécution des or- donnances des 29 octobre 1823 et 7 mai 1828, concernant les machines à

Après l'épreuve, on apposera le timbre destiné à la constater et à indiquer le degré de tension que la vapeur ne doit point dépasser. Ce timbre consiste en une plaque de cuivre circulaire, frappée à la monnaie de Paris et sur laquelle le nombre d'atmosphères est marqué; elle devra, à l'avenir, porter en légende : *Ordonnance du 22 mai 1843*. Cette plaque est fixée à la pièce éprouvée par trois vis en cuivre. L'ingénieur qui préside à l'épreuve fait araser à fleur de la plaque, lorsqu'elles ont été enfoncées dans les trous disposés à cet effet, la tête de chacune de ces vis, et il y forme une empreinte à l'aide d'un poinçon représentant le coq gaulois. La plaque et les vis, ainsi que le matériel nécessaire pour l'épreuve, doivent être fournis par le propriétaire de la chaudière. A l'égard des poinçons, l'administration en a transmis, dans le temps, à chaque préfecture, pour les ingénieurs.

— Les anciennes ordonnances avaient prescrit d'adapter des rondelles fusibles aux chaudières. Ces plaques métalliques ne seront plus exigées. Elles avaient soulevé beaucoup d'objections. La commission centrale des machines à vapeur s'est livrée, à ce sujet, à des expériences directes. Les faits qu'elle a constatés ont montré que les rondelles ne fondent ou ne se ramollissent pas généralement au degré que leur timbre accuse, ni même à des degrés plus élevés, lorsque la tension de la vapeur augmente rapidement; que, par conséquent, elle n'offrent pas de garantie contre ces accroissements brusques de tension qui seraient occasionnés par une circonstance accidentelle, et qui paraissent être les causes ordinaires des explosions. Ainsi, elles n'ont pas l'efficacité qu'on leur avait attribuée dans l'origine, et qui avait porté à les prescrire.

Toutefois, ces mêmes expériences ont fait voir que, lorsqu'une rondelle a été exposée pendant quelque temps à une température de la vapeur supérieure de deux ou trois degrés seulement à celle de son point de ramollissement ou de fusion, elle cède et livre passage à la vapeur. Un intervalle d'une heure et demie à deux heures suffit pour produire cet effet. Elles pourraient donc être un moyen d'empêcher de pousser habituellement la tension de la vapeur au delà de sa limite normale, et préviendraient ainsi les surcharges des soupapes; mais il faudrait avoir

Appareils de sûreté.

vapeur à haute pression, n'a plus aujourd'hui qu'un intérêt purement historique, et n'a point été reproduite dans ce Recueil.

6

la précaution de les renouveler périodiquement, car elles s'altèrent progressivement avec le temps. Cette nécessité de les renouveler fréquemment est un inconvénient réel, qui a décidé à ne plus les exiger.

A l'égard des soupapes, des manomètres, des indicateurs du niveau de l'eau dans les chaudières, ce sont là des moyens de sûreté adoptés dans tous les pays où les machines à vapeur sont en usage, en Angleterre, aux États-Unis, en Prusse, en Belgique ; leur efficacité est universellement reconnue. Ils constituent un système de précautions indispensables pour se prémunir contre un agent aussi puissant, et dont la force peut devenir destructive quand elle n'est pas limitée.

Soupapes de sûreté. —Chaque chaudière devra, comme par le passé, être pourvue de deux soupapes de sûreté, une vers chaque extrémité.

On réglera les diamètres des orifices de ces soupapes conformément à la table annexée à l'ordonnance, et qui, ainsi que la formule générale pour calculer les diamètres des soupapes, avait déjà été donnée dans l'instruction ministérielle du 23 juillet 1832 [1].

Autrefois il était interdit de charger, par l'intermédiaire de leviers, les soupapes des chaudières à basse pression. Comme ces chaudières étaient affranchies de plusieurs des conditions de sûreté imposées à la haute pression, comme elles se trouvaient notamment exemptées des épreuves, on avait voulu que leurs soupapes fussent chargées directement par un poids, parce qu'il est moins facile, de cette manière, d'opérer clandestinement des surcharges. Mais ces charges directes peuvent présenter elles-mêmes des difficultés. Il n'est pas toujours aisé d'ajuster et de maintenir convenablement le poids qui doit peser sur la soupape. Dans la nouvelle ordonnance, on permet de charger, soit directement, soit par l'intermédiaire d'un levier, les soupapes des chaudières à basse ou à haute pression. Mais, afin de prévenir les contraventions, on exige que le poids soit poinçonné, ainsi que le levier, s'il en est fait usage.

Conformément à ce qui était dit dans l'instruction du 12 juillet 1828, le poids qui doit former la charge d'une soupape se détermine d'après la grandeur de l'orifice de cette sou-

[1] Cette instruction était spécialement relative aux règles à suivre pour déterminer les diamètres des soupapes de sûreté et ceux des rondelles métalliques fusibles des chaudières à vapeur, en exécution de l'ordonnance du 29 octobre 1823.

pape et la pression effective de la vapeur dans la chaudière ; mais on a constaté qu'il était nécessaire de restreindre dans certaines limites la largeur de la surface annulaire de recouvrement, afin d'obvier aux inconvénients de la trop grande étendue que l'on donnait quelquefois à cette surface, et d'où résultaient des incertitudes dans le calcul de la charge. L'article 24 de l'ordonnance fixe, en conséquence, la limite que la largeur de la surface annulaire ne devra pas dépasser.

L'article 4 de l'ordonnance du 29 octobre 1823 prescrivait de renfermer sous une grille fermant à clef l'une des deux soupapes. On avait eu pour but de s'assurer ainsi qu'il y aurait toujours, sur chaque chaudière, une soupape au moins que l'on ne pourrait surcharger. La pratique a montré que cette disposition devait être supprimée. D'une part, elle n'empêche pas absolument les surcharges, ou bien il faudrait donner à la grille une forme et des dimensions qui seraient très-gênantes. D'autre part, il est réellement utile que chaque soupape reste à la portée de l'ouvrier qui dirige le chauffage, pour qu'il puisse la remettre immédiatement en bon état de service, si elle vient à se déranger. Du reste, on doit reconnaître que les ouvriers préposés à la conduite des machines à vapeur sont généralement aujourd'hui plus éclairés et plus soigneux. Ils savent tout le danger de surcharger les soupapes, et l'on doit espérer que ces sortes d'infractions deviendront de plus en plus rares.

—Les règlements n'avaient jusqu'ici exigé le manomètre que pour les chaudières à basse pression. Néanmoins, les instructions en recommandaient l'emploi sur toutes les chaudières. C'est en effet un instrument des plus utiles, puisqu'il fait connaître à chaque instant quelle est la tension de la vapeur. Ces instructions conseillaient aussi de se servir, autant que possible, du manomètre à air libre, c'est-à-dire ouvert à sa partie supérieure, qui est bien préférable au manomètre à air comprimé. Désormais l'on sera tenu de munir toute chaudière à vapeur d'un manomètre. Cet appareil devra être à air libre [1] toutes les fois que la pression effective de la vapeur ne s'élèvera pas au-dessus de quatre atmosphères. Pour ces tensions, la hauteur du tube n'est pas assez grande pour présenter des difficultés d'exécution. On devra également employer le manomètre à air libre, quelle

Manomètres.

---

[1] Se reporter à la note qui accompagne l'article 26 de l'ordonnance réglementaire.

que soit la pression effective de la vapeur, quand il s'agira d'une chaudière appartenant à la quatrième catégorie. Comme ces chaudières peuvent être placées dans l'intérieur d'un atelier dépendant d'une maison d'habitation, il importe que l'on redouble de précautions à leur égard.

Si le tuyau qui amène la vapeur au manomètre s'embranchait sur une conduite de vapeur, le manomètre donnerait des indications inexactes, lorsque la vapeur serait en mouvement dans cette conduite, ce qui pourrait induire en erreur l'ouvrier qui dirige la machine. L'ordonnance porte, en conséquence, que le tuyau sera adapté directement sur la chaudière.

Indicateurs du niveau de l'eau.

—L'insuffisance d'eau est regardée comme l'une des causes les plus fréquentes des accidents et des explosions. Il est donc bien essentiel qu'elles soient convenablement alimentées. Chaque chaudière devra être munie d'une pompe ou d'un autre appareil alimentaire bien construit et en bon état d'entretien.

Afin que l'on puisse, en outre, toujours reconnaître si l'eau, dans la chaudière, est fournie avec régularité et maintenue à son niveau, il est prescrit d'adapter aux chaudières soit un flotteur qui accuse par son jeu le changement de niveau, soit un tube indicateur en verre, soit des robinets indicateurs.

Chaque chaudière devra, de plus, être munie d'un *flotteur d'alarme*, c'est-à-dire disposé de telle sorte, que si, par une cause imprévue, l'eau venait à s'abaisser au-dessous du niveau déterminé, la vapeur, en s'échappant aussitôt par l'issue que ce flotteur lui ménage, pût avertir, par le bruit qu'elle produirait, de cet abaissement de l'eau, et suppléer ainsi au défaut d'attention de l'ouvrier. Nos mécaniciens construisent maintenant des instruments de ce genre, simples et peu coûteux; leur emploi sera extrêmement utile.

Aucun de ces appareils indicateurs n'était prescrit par les anciennes ordonnances; ils étaient seulement recommandés par les instructions : il convenait de les rendre obligatoires.

Tels sont, avec les soupapes et les manomètres, les moyens de sûreté les plus efficaces connus jusqu'à ce jour. Si, plus tard, on vient à en découvrir d'autres qui leur soient préférables, un nouveau règlement pourra les prescrire ; mais ceux que l'on exige ici sont d'une utilité incontestable, et, employés avec soin, ils préviendront les dangers qui auraient certainement lieu sans ces précautions.

Locomobiles et locomotives.

—L'ordonnance comprend les machines à vapeur locomobiles

et locomotives, en leur appliquant, sauf les modifications nécessaires, les dispositions relatives aux autres machines à vapeur.

— Les machines locomobiles sont celles qui peuvent être transportées d'un lieu à un autre, pour fonctionner à chaque station
et servir à divers usages.

Il est interdit de s'en servir à moins de cent mètres de distance d'un bâtiment quelconque, sans une autorisation spéciale
du maire de la commune. En cas de refus du maire, les parties
pourront se pourvoir devant le préfet.

Lorsque la chaudière sera construite suivant un système tubulaire, elle pourra n'être éprouvée que sous une pression
double de la pression effective. Les tubes n'ayant dans ces sortes
de chaudières qu'un petit diamètre qui rend leur écrasement
moins fréquent et surtout moins dangereux, cette épreuve est
suffisante. D'ailleurs, d'après le grand nombre de joints qu'elles
présentent, elles pourraient être endommagées en subissant une
pression d'épreuve trop forte.

On pourra aussi, quelle que soit la tension de la vapeur
dans ces chaudières, remplacer le manomètre à air libre, qui
serait ici incommode, par le manomètre à air comprimé, ou
bien par un thermomanomètre, c'est-à-dire par un thermomètre
à mercure, dont la tige, au lieu d'être graduée comme dans les
thermomètres ordinaires, est divisée en atmosphères, d'après
les températures correspondantes aux pressions qu'exerce la
vapeur d'eau à son maximum de densité, et qui accuse ainsi la
tension de la vapeur dans la chaudière.

—Les chaudières tubulaires des machines locomotives continueront d'être éprouvées sous une pression double de la pression effective, ainsi que l'ordonnance du 22 juillet 1839 l'avait
déjà prescrit.

Leurs soupapes peuvent être chargées à l'aide de ressorts, attendu que les secousses qui ont lieu durant la marche s'oppo-
sent à ce qu'on les charge avec des poids.

Comme les chaudières des machines locomobiles, elles devront être munies d'un manomètre ou bien d'un thermomanomètre.

Des essais, exécutés par la commission centrale des machines
à vapeur, ont montré que ces appareils peuvent très-bien s'adapter aux locomotives; qu'il est facile, avec certaines précautions,
d'empêcher qu'ils ne se brisent ou se détériorent. Ils fournissent

le meilleur guide pour la conduite du feu et de la machine, et ils sont d'autant plus utiles que les soupapes à ressorts des chaudières n'accusent qu'une pression limite, à moins que le mécanicien n'agisse avec la main sur l'écrou qui comprime le ressort, tandis que le manomètre ou le thermomanomètre indique à la simple vue toutes les pressions de la vapeur, qui varient, dans les locomotives, d'une manière rapide, et entre des limites fort éloignées.

Chaque locomotive devra porter un nom qui serve à la désigner, et qui sera gravé sur une plaque fixée d'une manière apparente à la chaudière. Cela n'exclut pas le numérotage que les compagnies peuvent adopter dans des vues d'ordre intérieur. Mais il est indispensable, pour la surveillance, que toute locomotive soit distinguée par une dénomination spéciale, qui la fasse aisément reconnaître. Il conviendra aussi, afin que son identité puisse toujours être constatée, que les goupilles destinées à fixer la plaque sur la chaudière soient poinçonnées.

Autorisations. —La nouvelle ordonnance a également modifié les formalités relatives à l'obtention des permissions pour l'établissement des machines ou chaudières à vapeur.

Dans les anciens règlements, ces formalités différaient suivant qu'il s'agissait de la haute ou de la basse pression.

Désormais les permissions, à quelque catégorie qu'appartienne une chaudière, seront délivrées par les préfets.

On procédera à une enquête *de commodo et incommodo*, qui sera de dix jours.

Le maire de la commune, le sous-préfet et l'ingénieur chargé de la surveillance seront consultés sur la demande; puis le préfet statuera.

S'il refuse la permission, le demandeur pourra se pourvoir au conseil d'état.

S'il juge, au contraire, que l'établissement peut être autorisé sans inconvénient, et si des oppositions sont formées contre son arrêté, les opposants pourront se pourvoir devant le conseil de préfecture, sauf recours au conseil d'état.

Quant aux réclamations qui seraient formées contre les conditions de sûreté imposées par le permis, le recours ne sera admissible que devant le ministre des travaux publics.

Le préfet pourra, sur le rapport de l'ingénieur, dispenser de l'exécution d'une partie des mesures de sûreté prescrites, lorsque, en raison du mode de construction d'une machine à vapeur

ou de sa destination, quelques-unes de ces mesures ne se trouveraient pas nécessaires.

De même, si une machine ou chaudière paraissait présenter
des dangers d'une nature particulière, et tels cependant qu'il fût
possible de les prévenir par d'autres moyens que ceux qui sont
prescrits dans l'ordonnance, elle pourra être autorisée à certaines conditions spéciales.

Dans l'un et l'autre cas, il devra en être référé au ministre
des travaux publics.

— L'ordonnance rappelle (art. 74) qu'en cas de contraventions, les permissionnaires pourraient encourir l'interdiction de
leurs machines ou chaudières, sans préjudice des peines, dommages et intérêts qui seraient prononcés par les tribunaux. Elle
rappelle aussi (art. 69) qu'aux termes des lois chaque propriétaire est responsable des accidents ou dommages qui résulteraient de la négligence ou de l'incapacité de ses agents.

Plus tard, un système complet de dispositions répressives
appropriées à cette matière pourra être établi par une loi spéciale [1].

Ce qui contribue surtout à prévenir les accidents, c'est une
exacte et active surveillance. Cette partie importante du service
continuera d'être exercée par les ingénieurs des mines, et, à
leur défaut, par les ingénieurs des ponts et chaussées, conjoin-
tement avec les autorités chargées de la police locale.

— D'après l'article 76 de l'ordonnance, les propriétaires d'établissements aujourd'hui autorisés, qui ont satisfait aux conditions prescrites par les anciennes ordonnances, sont provisoirement dispensés des nouvelles conditions relatives à l'emplacement
des chaudières à vapeur. C'est une tolérance qu'il était juste
d'accorder, afin d'éviter les frais souvent considérables qu'auraient pu entraîner des changements de local. Si cependant ces
établissements étaient reconnus dangereux, le préfet pourrait
exiger la mise à exécution de tout ou partie de ces mesures dans
un certain délai, dont le terme serait fixé suivant chaque cas,
sur le rapport de l'ingénieur, après avoir entendu le propriétaire.

En ce qui concerne les appareils de sûreté, il est facile de
les adapter dès à présent à toutes les chaudières. Chaque propriétaire est tenu de se conformer, dans le délai d'un an, à

---

[1] Voir ci-après cette loi, en date du 21 juillet 1856.

tout ce qui est prescrit à cet égard par l'ordonnance, ainsi qu'aux conditions relatives aux chaudières qui seraient alimentées par des eaux corrosives, et dont il est question dans l'article 68.

— Il m'a paru utile d'indiquer, dans une nouvelle instruction, en date du 23 juillet 1843, les divers détails relatifs à l'exécution de l'ordonnance et à la construction de quelques nouveaux appareils de sûreté maintenant exigés, et qui ne sont pas encore très-répandus dans l'industrie.

Une nouvelle instruction pratique sur les précautions les plus habituelles à observer dans l'emploi des machines et chaudières était également nécessaire. Cette instruction, du 22 juillet 1843, remplacera l'ancienne instruction du 19 mars 1824, et devra, aux termes de l'article 77 de l'ordonnance, être affichée à demeure dans l'enceinte des ateliers. Je vous en transmets un exemplaire en placard.

----

15 septembre 1847. CIRCULAIRE DU SOUS-SECRÉTAIRE D'ÉTAT DES TRAVAUX PUBLICS AUX PRÉFETS.

Exécution
de l'article 29
de
l'ordonnance
du
22 mai 1843.

On a adopté, depuis quelque temps, dans certains établissements, un mode très-vicieux de construction pour les fourneaux des chaudières à vapeur. On fait circuler la flamme, ou les gaz provenant de la combustion, dans des carneaux qui s'élèvent au-dessus du plan d'eau, en s'appuyant sur les parois du réservoir de vapeur.

Ce système est extrêmement dangereux. Il est formellement prohibé par l'article 29 de l'ordonnance royale du 22 mai 1843.

On conçoit, en effet, que la partie des parois qui ne se trouve pas intérieurement baignée par l'eau peut éprouver un échauffement considérable par son contact avec la flamme ou les gaz qui passent dans les carneaux supérieurs. En de telles circonstances, si une issue vient s'offrir à la vapeur, soit par l'ouverture du robinet de mise en train, soit par le soulèvement de la soupape, ou s'il s'opère par quelque fissure une fuite accidentelle, l'eau, déchargée tout à coup d'une portion de la pression qui s'exerçait à sa surface, entre en ébullition tumultueuse, jaillit contre les parois surchauffées, et engendre subitement une grande quantité de vapeur qui détermine une rupture.

Dernièrement une explosion, qui a eu des suites déplorables, a été produite par cette cause. Il importe de signaler les dangers que présente ce mode d'appareils, et de tenir la main à l'exécution de l'ordonnance.

J'ai l'honneur de vous transmettre le rapport dans lequel sont consignés les détails du malheureux événement que je viens de rappeler, et l'avis qui a été émis par la commission centrale des machines à vapeur [1].

Je vous invite à prendre un arrêté qui interdise immédiatement ces dispositions des fourneaux là où il en existerait de semblables.

Je joins ici plusieurs exemplaires de la présente circulaire pour être distribués aux principaux propriétaires ou constructeurs d'appareils à vapeur dans votre département.

ARRÊTÉ MINISTÉRIEL RELATIF AUX MACHINES ET CHAUDIÈRES À VAPEUR EMPLOYÉES SUR TERRE EN ALGÉRIE.   8 avril 1848.

Le ministre de la guerre,

En vertu du décret du gouvernement provisoire, en date du 2 mars 1848, portant que les affaires d'administration courante, qui ne pouvaient être réglées qu'au moyen d'ordonnances royales, seront valablement décidées par le ministre provisoire du département auquel ces affaires ressortissent ;

Vu l'ordonnance du 22 mai 1843, rectifiée par celle du 15 juin 1844 ;

Le rapport du service des mines, des 11 et 12 janvier 1847, tendant à rendre cette ordonnance applicable en Algérie ;

L'avis du directeur des travaux publics, du 20 septembre 1847 ;

La délibération du conseil supérieur d'administration de l'Algérie, du 17 février 1848 ;

Vu le décret du gouvernement provisoire du 2 mars 1848,

Arrête :

ARTICLE 1er. L'ordonnance du 22 mai 1843, relative aux machines et chaudières à vapeur employées sur terre, est déclarée exécutoire en Algérie, sauf les articles 76, 77, 79 et 81.

----

[1] Voir, dans les Annales des mines (4e série, t. XI, p. 211), ce rapport (rédigé par M. Meugy, ingénieur des mines) et cet avis (M. Combes, ingénieur en chef des mines, secrétaire de la commission).

ART. 2. L'instruction sur les mesures de précaution habituelles à observer dans l'emploi des machines et des chaudières à vapeur, publiée par le ministre des travaux publics, le 22 juillet 1843, en exécution de ladite ordonnance, sera affichée à demeure dans l'enceinte des ateliers.

ART. 3. Les attributions dévolues, en France, par l'ordonnance du 22 mai 1843, aux maires, aux sous-préfets, aux préfets, aux conseils de préfecture, au ministre des travaux publics et au conseil d'état, seront exercées, en Algérie, par les autorités civiles ou militaires correspondantes, et en France, par le ministre de la guerre et par le conseil d'état.

ART. 4. Le recours au conseil d'état, réservé par le premier paragraphe de l'article 11 de ladite ordonnance, devra être précédé d'un recours au conseil de direction de la province[1].

ART. 5. Les propriétaires d'établissements aujourd'hui existants se conformeront aux prescriptions de l'ordonnance du 22 mai 1843, dans le délai d'un an à dater de la publication du présent arrêté, qui sera inséré au Moniteur algérien et au Bulletin des actes officiels du gouvernement de l'Algérie.

---

17 décembre 1848.   CIRCULAIRE DU MINISTRE DES TRAVAUX PUBLICS AUX PRÉFETS.

Chaudières
à foyer
et conduits
de flamme
intérieurs.

La table n° 1, annexée à l'ordonnance du 22 mai 1843, relative aux appareils à vapeur fonctionnant sur terre, a indiqué les épaisseurs que doivent avoir les parois des chaudières cylindriques construites en tôle ou en cuivre laminé, eu égard au diamètre de ces chaudières et à la tension de la vapeur.

Cette table, calculée d'après la formule $e = 1,8\, d\,(n-1) + 3$, énoncée dans l'instruction du 23 juillet 1843, ne s'applique, de même que cette formule, qu'aux chaudières ou tuyaux qui sont pressés par la vapeur de dedans au dehors.

Quant aux conduits qui servent soit de foyer, soit à la circulation de la flamme, l'article 18, § 3, de ladite ordonnance, porte que l'on emploiera pour leur construction une tôle d'une

---

[1] Arrêté, en date du 9 décembre 1848, du président du conseil, chargé du pouvoir exécutif, portant organisation de l'administration générale en Algérie. — Titre II. De l'administration civile.

ART. 13. Il y aura, auprès de chaque préfet, un conseil de préfecture ayant les mêmes attributions qu'en France, et celles qui avaient été précédemment conférées au conseil de direction par la législation spéciale de l'Algérie.

plus grande épaisseur; qu'ils seront en outre, suivant les cas, munis d'armatures.

Ces conduits, en effet, se trouvant pressés par la vapeur de dehors en dedans, ont leurs fibres comprimées au lieu d'être tendues; ils peuvent, lorsque le diamètre est un peu grand, se déformer et plier sous une pression même peu considérable, et une déformation assez légère suffit pour en déterminer l'écrasement et la rupture.

Quelquefois, pour les renforcer, on les a reliés aux cylindres-enveloppes par des tirants; mais l'expérience a montré qu'en diverses circonstances les tirants ont percé la tôle qu'ils étaient destinés à consolider. Le meilleur mode d'armature à essayer serait l'emploi d'anneaux en fer forgé, concentriques au tuyau que l'on veut renforcer.

Un moyen plus sûr est d'augmenter convenablement l'épaisseur de la tôle, et de rapprocher les unes des autres les lignes de rivets qui joignent deux feuilles contiguës.

D'après l'examen qui a été fait par la commission centrale des machines à vapeur, au sujet d'une nouvelle explosion de chaudière à foyer et conduits de flamme intérieurs, on a reconnu qu'il est nécessaire, pour remplir le but de l'article 18 précité de l'ordonnance de 1843, d'exiger que la tôle des tuyaux qui sont pressés extérieurement par la vapeur ait une épaisseur au moins égale à une fois et demie celle qui résulte de la table et de la formule rappelées plus haut.

Il faut aussi avoir soin de renouveler, au moins une fois chaque année, l'épreuve de ces sortes de chaudières, en procédant comme l'indique l'article 63 de ladite ordonnance, et ainsi que cela se pratique déjà pour les chaudières en fonte, et pour toutes les chaudières placées à bord des bateaux à vapeur[1].

Il y a lieu d'excepter de ces dispositions les chaudières tubulaires dans lesquelles les conduits de la flamme ont un conduit inférieur à un décimètre.

CIRCULAIRE DU MINISTRE DES TRAVAUX PUBLICS AUX PRÉFETS. 22 mars 1853.

L'administration a été informée que, depuis quelques années, des fabricants de chaudières à vapeur avaient l'habitude de ter-

Chaudières à vapeur.

---

[1] Cette mesure est prescrite par l'instruction ministérielle du 23 juillet 1843, § 7, d'une part; voir, d'autre part, la circulaire du 16 janvier 1849.

miner le fond postérieur des bouilleurs par une calotte en fonte, d'une certaine épaisseur, sur le bord de laquelle est boulonnée la partie cylindrique du bouilleur.

Cette pratique est très-dangereuse, en raison de la nature de la fonte, qui rend les calottes ainsi formées sujettes à se fissurer, soit par des chocs, soit par les variations rapides de température auxquelles l'appareil est exposé. Ces calottes, en outre, n'ayant en général qu'une faible courbure, souvent même étant presque plates, sont peu propres à résister longtemps à de fortes pressions.

On ne pourrait, d'ailleurs, parer aux inconvénients des bouilleurs ainsi construits, en exigeant qu'ils fussent soumis à une pression d'épreuve quintuple de la pression effective, comme le prescrit l'ordonnance du 22 mai 1843 pour les générateurs construits entièrement en fonte; par le fait même de l'épreuve, la tôle qui se trouve dans ce cas associée à la fonte serait énervée, perdrait de sa ténacité sous une aussi grande pression, ou bien il faudrait lui donner une épaisseur telle, que ce mode de fabrication deviendrait impraticable.

D'après ces considérations, j'ai reconnu, avec la commission centrale des machines à vapeur, qu'il était nécessaire de prohiber, à l'avenir, l'usage de calottes en fonte pour former l'extrémité des bouilleurs qui est en contact avec la flamme ou les gaz provenant de la combustion.

Vous devrez, en conséquence, refuser désormais les permissions qui vous seraient demandées pour des chaudières construites suivant ce système. Quant à celles de ces chaudières qui auraient été précédemment permissionnées, elles devront être surveillées par les ingénieurs avec le plus grand soin, et, dès qu'elles auront besoin de subir quelque réparation, il conviendra de tenir la main à ce que les bouilleurs en soient changés.

A l'égard de l'emploi de la fonte pour la fermeture autoclave de l'extrémité extérieure et apparente des bouilleurs, ou pour les tubulures qui réunissent les bouilleurs au corps des chaudières, la commission des machines à vapeur a pensé qu'on pourrait continuer à le tolérer, cet emploi n'offrant pas là les mêmes inconvénients; mais cette tolérance est la seule qui puisse se concilier avec les intérêts de la sûreté publique.

Je vous prie de porter à la connaissance des constructeurs d'appareils à vapeur dans votre département les dispositions de la présente circulaire.

21 juillet 1856

LOI CONCERNANT LES CONTRAVENTIONS AUX RÈGLEMENTS SUR LES APPAREILS ET BATEAUX À VAPEUR.

NAPOLÉON, etc.

TITRE Ier. — DES CONTRAVENTIONS RELATIVES À LA VENTE DES APPAREILS À VAPEUR.

ARTICLE 1er. Est puni d'une amende de cent à mille francs tout fabricant qui a livré une chaudière fermée, ou toute autre pièce destinée à produire de la vapeur, sans qu'elle ait été soumise aux épreuves exigées par les règlements d'administration publique.

Est puni de la même peine le fabricant qui, après avoir fait dans ses ateliers des changements ou des réparations notables à une chaudière ou à toute autre pièce destinée à produire de la vapeur, l'a rendue au propriétaire sans qu'elle ait été de nouveau soumise auxdites épreuves.

ART. 2. Est puni d'une amende de vingt-cinq à deux cents francs tout fabricant qui a livré un cylindre, une enveloppe de cylindre ou une pièce quelconque destinée à contenir de la vapeur, sans que cette pièce ait été soumise aux épreuves prescrites par lesdits règlements.

TITRE II. — DES CONTRAVENTIONS RELATIVES À L'USAGE DES APPAREILS À VAPEUR ÉTABLIS AILLEURS QUE SUR LES BATEAUX.

ART. 3. Est puni d'une amende de vingt-cinq à cinq cents francs quiconque a fait usage d'une machine ou chaudière à vapeur sur laquelle ne seraient pas appliqués les timbres constatant qu'elle a été soumise aux épreuves et vérifications prescrites par les règlements d'administration publique.

Est puni de la même peine quiconque, après avoir fait faire à une chaudière ou partie de chaudière des changements ou réparations notables, a fait usage de la chaudière modifiée ou réparée sans en avoir donné avis au préfet, ou sans qu'elle ait été soumise de nouveau, dans le cas où le préfet l'aurait ordonné, à la pression d'épreuve correspondante au numéro du timbre dont elle est frappée.

ART. 4. Est puni d'une amende de vingt-cinq à cinq cents francs quiconque a fait usage d'un appareil à vapeur sans être

muni de l'autorisation exigée par les règlements d'administration publique.

L'amende est de cent à mille francs, si l'appareil à vapeur
dont il a été fait usage sans autorisation n'est pas revêtu des
timbres mentionnés en l'article précédent.

Néanmoins, l'amende n'est point encourue si, dans le délai
de deux mois pour les appareils à placer dans l'intérieur des
établissements, et de trois mois pour les appareils placés en
dehors, il n'a pas été statué par l'administration sur l'autorisation demandée.

ART. 5. Celui qui continue à se servir d'un appareil à vapeur
pour lequel l'autorisation a été retirée ou suspendue en vertu
des règlements d'administration publique, est puni d'une
amende de cent à deux mille francs, et peut être condamné,
en outre, à un emprisonnement de trois jours à un mois.

ART. 6. Quiconque fait usage d'un appareil à vapeur autorisé sans s'être conformé aux prescriptions qui lui ont été imposées en vertu desdits règlements, en ce qui concerne les appareils de sûreté dont les chaudières doivent être pourvues et
l'emplacement de ces chaudières, ou qui continue à en faire
usage alors que les appareils de sûreté et les dispositions de
local ont cessé de satisfaire à ces prescriptions, est puni d'une
amende de vingt-cinq à deux cents francs.

ART. 7. Le chauffeur ou mécanicien qui a fait fonctionner
une machine ou chaudière à une pression supérieure au degré
déterminé dans l'acte d'autorisation ; ou qui a surchargé les soupapes d'une chaudière, faussé ou paralysé les autres appareils de
sûreté, est puni d'une amende de vingt-cinq à cinq cents francs,
et peut être, en outre, condamné à un emprisonnement de trois
jours à un mois.

Le propriétaire, le chef de l'entreprise, le directeur, le gérant
ou le préposé par les ordres duquel a eu lieu la contravention
prévue au présent article, est puni d'une amende de cent à
deux mille francs, et peut être condamné à un emprisonnement
de six jours à deux mois.

TITRE III. — DES CONTRAVENTIONS RELATIVES AUX BATEAUX À VAPEUR
ET AUX APPAREILS À VAPEUR PLACÉS SUR CES BATEAUX.

ART. 8. Est puni d'une amende de cent à deux mille francs
tout propriétaire ou chef d'entreprise qui a fait naviguer un

bateau à vapeur sans un permis de navigation délivré par l'autorité administrative, conformément aux règlements d'administration publique.

Art. 9. Le propriétaire en chef de l'entreprise qui a continué de faire naviguer un bateau à vapeur dont le permis a été suspendu ou retiré en vertu desdits règlements, encourt une amende de quatre cents à quatre mille francs, et peut être condamné, en outre, à un emprisonnement d'un mois à un an.

Art. 10. Est puni d'une amende de quatre cents à quatre mille francs tout propriétaire de bateau à vapeur ou chef d'entreprise qui fait usage d'une chaudière non revêtue des timbres constatant qu'elle a été soumise aux épreuves prescrites par les règlements d'administration publique, ou qui, après avoir fait faire à une chaudière ou partie de chaudière des changements ou réparations notables, a fait usage, hors le cas de force majeure, de la chaudière réparée ou modifiée, sans qu'elle ait été soumise à la pression d'épreuve correspondante au numéro du timbre dont elle est frappée.

Art. 11. Est puni d'une amende de deux cents à quatre mille francs tout propriétaire de bateau à vapeur ou chef d'entreprise qui, après avoir obtenu un permis de navigation, fait naviguer ce bateau sans se conformer aux prescriptions qui lui ont été imposées en vertu des règlements d'administration publique, en ce qui concerne les appareils de sûreté dont les chaudières doivent être pourvues, l'emplacement des chaudières et machines, et les séparations entre cet emplacement et les salles destinées aux passagers.

La même peine est applicable dans le cas où le bateau a continué à naviguer après que les appareils de sûreté ou les dispositions du local ont cessé de satisfaire à ces prescriptions.

Art. 12. Est puni d'une amende de deux cents à deux mille francs tout propriétaire de bateau à vapeur ou chef d'entreprise qui a confié la conduite du bateau ou de l'appareil moteur à un capitaine ou à un mécanicien non pourvu des certificats de capacité exigés par les règlements d'administration publique.

Art. 13. Est puni d'une amende de cinquante à cinq cents francs le capitaine d'un bateau à vapeur, si, par suite de sa négligence,

1° La pression de la vapeur dans les chaudières a été portée au-dessus de la limite fixée par le permis de navigation ;

2° Les appareils prescrits, soit pour limiter ou indiquer cette pression, soit pour indiquer le niveau de l'eau dans l'intérieur des chaudières, soit pour alimenter d'eau les chaudières, ont été faussés ou paralysés.

ART. 14. Est puni d'une amende de cinquante à cinq cents francs, et, en outre, d'un emprisonnement de trois jours à trois mois, le mécanicien ou chauffeur qui, sans ordre, a surchargé les soupapes, faussé ou paralysé les autres appareils de sûreté.

Lorsque la surcharge des soupapes a eu lieu, hors du cas de force majeure, par l'ordre du capitaine ou du chef de manœuvre qui le remplace, le capitaine ou le chef de manœuvre qui a donné l'ordre est puni d'une amende de deux cents à deux mille francs, et peut être condamné à un emprisonnement de six jours à deux mois.

ART. 15. Est puni d'une amende de vingt-cinq à deux cent cinquante francs, et d'un emprisonnement de trois jours à un mois, le mécanicien d'un bateau à vapeur qui aura laissé descendre l'eau dans la chaudière au niveau des conduits de la flamme et de la fumée.

ART. 16. Est puni d'une amende de cinquante à cinq cents francs le capitaine d'un bateau à vapeur qui a contrevenu aux dispositions des règlements d'administration publique, ou des arrêtés des préfets rendus en vertu de ces règlements, en ce qui concerne :

1° Le nombre des passagers qui peuvent être reçus à bord;

2° Le nombre et la nature des embarcations, agrès et apparaux dont le bateau doit être pourvu;

3° Les prescriptions relatives aux embarquements et débarquements, et celles qui ont pour objet d'éviter les accidents au départ, au passage sous les ponts ou à l'arrivée des bateaux, ou de prévenir les abordages.

ART. 17. Dans le cas où, par inobservation des règlements, le capitaine d'un bateau à vapeur a heurté, endommagé ou mis en péril un autre bateau, il est puni d'une amende de cinquante à cinq cents francs, et peut être condamné, en outre, à un emprisonnement de six jours à trois mois.

ART. 18. Le propriétaire du bateau à vapeur, le chef d'entreprise ou le gérant par les ordres de qui a lieu l'un des faits prévus par les articles 13, 14 et 16 de la présente loi, est passible de peines doubles de celles qui, conformément auxdits articles, seront appliquées à l'auteur de la contravention.

TITRE IV. — DISPOSITIONS GÉNÉRALES.

Art. 19. En cas de récidive, l'amende et la durée de l'emprisonnement peuvent être élevées au double du maximum porté dans les articles précédents.

Il y a récidive lorsque le contrevenant a subi, dans les douze mois qui précèdent, une condamnation en vertu de la présente loi.

Art. 20. Si les contraventions prévues dans les titres II et III de la présente loi ont occasionné des blessures, la peine sera de huit jours à six mois d'emprisonnement, et l'amende de cinquante à mille francs; si elles ont occasionné la mort d'une ou de plusieurs personnes, l'emprisonnement sera de six mois à cinq ans, et l'amende de trois cents à trois mille francs.

Art. 21. Les contraventions prévues par la présente loi sont constatées par les ingénieurs des mines, les ingénieurs des ponts et chaussées, les gardes-mines, les conducteurs et autres employés des ponts et chaussées et des mines, commissionnés à cet effet, les maires et adjoints, les commissaires de police, et, en outre, pour les bateaux à vapeur, les officiers de port, les inspecteurs et gardes de la navigation, les membres des commissions de surveillance instituées en exécution des règlements, et les hommes de l'art qui, dans les ports étrangers, auront, en vertu de l'article 49 de l'ordonnance du 17 janvier 1846, été chargés par les consuls ou agents consulaires français de procéder aux visites des bateaux à vapeur.

Art. 22. Les procès-verbaux dressés en exécution de l'article précédent sont visés pour timbre et enregistrés en débet.

Ceux qui ont été dressés par des agents de surveillance et gardes assermentés doivent, à peine de nullité, être affirmés dans les trois jours, devant le juge de paix ou le maire soit du lieu du délit, soit de la résidence de l'agent.

Lesdits procès-verbaux font foi jusqu'à preuve contraire.

Les procès-verbaux qui ont été dressés, dans les ports étrangers, par les hommes de l'art désignés en l'article 21 ci-dessus, sont enregistrés à la chancellerie du consulat et envoyés en originaux au ministre de l'agriculture, du commerce et des travaux publics, afin que les poursuites soient exercées devant les tribunaux compétents.

Art. 23. L'article 463 du code pénal est applicable aux condamnations prononcées en exécution de la présente loi.

7

APPAREILS DE SÛRETÉ [1].

28 janvier 1845.

CIRCULAIRE DU SOUS-SECRÉTAIRE D'ÉTAT DES TRAVAUX PUBLICS AUX PRÉFETS.

Poinçonnage des poids et leviers servant à charger les soupapes de sûreté.

L'article 23 de l'ordonnance royale du 22 mai 1843, relative aux machines et chaudières à vapeur, et l'article 30 de l'ordonnance du 23 mai, concernant les bateaux à vapeur, portent que les poids et leviers servant à charger les soupapes de sûreté recevront l'empreinte d'un poinçon.

Le mode à suivre pour l'exécution de cet article ayant paru présenter de l'incertitude dans la pratique, j'ai pensé qu'il serait utile de donner quelques explications à ce sujet.

Le poinçon dont il s'agit ici est le même que celui qui est destiné à timbrer les chaudières et autres pièces soumises à l'épreuve, et l'opération se fait de la même manière.

L'on vérifie d'abord si les soupapes ont le diamètre voulu, eu égard à la surface de chauffe de la chaudière et à la tension de la vapeur, et si leur charge est réglée convenablement, en procédant comme l'indique l'instruction du 23 juillet.

Puis l'on grave sur le poids le nombre qui exprime sa quotité en kilogrammes, et sur le levier le nombre qui énonce sa longueur en décimètres, et l'on applique le timbre à côté de chacun de ces nombres.

Il convient, pour distinguer chaque soupape, d'apposer deux empreintes sur les pièces de la première et une empreinte sur les pièces de la seconde.

L'on dresse ensuite procès-verbal de ces vérifications et poinçonnages, comme cela a lieu après l'épreuve.

Le modèle ci-annexé indique les divers détails qui doivent être consignés dans ce procès-verbal.

Je joins ici un exemplaire de la présente circulaire pour la commission de surveillance des bateaux à vapeur établie à...

[1] Voir la section III du titre Ier de l'ordonnance du 22 mai 1843, le § 3 de l'instruction ministérielle du 23 juil- let suivant, et ci-après le chapitre de la Statistique annuelle.

PROCÈS-VERBAL

DE VÉRIFICATION ET POINÇONNAGE DES POIDS ET LEVIERS

DE LA CHAUDIÈRE D.............

1° DONNÉES.

Mètres.

Chaudière.. { Diamètre.................................
            { Longueur................................

Bouilleurs.. { Nombre..................................
             { Diamètre................................
             { Longueur................................

Mètres carrés.

Surface de chauffe...................................
Numéro du timbre....................................

Centimètres.

Diamètre légal des soupapes.........................

Millimètres.

Largeur légale de la zone ....

2° ÉTAT DES SOUPAPES EXISTANTES.

Centimètres.

Première
soupape.

{ Diamètre.............................

Millimètres.

{ Largeur de la zone ......,...............
{ Mode de chargement....................

Décimètres.

{ Dimensions des bras du levier...............
{ Rapport des bras du levier ....

Centimètres.

Seconde
soupape.

{ Diamètre.............................

Millimètres.

{ Largeur de la zone.....................
{ Mode de chargement....................

Décimètres.

{ Dimensions des bras du levier...............
{ Rapport des bras du levier.................

3° CHARGE TOTALE DES SOUPAPES, DÉTERMINÉE PAR LA FORMULE

$$0,811 \times D^2 (n - 1).$$

Kilogrammes.

Première
soupape:

{ $0,811 \times ($ $)^2 \times$ $=$ ....
{ Poids de la soupape......................
{ Charge à ajouter.........................
{ Charge rapportée à l'extrémité du levier........
{ Poids du levier à l'extrémité où le poids est placé.
{ Poids à ajouter à l'extrémité du levier.........

Kilogrammes.

$$0,811 \times (\quad)^2 \times \quad = \ldots\ldots\ldots$$

Seconde   Poids de la soupape. . . . .
soupape.   Charge à ajouter. . . . .
            Charge rapportée à l'extrémité du levier. . . . .
            Poids du levier à l'extrémité où le poids est placé.
            Poids à ajouter à l'extrémité du levier. . . . .

L'ingénieur. . . . . soussigné, après
avoir vérifié l'exactitude des poids chargeant les soupapes, a
apposé le poinçon de l'administration sur les poids et leviers de
chacune d'elles, de la manière suivante, savoir :

Deux empreintes sur les pièces de la première;
Une empreinte sur les pièces de la deuxième.

A. . . . . . ., le. 18   .

Indicateurs du niveau de l'eau. L'ordonnance royale du 22 mai 1843, relative aux machines
et chaudières à vapeur employées sur terre, a prescrit plusieurs
dispositions destinées à constater que la surface de l'eau, dans
les chaudières, est maintenue à une hauteur à peu près constante et supérieure aux conduits dans lesquels circulent la
flamme et les gaz provenant de la combustion.

On sait, en effet, que l'abaissement du plan d'eau, et le sur-
échauffement qui en résulte dans les parois du réservoir de vapeur, sont l'une des principales causes des explosions. Des accidents récents sont venus en fournir encore de nouveaux et tristes
exemples.

La circulaire du 15 septembre dernier a rappelé, à ce sujet,
les conditions requises par l'article 29.

Indépendamment de ces conditions, les articles 30 et 31 ont
disposé :

Que chaque chaudière aura un flotteur d'alarme;

Qu'elle sera, en outre, munie de l'un des trois appareils suivants : un flotteur ordinaire, d'une mobilité suffisante; un tube
indicateur en verre; des robinets indicateurs, convenablement
placés à des niveaux différents.

Assez communément on fait usage du flotteur.

Mais l'accord de ses indications avec la ligne d'eau dépend de
la longueur de la tige métallique à laquelle il est suspendu dans

l'intérieur de la chaudière. Et il en est de même pour le flotteur d'alarme.

On ne peut dès lors vérifier, quand on fait les visites, si ces instruments, qui se trouvent déjà tout ajustés, sont exactement réglés par rapport à la ligne d'eau. On ne peut pas non plus s'assurer que cette ligne est tracée à la hauteur prescrite, à moins de faire ouvrir les carneaux, ce qui demande du temps, entrave le service et occasionne des chômages fâcheux pour les industriels.

Si, au contraire, chaque chaudière était munie d'un tube indicateur en verre ou de robinets étagés, on aurait constamment toute facilité pour vérifier la situation respective du niveau intérieur de l'eau et de la ligne d'eau marquée à l'extérieur.

C'est là une chose très-importante. Et, puisque l'article 31 de l'ordonnance du 22 mai 1843 a laissé la faculté de prescrire, dans les arrêtés de permis, l'emploi de ce tube ou de ces robinets, on ne doit point hésiter à les choisir désormais, de préférence au flotteur ordinaire, du moment que l'expérience a fait reconnaître que ces appareils sont les meilleurs et qu'ils fournissent le moyen d'empêcher de dangereuses contraventions.

—Il conviendra, en conséquence, à l'avenir, lorsque vous autoriserez l'établissement d'une nouvelle chaudière à vapeur, d'imposer la condition de faire usage, outre le flotteur d'alarme, d'un tube indicateur en verre ou de deux robinets d'épreuve, adaptés, l'un au-dessus, l'autre au-dessous du plan d'eau normal, ce second robinet devant être également au-dessus de la partie la plus élevée des carneaux ou conduits de la flamme et de la fumée.

— Quant au flotteur ordinaire, son emploi demeurera facultatif. On pourra néanmoins le recommander lorsque, au lieu du tube en verre, la chaudière sera pourvue des robinets d'épreuve; attendu que, ceux-ci n'accusant pas d'eux-mêmes, comme le font les deux premiers appareils, les variations du niveau de l'eau, et ne donnant des indications qu'autant que le chauffeur prend soin de les ouvrir, le flotteur peut dans ce cas être utile.

On a quelquefois objecté, au sujet du tube en verre, que c'est un instrument fragile, exposé à se briser lorsqu'il se trouve sur des chaudières fonctionnant à de hautes pressions; que la forme hémisphérique des extrémités des chaudières, l'épaisseur de la maçonnerie ou la largeur des carneaux qui les entourent, rendent difficile d'y ajuster des tuyaux aboutissant à ce tube et aux ro-

binets d'épreuve. Mais l'application qui est faite depuis longtemps du tube indicateur aux chaudières de locomotives, lesquelles fonctionnent à cinq et six atmosphères, montre que la
fragilité du verre n'est nullement un empêchement à l'emploi
de cet appareil sur les chaudières à haute pression[1]; et, d'un
autre côté, il est facile, malgré la forme hémisphérique de l'extrémité d'une chaudière, d'adapter en des points convenables
de cette surface deux tubes en fer horizontaux, d'un petit calibre, assez longs pour traverser la maçonnerie et les carneaux,
et au bout desquels sont appliqués le tube indicateur ou les robinets d'épreuve.

A l'égard des chaudières déjà établies et permissionnées, et
qui seraient munies du flotteur ordinaire, on pourra les conserver dans cet état. Mais, s'il était constaté que ce flotteur est
mal construit, mal ajusté; qu'il n'a pas une mobilité suffisante,
ou que les carneaux sont élevés au-dessus du plan d'eau, il y
aurait alors des contraventions formelles à l'ordonnance, et l'on
devrait, en conséquence, exiger l'application immédiate du tube
ou des robinets indicateurs, afin de faire cesser ces contraventions et d'en empêcher le retour.

—Il est une autre condition de sûreté qui appelle aussi parti-

---

[1] (*) Certaines précautions sont à observer pour préparer et monter les tubes indicateurs. Ils doivent être d'un cristal exempt de bulles et autres défauts; d'un diamètre intérieur assez petit, $0^m,005$ à $0^m,010$, et d'une épaisseur de $0^m,003$ à $0^m,004$. Quant à la longueur, elle dépend de la forme de la chaudière. Il faut aussi qu'ils soient recuits avec soin : cette opération se fait en les plaçant dans un bain d'huile de lin, que l'on porte à l'ébullition et qu'on laisse ensuite refroidir. Lorsqu'on les place dans leur monture, il importe d'éviter soigneusement de les soumettre à un effort de torsion en serrant les *presse-étoupes* dans lesquelles ils sont engagés par leurs extrémités. Il est bon qu'ils soient enchâssés, sur toute leur longueur, dans une monture en cuivre, formée de deux plaques qui couvrent deux côtés opposés du tube, et le laissent apercevoir à travers deux fentes de $0^m,004$ à $0^m,005$ de large. Cette disposition a l'avantage d'abriter le tube, non-seulement contre les chocs, mais en outre contre les courants d'air ou le contact de corps froids qui pourraient en déterminer la rupture.

Les tuyaux métalliques, qui mettent les extrémités du tube en communication avec les espaces remplis d'eau et de vapeur dans la chaudière, doivent être pourvus de robinets, auxquels on peut adapter des manches, liés, si l'on veut, avec des tringles qui permettent au chauffeur de les fermer de loin, en cas de bris accidentel.

Enfin il est nécessaire qu'un troisième robinet, placé au-dessous du tube indicateur, donne la facilité de le vider d'eau et d'y faire des *chasses* d'eau chaude et de vapeur, afin de le purger des matières terreuses dont il est sujet à s'encombrer.

culièrement votre attention, dans les permis que vous avez à délivrer.

L'article 41 de l'ordonnance du 22 mai 1843 porte que l'autorisation donnée par le préfet fixera, s'il y a lieu, la direction de l'axe de la chaudière.

Les faits prouvent que, presque toujours, dans les explosions, la rupture de la chaudière s'opère suivant un plan perpendiculaire à l'axe, en sorte que c'est dans la direction de cet axe que les fragments sont lancés, avec le plus de violence, par l'action de la vapeur.

Aussi l'instruction du 23 juillet 1843 recommande, § 4, de disposer, autant que possible, l'axe de la chaudière de manière à ce qu'il soit parallèle aux murs des habitations ou à la voie publique.

La même garantie doit être observée pour les ateliers; et ainsi, quand il s'agit d'une chaudière de première catégorie, il faut enjoindre d'en placer l'axe parallèlement au mur des ateliers qui se trouveraient contigus au local, les chaudières de cette classe devant d'ailleurs, aux termes de l'article 31, être établies en dehors de toute maison d'habitation et de tout atelier.

En général, à moins que la situation des lieux n'y mette absolument obstacle, les chaudières à vapeur doivent être placées de telle sorte, que leur axe se trouve perpendiculaire à la direction suivant laquelle les effets d'une explosion seraient le plus à craindre.

Il convient, en outre, que la cheminée du fourneau soit construite latéralement, et non sur le prolongement de l'axe de la chaudière. Car il y a des exemples où des cheminées en briques ont été renversées par le choc d'un tronçon de chaudière qui était rompue par une explosion, et il en est résulté de grands désastres.

Si des propriétaires avaient, comme cela arrive quelquefois, installé leurs chaudières avant que les conditions d'emplacement eussent été déterminées par le permis, on n'en devrait pas moins exiger qu'ils fissent au local les changements qui seraient jugés nécessaires; ils n'auraient qu'à s'en prendre à eux-mêmes de n'avoir point attendu l'arrêté d'autorisation. Mais il est en même temps bien essentiel, lorsqu'une demande en permission est présentée, qu'elle soit instruite sans aucun retard; que les délais fixés par les articles 6, 7, 8 et 9 de l'ordonnance ne soient point dépassés.

—Les conditions dont je viens de vous entretenir, tant en ce qui concerne les indications du niveau de l'eau qu'en ce qui est relatif à la disposition de l'axe des chaudières, contribueront à prévenir de funestes accidents. L'ordonnance de 1843 a chargé l'autorité administrative, quand elle autorise des appareils à vapeur, de pourvoir à tout ce que peuvent réclamer les intérêts de la sûreté publique. L'on ne saurait tenir trop strictement la main à l'exécution de toutes les mesures qui peuvent empêcher les explosions ou en atténuer les dangereux effets.

---

15 décembre 1849. INSTRUCTION CONCERNANT LES MANOMÈTRES DES CHAUDIÈRES À VAPEUR.

Parmi les appareils de sûreté des chaudières à vapeur, aucun n'est plus utile qu'un manomètre à air libre, lorsqu'il est construit avec les précautions indiquées dans l'instruction du 23 juillet 1843.

Mais cet instrument ne peut être appliqué aux locomotives, ni la plupart du temps aux bateaux à vapeur. Pour les chaudières fixes même, il est souvent embarrassant; il ne peut pas toujours être placé de manière que le mécanicien et le chauffeur puissent facilement en consulter les indications; le tube se salit à l'intérieur, de telle sorte qu'il est souvent difficile d'y apercevoir le niveau atteint par la colonne de mercure[1].

Pour obvier à ces inconvénients, divers moyens ont été imaginés.

Dans les circulaires des 16 mars 1846 et 20 juillet 1847, on trouve la description du manomètre à air comprimé, du manomètre Richard, du thermomanomètre. Il y a d'autres instruments, d'origine plus récente, dont l'emploi peut être également avantageux: tels sont ceux dont il va être question,

— Pour obtenir un manomètre à air libre commode, et ré-

---

[1] (') Pour nettoyer le calibre intérieur d'un tube, on se sert d'un petit linge, imbibé d'huile de pétrole et fixé sur un fil de métal doux. Le fil est introduit dans le tube, en y attachant un petit morceau de plomb.

L'expérience a montré que, lorsque l'on introduit dans un tube de verre un corps dur, un fil de laiton ou de fer, on produit une lésion superficielle, souvent invisible, qui rend le verre tellement cassant, qu'il se fendille ensuite spontanément.

duire la longueur de l'échelle, M. Galy-Cazalat a eu l'idée de
faire presser la vapeur et le mercure qui y fait équilibre sur des
surfaces d'une étendue différente. M. Journeux, à qui M. Galy-
Cazalat a cédé le bénéfice de son brevet d'invention, a adopté
la disposition qui est représentée dans les figures 1, 2, 3 et 4,
pl. I, et expliquée dans la légende A.

L'instrument se compose d'une cuvette formée de deux pièces.
La partie supérieure est en fonte : elle est destinée à recevoir le
mercure; l'autre partie est en bronze. Elles sont séparées par un
diaphragme en caoutchouc, dit volcanisé, dont le pourtour est
serré entre les bords des deux pièces de manière à former entre
elles un joint imperméable.

Au-dessous de la rondelle de caoutchouc est un disque de
bronze, de $60^{mm},8$ de diamètre; il est relié par une petite tige
à un autre disque de même métal de $18^{mm},5$, qui joue dans un
tube alésé et repose sur une seconde rondelle de caoutchouc,
qui est fixée de la même manière que celle qui supporte le poids
du mercure.

La partie inférieure de la cuvette communique, par un petit
orifice, avec l'air extérieur, de sorte que la pression de l'atmosphère agit également au-dessus et au-dessous du grand diaphragme en caoutchouc, qui la divise en deux parties. La vapeur
est amenée par un tuyau, de manière à exercer sa pression sous
le petit diaphragme inférieur.

Après avoir placé le tube manométrique, on verse le mercure par un orifice ménagé sur le côté du couvercle ; on agite
un peu pour faciliter le dégagement de l'air, et on remplit
complétement le réservoir, de manière que le mercure s'élève
dans le tube à une hauteur de $0^m,01$ ou $0^m,02$.

On a ainsi le premier degré de l'échelle, celui qui correspond
à la pression d'une atmosphère; on obtient les autres en refou-
lant de l'eau sous le diaphragme inférieur, à diverses pressions
qui sont déterminées par un manomètre à air libre.

D'après le rapport adopté pour les diamètres des pistons,
60,8 et 18,5, une hauteur de $0^m,07$ de mercure correspond à
la pression d'une atmosphère.

Pour les manomètres des chaudières des locomotives, le rapport est 56 : 13, et la hauteur équivalente à une atmosphère est
ainsi réduite à $0^m,04$.

Les deux diaphragmes sont fixés par leurs bords ; néanmoins,
en raison de leur grande élasticité, ils transmettent facilement

les pressions qu'ils reçoivent aux disques avec lesquels ils sont en contact.

On conçoit sans peine les indications de l'instrument, si l'on compare les diamètres du tube et du grand disque, 4 et 60 : on voit qu'un déplacement du grand disque de $0^m,0003$ suffit pour fournir au tube la quantité de mercure qui correspond à la charge d'une atmosphère.

Depuis quelques mois, les manomètres de M. Journeux sont employés sur les locomotives de plusieurs chemins de fer; on s'en est généralement montré satisfait.

— Le 18 juin 1849, M. Bourdon, ingénieur mécanicien à Paris, a pris un brevet d'invention pour un manomètre dit *métallique*, dans lequel il n'entre point de mercure [1]. Dans le mois de juillet, il a demandé au ministre des travaux publics qu'il fût soumis à l'examen d'une commission, ce qui a eu lieu.

Ce nouveau manomètre se compose d'un tube mince en laiton, à section elliptique, tordu ou contourné en hélice ou spirale ou en S, dont la forme se modifie par l'effort de pression qu'exerce la vapeur introduite dans son intérieur.

Les figures 1, 2, 3 et 4 de la planche II feront facilement comprendre le jeu de cet instrument très-simple. L'une des extrémités du tube est ouverte : elle doit être mise en communication avec la vapeur dont on veut mesurer la tension; elle est fixée par des vis à une boîte qui recouvre le manomètre.

L'autre extrémité du tube est fermée; elle est libre de se mouvoir; dans son mouvement, elle entraîne une aiguille courbe qui y est attachée et qui marche sur un cadran convenablement gradué pour indiquer la tension de la vapeur.

Pour une spirale de $0^m,20$ de diamètre, la section du tuyau offre, dans le sens du rayon, une largeur de $0^m,004$ sur une hauteur de $0^m,011$, dans le sens qui est perpendiculaire. Il est fait avec de la tôle de laiton d'un tiers de millimètre d'épaisseur.

---

[1] (*) Le 8 mars 1849, il a été délivré un brevet d'invention dans les États prussiens à M. Rabskopff, horloger à Coblentz, pour un nouveau manomètre, destiné à mesurer les tensions de la vapeur dans les chaudières des locomotives. (Journal de Coblentz (*Amtsblatt*), du 21 mars 1849.)

Un manomètre à tube élastique est employé, depuis quelque temps, sur le chemin de fer de Paris à Lyon; il porte les noms de Schinz, ingénieur, et de Rabskopff, fabricant à Coblentz. On en trouve la description dans le journal des chemins de fer de Stuttgard (*Eisenbahn Zeitung*), du 20 avril 1849.

On gradue l'instrument en le soumettant, au moyen d'une presse hydraulique, à des pressions intérieures différentes; on marque les points où l'aiguille s'arrête, de degrés correspondant à ceux qui sont donnés par un manomètre à air libre bien construit.

Ce nouveau manomètre est d'un usage commode; il n'est pas fragile. Les indications qu'il donne sont beaucoup plus distinctes que celles qu'il faut prendre sur le niveau d'un liquide, dans un tube souvent sali à l'intérieur; il peut, dans quelques circonstances, être substitué avec avantage au manomètre à mercure.

Mais, pour qu'il soit exact, il faut que le métal conserve toute son élasticité; il faut que, sous la même pression intérieure, le tuyau reprenne constamment la même forme.

On peut craindre, avec juste raison, qu'avec le temps l'élasticité du métal ne s'altère; que la forme donnée au tube ne se modifie sous l'action prolongée d'une forte pression intérieure, et que, par suite, les indications de l'instrument ne deviennent inexactes.

— En thèse générale, on peut dire que tous les manomètres sont bons quand ils sortent de l'atelier, s'ils ont été gradués avec soin; mais le manomètre à air libre, exécuté avec les précautions convenables, est le seul dont l'exactitude puisse être à tout instant vérifiée et garantie.

C'est pour cette raison que l'article 26 de l'ordonnance du 22 mai 1843 en a prescrit l'emploi, à l'exclusion de tout autre, pour toutes les chaudières fixes dans lesquelles la tension de la vapeur ne dépasse pas cinq atmosphères; mais il est embarrassant : il ne peut être placé partout. Les autres manomètres sont généralement plus commodes, mais ils deviennent souvent défectueux après un certain temps de service. Ils peuvent néanmoins être employés avec avantage, pourvu que l'on en contrôle avec soin l'exactitude.

On peut toujours vérifier les indications d'un manomètre en les comparant à celles d'un autre manomètre reconnu exact; mais il faut pour cela démonter l'instrument, le transporter hors de l'usine : l'opération exige du temps, des frais; elle ne peut pas être fréquemment renouvelée.

Il serait bien plus simple d'adapter à toutes les chaudières un petit ajutage, qui permît de faire la vérification sur place, au moyen d'un manomètre portatif.

Cette disposition a paru susceptible d'être adoptée et généralisée. En conséquence, pour toute chaudière qui sera munie de cet appendice, il sera, à l'avenir, permis d'employer un manomètre de forme quelconque, à la condition que ce manomètre sera réparé ou changé aussitôt qu'il aura été reconnu défectueux.

Pour que le contrôle puisse être exercé facilement, il est nécessaire qu'un mode uniforme d'ajutage soit partout adopté. On s'est arrêté au mode suivant qui a paru le plus simple.

Il consiste, comme le fait voir la figure 1, pl. III, à adapter à la chaudière un tube de $0^m,01$ de diamètre, muni d'un robinet; une des extrémités devra être fixée sur la chaudière ou sur le tuyau de vapeur du manomètre fixe [1]; l'autre sera terminée par une bride verticale de $0^m,015$ de largeur et de $0^m,005$ d'épaisseur, et sera située de telle manière que l'on puisse y appliquer un manomètre vérificateur, dans un lieu où une personne trouvera place pour l'observer.

Cet ajutage est indispensable pour que l'on puisse contrôler sur place l'exactitude des manomètres employés : il devra être exigé, à l'avenir, pour toute chaudière qui sera pourvue d'un autre manomètre que celui qui est décrit dans l'instruction du 23 juillet 1843.

---

[1] Voir ci-après, dans la circulaire du 26 août 1852, les dispositions finalement adoptées.

PLANCHE I.

——

MANOMÈTRE À AIR LIBRE DE JOURNEUX JEUNE.

————

LÉGENDE EXPLICATIVE (A).

(Les mêmes lettres indiquent, dans chaque figure, les mêmes parties.)

La figure 1 est une élévation de l'instrument vu de face.

La figure 2 est une élévation en profil.

Les figures 3 et 4 sont deux coupes: l'une verticale, suivant VX de la figure 1, et l'autre horizontale, suivant YZ de la même figure.

L'échelle est de $0^m,20$ pour un mètre.

$a\,b$, cuvette formée de deux pièces, l'une en fonte, l'autre en bronze, reliées entre elles et fixées à la monture en fonte M de l'instrument par les boulons à vis $d\,d\,d$.

La pièce supérieure a contient le mercure, qui repose sur un disque en caoutchouc volcanisé, dont les bords sont serrés entre les pièces a et b; elle est surmontée d'un stuffing-box s, dans lequel s'engage le tube en verre $t\,t$, et dont la garniture est en caoutchouc.

La pièce inférieure b est alésée intérieurement et contient les pistons c et c'; elle est filetée extérieurement pour recevoir l'écrou e, qui fixe au bas de la cuvette le collet du tuyau de prise de vapeur $t'\,t'$; on a placé entre la partie inférieure de la cuvette et le collet du tuyau $t'\,t'$ un petit disque de caoutchouc volcanisé, destiné à empêcher l'entrée de la vapeur dans la cuvette, dont il transmet la pression au premier piston c.

Ce piston a $0^m,0185$ de diamètre; il est relié par une tige r à un piston supérieur ou disque c' de $0^m,0608$ de diamètre.

Un trou o est ménagé dans la partie inférieure b de la cuvette, pour mettre l'espace situé au-dessous du disque ou piston c' en communication avec l'atmosphère.

Le tube en verre a $0^m,004$ de diamètre.

Le mercure est introduit dans la cuvette, au moyen d'un entonnoir, par un appendice u vissé sur la cuvette et fermé par un boulon à vis.

L'échelle des pressions, tracée sur la monture en fonte M, est divisée en atmosphères et fractions décimales d'atmosphère. Chaque at-

mosphère correspond à une hauteur de mercure de 7 centimètres,
résultant du rapport des diamètres des pistons c et c'

$$\frac{0,76}{\left(\frac{c'}{c}\right)^2} = 0^m,07.$$

La monture M est pourvue d'oreilles m m, qui permettent d'accrocher le manomètre.

Le plus souvent on fixe cet appareil sur une planche de chêne de
deux ou trois centimètres d'épaisseur, et on l'accroche sur le parement
antérieur du fourneau.

MANOMÈTRE À AIR LIBRE DE JOURNEUX JEUNE.

Fig. 1.   Fig. 2.   Fig. 3.
Élévation de face.   Élévation de profil.   Coupe suivant V X.

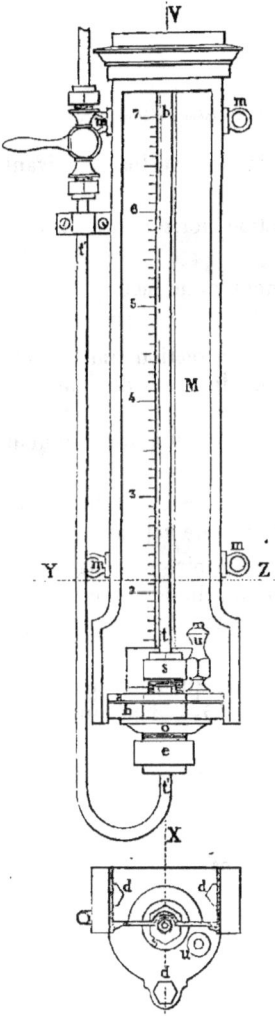

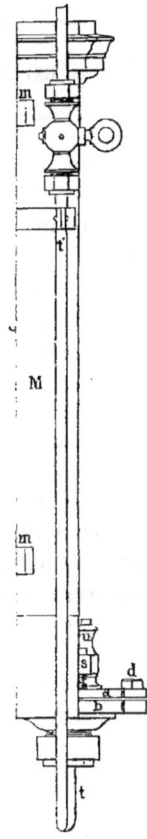

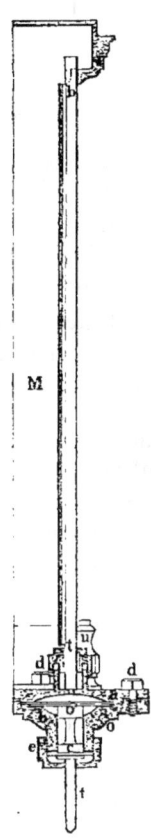

Fig. 4.
Coupe suivant Y Z.

APPAREILS À VAPEUR FIXES.

PLANCHE II.

MANOMÈTRE MÉTALLIQUE DE BOURDON.

(Les mêmes lettres indiquent, dans chaque figure, les mêmes pièces.)

Les figures 1 et 2 sont deux coupes et projections verticales suivant les lignes $A B$ et $C D$ des figures 3 et 4.

La figure 3 est une coupe et une projection horizontales suivant la ligne $E F$ de la figure 1.

La figure 4 est une élévation de l'instrument vu de face.

L'échelle est au cinquième d'exécution.

t, tube en laiton tourné en hélice, et dont la section transversale est une ellipse, dont le petit axe, dans le sens du rayon de l'anneau, est de $0^m,004$, et dont le grand axe, parallèle au plan de l'anneau, est de $0^m,011$. Le tube fait un tour et demi d'hélice et a une longueur de $0^m,70$.

L'extrémité t' de ce tube est ouverte, et est fixée à la tubulure a, qui est en communication avec le tuyau de prise de vapeur.

L'extrémité t'' est fermée et libre de se mouvoir; une aiguille l, qui y est fixée, obéit au mouvement que lui imprime le tube t, et indique, par sa marche sur le cadran c, la pression de la vapeur qui existe dans l'intérieur du tube.

Le cadran c est fixé par trois vis à la boîte M, qui enferme l'appareil; il est protégé en avant par le verre v, enchâssé dans une monture en cuivre m.

Les degrés du cadran c marquent les atmosphères, et les sous-divisions les quarts d'atmosphère.

La boîte M est en fonte; elle est fermée, par derrière, par une plaque en zinc p fixée par trois vis; trois oreilles, o, o, o, servent à accrocher l'appareil.

MANOMÈTRE MÉTALLIQUE DE BOURDON, MÉCANICIEN.

Fig. 1.
Coupe suivant AB, fig. 3.

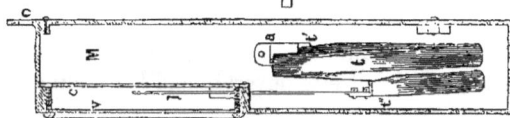

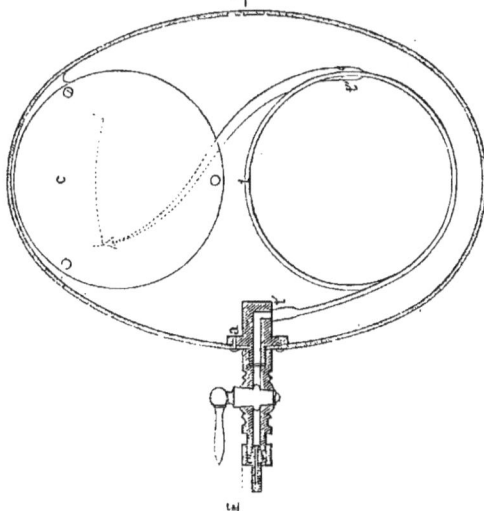

Fig. 2.
Coupe suivant CD, fig. 4.

Fig. 4.
Élévation.

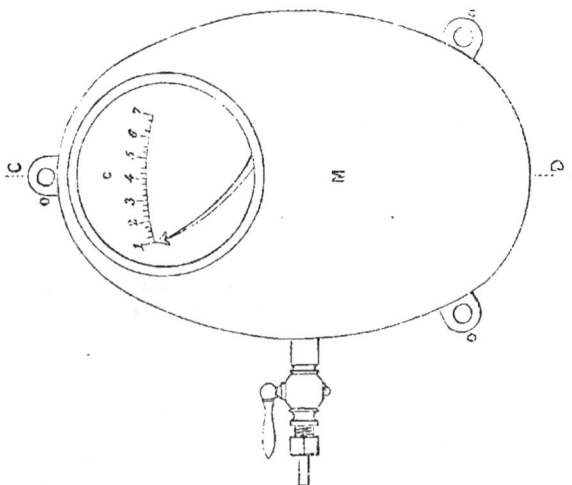

Fig. 3.
Coupe suivant EF, fig. 1.

PLANCHE III.

———

AJUTAGE POUR RECEVOIR LE MANOMÈTRE VÉRIFICATEUR.

———

LÉGENDE EXPLICATIVE.

La figure 1 est une élévation, au cinquième d'exécution, d'un ajutage vertical qui pourra être placé sur la partie supérieure de la chaudière à vapeur.

La figure 2 est une coupe longitudinale d'une chaudière à vapeur avec divers ajutages représentés en A, B et C.

Aux points B et C sont figurés des manomètres vérificateurs.

La bride b doit être verticale; elle a $0^m,04$ de diamètre et $0^m,005$ d'épaisseur.

Le robinet r sert à intercepter la communication de l'air extérieur avec la chaudière; il doit être ouvert quand le manomètre vérificateur est appliqué à la bride b.

AJUTAGE POUR RECEVOIR LE MANOMÈTRE VÉRIFICATEUR.

Fig. 2.

Fig. 1.

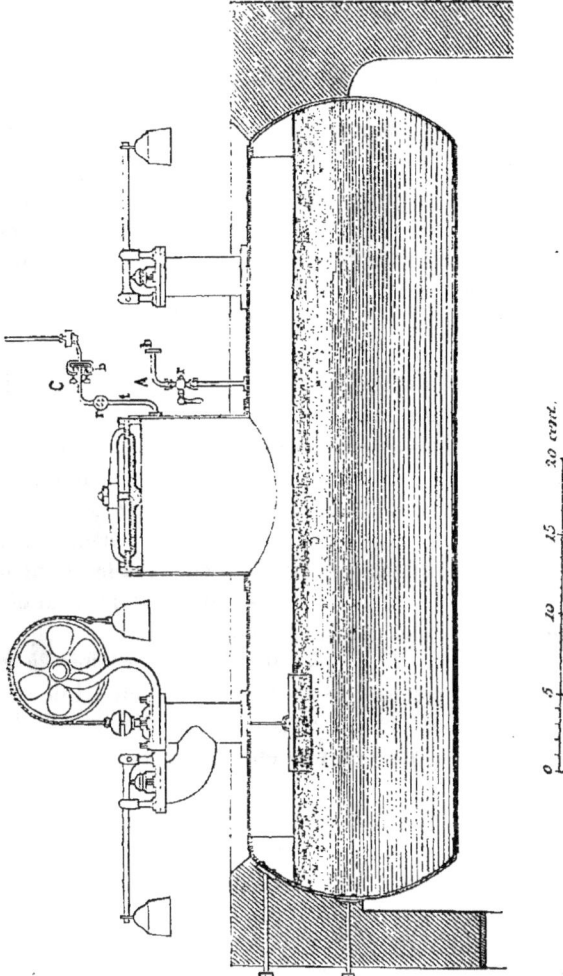

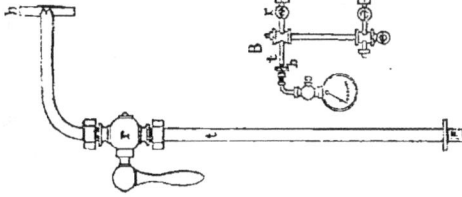

17 décembre 1849. CIRCULAIRE DU MINISTRE DES TRAVAUX PUBLICS AUX PRÉFETS.

Manomètres. Les ordonnances des 22 et 23 mai 1843 et 17 janvier 1846, relatives aux appareils à vapeur et aux bateaux à vapeur, veulent que chaque chaudière soit munie d'un manomètre, destiné à faire connaître la tension de la vapeur.

Pour toutes les pressions effectives qui ne dépassent pas quatre atmosphères dans les chaudières établies à demeure, et deux atmosphères dans les chaudières des bateaux, on a exigé que le manomètre fût à air libre.

Ce manomètre a été prescrit de préférence parce qu'il est le seul qui, lorsqu'il a été construit avec les précautions énoncées dans l'instruction du 23 juillet 1843, fournit des indications toujours sûres et immédiatement vérifiables.

Mais, pour les pressions plus élevées, il eût été d'un usage peu commode et souvent même impossible, en raison de la longueur qu'il aurait fallu donner au tube de l'instrument. C'est par ce motif que les ordonnances ont permis d'employer, dans ce cas, le manomètre à air comprimé; et la même faculté a été laissée, quelle que soit la pression, pour les chaudières des machines locomobiles et des locomotives.

Le manomètre ordinaire à air libre a toutefois, à côté des avantages qu'il présente, certains inconvénients inhérents à sa nature même : il est embarrassant; son tube se salit fréquemment, de manière que l'on ne peut plus y apercevoir le niveau du mercure.

Afin de remédier à ces inconvénients, diverses espèces d'appareils manométriques ont été proposées. L'on a déjà fait mention de quelques-uns de ces instruments dans les circulaires et instructions des 16 mars 1846 et 20 juillet 1847. D'autres, de constructions différentes, ont encore été imaginés plus ou moins récemment, et peuvent aussi être utiles.

Sur le rapport de la commission centrale des machines à vapeur, il m'a paru qu'il y avait lieu d'autoriser désormais, sur toutes les chaudières, toute espèce de manomètres, bien fabriqués et bien gradués, à la condition que, lorsqu'il s'agira d'un manomètre autre que celui à air libre, décrit dans l'instruction du 23 juillet 1843, la chaudière sera pourvue d'un ajutage qui permette de vérifier l'exactitude de l'instrument employé.

La disposition que devra avoir cet ajutage est indiquée dans l'instruction ci-jointe, du 15 courant, où se trouve en même temps la description de deux nouveaux manomètres, qui ont été dernièrement soumis à l'examen de la commission.

Je vous transmets, pour être distribués aux principaux constructeurs et propriétaires d'appareils à vapeur, dans votre département, et aux commissions de surveillance des bateaux à vapeur, là où il en existe, des exemplaires de la présente circulaire et de l'instruction qui est imprimée à la suite.

CIRCULAIRE DU MINISTRE DES TRAVAUX PUBLICS AUX INGÉNIEURS EN CHEF DES MINES.

26 août 1852.

Manomètres vérificateurs.

L'administration a fait connaître, par sa circulaire du 22 février 1850 [1], qu'elle mettrait à la disposition des ingénieurs chargés de la surveillance des appareils à vapeur des manomètres étalons, destinés à vérifier les différents instruments manométriques qui peuvent être employés sur les chaudières.

Les expériences auxquelles la commission centrale des machines à vapeur a dû soumettre les différents modèles qui ont été proposés, n'ont pas permis de réaliser, aussi promptement que l'administration l'aurait désiré, les mesures annoncées par la circulaire précitée; enfin, après les recherches les plus attentives, la commission s'est prononcée pour l'adoption du manomètre métallique à cadran de M. Bourdon, qui a déjà été décrit dans l'instruction du 15 décembre 1849. Ce manomètre lui a paru réunir le plus d'avantages, tant par l'exactitude de ses indications, ce qui était là l'objet essentiel, que par la facilité qu'il présente, en raison de son petit volume, de pouvoir être transporté commodément.

Épreuves au manomètre

— En outre, comme il est gradué jusqu'à 18 atmosphères, on pourra s'en servir aussi pour les épreuves des chaudières, et, sous ce rapport, il sera très-utile. Souvent, en effet, les soupapes d'essai adaptées aux chaudières ou à la presse hydraulique, se trouvant imparfaitement rodées, laissent échapper l'eau bien avant que la pression ait atteint le degré maximum à obtenir, en sorte qu'il existe une assez grande incertitude sur la valeur

---

[1] Elle a paru inutile à reproduire; en effet, on voit l'objet essentiel de ce document, qui, en outre, rectifiait une erreur commise dans la formule relative au manomètre de M. Journeux (légende explicative des figures), et naturellement corrigée dans ce Recueil.

du résultat final. Au moyen de l'emploi du manomètre en question dans les épreuves, celles-ci seront rendues bien plus sûres, et en même temps elles se feront bien plus facilement.

— Le choix de l'administration ainsi fixé sur le manomètre de M. Bourdon, elle a dû en commander à ce mécanicien le nombre nécessaire pour le service. L'exécution de cette commande a dû exiger un assez long temps, et je suis seulement en mesure aujourd'hui d'expédier aux ingénieurs les manomètres vérificateurs dont ils ont besoin.

Je vous adresse, pour le service de votre arrondissement, .. de ces instruments. Ainsi que vous le remarquerez, chaque manomètre est accompagné de deux petites presses à vis, à l'aide desquelles, au moment de l'expérience, on le fixe sur l'ajutage adapté à la chaudière, et il est d'ailleurs renfermé dans un étui qui le garantit de toute détérioration dans le transport.

Quant au mécanisme de l'instrument en lui-même, l'instruction précitée du 15 décembre 1849 en ayant donné une description détaillée, je ne puis que me référer aux explications qui y sont contenues. J'ajouterai seulement ici quelques observations sur les précautions à prendre dans la pratique, et qui ont été indiquées par la commission centrale des machines à vapeur.

L'expérience a montré que, si l'ajutage de la chaudière est indifféremment placé aux différents points figurés sur la planche III, jointe à ladite instruction, il en résulte plusieurs inconvénients :

1° Quelques-uns de ces points s'échauffent assez pour qu'il devienne très-difficile d'y fixer le manomètre vérificateur; 2° celui-ci se trouve à une température plus élevée que le manomètre qu'il s'agit de vérifier; 3° enfin, ce qui est plus grave, un seul observateur ne peut suivre à la fois la marche des deux manomètres.

Tous ces inconvénients sont évités en plaçant l'ajutage sur le tuyau de prise de vapeur du manomètre à demeure, ou mieux sur le boisseau d'un robinet à deux eaux adapté à ce manomètre même. Par ce moyen, l'observateur suit commodément la marche des deux instruments, qui sont dans les mêmes circonstances. Lors donc qu'un manomètre à vérifier ne sera pas encore pourvu de l'ajutage prescrit par les instructions, il conviendra de faire placer cet ajutage comme il vient d'être dit.

Si, par suite d'une chute du manomètre, d'un choc ou de

secousses produites, lors d'une épreuve, par le jeu mal dirigé de la pompe de pression, l'aiguille de l'instrument venait à se tordre, on la redresserait facilement avec de petites pinces, en la ramenant à son point de départ, sans avoir d'ailleurs à craindre que les indications de ce manomètre deviennent moins justes; l'altération de l'élasticité du métal pourrait seule en fausser les résultats.

Par la même raison, si l'aiguille, sans être tordue ni faussée par les causes ci-dessus, se trouvait cependant, par l'effet d'une circonstance quelconque, dérangée de la position normale qu'elle doit avoir à la pression atmosphérique, comme le petit levier qui lui transmet le mouvement n'est fixé sur son axe qu'à l'aide d'une petite vis de pression placée derrière ladite aiguille, on desserrerait la vis pour ramener cette aiguille au point de départ, et on la resserrerait ensuite au degré convenable pour maintenir les pièces à leur place. On peut, du reste, compter sur l'exactitude de l'instrument tant que l'aiguille, après avoir accusé une tension connue, revient bien à son point de départ lorsque la pression est supprimée.

Dans le cas où on aurait quelques motifs de doute sur la précision du manomètre vérificateur, il faudrait alors comparer sa marche avec celle d'un autre manomètre récemment vérifié, ou, ce qui serait préférable, effectuer la comparaison avec un manomètre à air libre, si l'on en a un à sa portée.

Enfin, s'il arrivait que le manomètre vérificateur devînt positivement inexact par suite d'altérations ou d'autres causes, vous voudriez bien le renvoyer à l'administration, qui le ferait réparer ou remplacer.

Je n'ai sans doute pas besoin de vous faire observer que les manomètres étalons que je vous transmets devront être inscrits, parmi les objets appartenant à l'état, sur l'inventaire de votre bureau, ou dans les bureaux des ingénieurs ordinaires sous vos ordres, auxquels ces instruments seront confiés. Je vous prie, en m'accusant réception du présent envoi, de m'adresser les certificats de prise en charge, relatant les numéros d'inscription sur chaque inventaire.

—En terminant, je ne crois pas inutile de vous rappeler qu'aux termes de la circulaire du 17 décembre 1849, l'emploi de toute espèce d'appareils manométriques sur les chaudières à vapeur est autorisé, à la condition que ces appareils manométriques soient bien fabriqués et bien gradués, et que la chaudière, toutes

les fois que son manomètre n'est pas à air libre, soit munie
d'un ajutage convenablement placé pour les vérifications. Dans
quelques départements, les ingénieurs chargés de la surveillance
ont cru devoir exiger, concurremment avec le manomètre métallique, un manomètre à air libre. Cette exigence ne saurait
se justifier, et elle ne doit point être maintenue; le manomètre
métallique a une précision suffisante, pour tous les usages ordinaires, tant qu'il est en bon état; et, du moment que cet état
peut toujours être constaté au moyen de vérifications faites, de
temps en temps, avec le manomètre étalon, il ne peut y avoir aucun inconvénient à l'admettre sur une chaudière, sans addition
du manomètre à air libre.

RÉCIPIENTS DIVERS DE VAPEUR[1].

CIRCULAIRE DU SOUS-SECRÉTAIRE D'ÉTAT DES TRAVAUX PUBLICS
AUX PRÉFETS.

30 janvier 1845.

*Cylindres sécheurs
et
autres récipients
contenant
de la vapeur.*

On emploie dans l'industrie des appareils nombreux, de formes et de dimensions très-variées, qui sont chauffés par un courant de vapeur circulant dans leur intérieur.

On peut citer notamment les cylindres qui servent au séchage du papier, des étoffes; les chaudières à double fond employées par les teinturiers, les fabricants de sirops; les tables creuses, en fonte, sur lesquelles roulent les cylindres qui broient le chocolat; les roues à peigner la laine à la mécanique, etc.

Souvent, dans ces appareils, la température doit être portée à un degré assez élevé; la vapeur peut y acquérir une tension supérieure à la pression atmosphérique. Souvent aussi ils contiennent une certaine quantité d'eau chaude provenant de la condensation de la vapeur, et qui, en cas de rupture de l'enveloppe, augmentant les effets de projection, rendrait le danger plus grand.

Plusieurs accidents de ce genre sont déjà arrivés. Ainsi, il y a quelque temps, dans une papeterie du département de Seine-et-Marne, un cylindre sécheur a fait explosion; l'un des plateaux qui le terminaient s'est rompu sous la pression de la vapeur : un ouvrier a péri, un autre a été grièvement blessé. Un événement semblable a eu lieu récemment encore dans une fabrique de tissus du département de la Seine. Dans ce dernier établissement, la vapeur était amenée au cylindre par un tuyau creux débouchant dans l'axe, et s'écoulait par un autre tuyau débouchant de la même manière, à l'extrémité opposée du cylindre. La paroi cylindrique était en cuivre étamé de $0^m,004$ d'épaisseur seulement, et se trouvait, en raison de la grandeur du diamètre, incapable de supporter une pression un peu considérable. Cette pression ne dépassait guère habituellement une atmosphère; mais l'admission et l'émisssion de la vapeur étaient réglées par des robinets laissés à la disposition de l'ouvrier qui conduisait le mécanisme, et il suffisait que l'on eût fermé ou trop *étranglé* le tuyau d'émission, pour que la tension de la va-

[1] Voir ci-dessus le § 6 de l'instruction ministérielle du 23 juillet 1843.

peur devînt presque égale à celle de l'intérieur de la chaudière,
et pour que le cylindre se rompît.

— Tous ces appareils, tous les récipients de vapeur, clos ou
susceptibles d'être fermés, et mis, soit à demeure, soit temporai-
rement, en communication avec des chaudières, doivent, comme
ces chaudières mêmes, être assujettis à la surveillance administrative et au régime des permissions prescrit par l'ordonnance
du 22 mai 1843, laquelle comprend les divers appareils à vapeur en général.

Il appartient aux préfets, par application de l'article 67 de
l'ordonnance, d'imposer, dans l'arrêté d'autorisation, après avoir
consulté les ingénieurs, les conditions de sûreté qui seront reconnues nécessaires dans chaque espèce.

On conçoit que ces conditions doivent varier suivant la forme,
la capacité desdits appareils, selon la manière dont la vapeur y
est admise et évacuée. Ainsi, ceux où l'eau produite par la condensation de la vapeur revient à la chaudière devront être soumis à l'épreuve et au timbre, eu égard à la pression qu'ils seront appelés à supporter. D'autres, où les tuyaux d'admission
de vapeur sont pourvus de robinets qui se ferment à volonté,
devront en outre être munis de soupapes de sûreté, adaptées sur
l'un des tuyaux d'admission ou d'émission et chargées d'un
poids déterminé. Dans certains cas, les fonds plats devront être
renforcés par des nervures, etc. Quelquefois, enfin, il pourra se
faire qu'aucune mesure particulière ne soit à prescrire : lorsque,
par exemple, les choses seront disposées de telle sorte, que la vapeur s'échappe librement dans l'atmosphère, sans que son émission puisse jamais être interceptée totalement ou partiellement.
Mais une autorisation devra toujours être exigée, afin que l'on
soit à même de constater, avant la mise en activité de l'appareil,
son mode de construction, et de pourvoir aux dangers qu'il pourrait présenter.

La demande devra indiquer la forme, les dimensions de l'appareil, l'usage auquel il sera destiné. On l'instruira conformément aux dispositions de la section 1re du titre II de l'ordonnance du 22 mai 1843. Les ingénieurs proposeront, d'après le
résultat de leur visite, les conditions sous lesquelles la permission leur paraîtra pouvoir être accordée; puis il sera statué
comme il est dit en l'article 67 de l'ordonnance.

— Je vous invite à prendre un arrêté réglementaire qui rappelle les dispositions précédentes, et à lui donner toute la pu-

blicité possible, soit par des affiches, soit par l'insertion dans le recueil de vos actes administratifs, soit par l'un et l'autre de ces deux moyens.

CIRCULAIRE DU SOUS-SECRÉTAIRE D'ÉTAT DES TRAVAUX PUBLICS 11 février 1845.
AUX PRÉFETS.

On emploie quelquefois maintenant, pour le chauffage et la *Calorifères à eau.* ventilation des édifices ou des habitations particulières, une espèce de calorifère à eau dont l'usage exige certaines précautions pour éviter les accidents.

L'appareil, envisagé dans ce qu'il a d'essentiel, présente les dispositions suivantes :

Une chaudière remplie d'eau, et qui reçoit la chaleur d'un foyer ordinaire, est située dans les caves de l'édifice ou dans l'une des pièces de l'habitation que l'on veut chauffer ou ventiler.

Cette chaudière communique, par un tuyau ascendant, avec un réservoir également rempli d'eau, construit dans un des étages supérieurs ou dans les combles du bâtiment. Du fond du réservoir partent plusieurs autres tuyaux, qui se ramifient dans les salles qui doivent être chauffées et fournissent l'eau à des cylindres que l'on y a placés et qui font l'office de poêles ou de cheminées. Ces tuyaux se réunissent de nouveau, dans la partie inférieure du trajet, en un tuyau de retour, qui ramène l'eau dans la partie la plus basse de la chaudière.

Ainsi, quand le système fonctionne, il s'établit un courant continu : l'eau s'élève de la chaudière dans le tuyau ascensionnel, par l'effet de la diminution survenue dans son poids spécifique sous l'influence du calorique; elle circule dans les canaux qui lui sont offerts, y dépose sa chaleur, et revient ensuite à son point de départ pour s'échauffer et circuler de nouveau.

Le réservoir supérieur est muni d'une soupape chargée d'un poids. La tension de la vapeur d'eau dans ce réservoir peut dès lors atteindre le nombre d'atmosphères représenté par ce poids, plus la pression atmosphérique, et sa température acquiert le nombre de degrés correspondant à cette tension.

Quant à la pression dans l'intérieur des tuyaux, des poêles et de la chaudière, on conçoit qu'elle varie selon la position de ces parties de l'appareil. Elle est égale, pour chacune d'elles, à la pression dans le réservoir, augmentée du poids de la colonne d'eau, qui a pour hauteur la distance comprise entre ce réservoir et le point que l'on considère. Cette pression est à son maximum dans la chaudière, puis elle décroît jusqu'au réservoir.

A l'égard de la température dans les poêles et tuyaux de descente, elle est inférieure à celle de l'eau du réservoir, et d'autant plus basse que ces parties se trouvent à des étages plus éloignés du réservoir. Elle est au contraire, dans la chaudière et dans la colonne ascendante, supérieure au degré de l'eau du réservoir.

Ces appareils pourraient occasionner de très-fâcheux accidents, s'ils étaient mal exécutés.

La rupture d'un poêle, d'un des tuyaux, ou seulement une fuite qui viendrait à se déclarer, présenterait de graves dangers pour les personnes qui se trouveraient dans les salles où cette rupture aurait lieu, et où se répandrait toute l'eau contenue dans le réservoir supérieur et dans les parties situées entre ce réservoir et le point de rupture.

La chaudière pourrait aussi se déchirer sous la pression qu'elle supporte, et qui dépend de la hauteur où est placé le réservoir et de l'activité du feu.

Il pourrait même y avoir explosion dans le cas où le tuyau qui met la chaudière en communication avec le réservoir serait obstrué par quelque cause accidentelle.

Enfin le foyer de la chaudière, lorsqu'il s'agit d'un appareil de grandes dimensions, consommant une quantité notable de combustible, peut incommoder les voisins par la fumée.

Ces systèmes de calorifères sont donc semblables, sous ces divers rapports, à une chaudière à vapeur fermée, dont les ramifications s'étendraient dans les différents points où sont placés les tuyaux de conduite.

Ils rentrent, en conséquence, dans les dispositions de l'ordonnance royale du 22 mai 1843, relative aux chaudières et machines à vapeur; et il y a lieu de leur appliquer l'article 67, lequel a prévu le cas où, en raison du mode de construction de certains appareils, des conditions spéciales seraient à prescrire.

Il importe qu'on ne les établisse pas sans une autorisation, donnée suivant les formes indiquées au titre II de ladite ordonnance;

Que le réservoir supérieur soit toujours muni de soupapes de sûreté;

Que toutes les parties de l'appareil soient soumises à une pression d'épreuve triple de la pression effective maximun qu'elles auront à supporter : cette dernière pression étant celle qui correspond à la charge des soupapes du réservoir supérieur, augmentée d'autant d'atmosphères qu'il y a de fois 10 mètres de distance verticale jusqu'à ce réservoir.

L'épreuve devra être faite sur place, après la pose et avant que les pièces du calorifère soient masquées par les parquets, boiseries ou murs du bâtiment. Elle pourra être opérée par parties successives ou sur l'ensemble, mais toujours de manière à ce que les joints des tuyaux aient été soumis à la pression d'épreuve.

Les dimensions des soupapes de sûreté seront fixées dans chaque cas par le préfet, sur le rapport des ingénieurs.

Il en sera de même des conditions du local de la chaudière.

Les ingénieurs s'assureront, lors de la pose de l'appareil, si l'on a pris toutes les précautions propres à éviter les ruptures ou les fuites qui pourraient être occasionnées par des variations de température, et si les joints sont disposés de manière à résister à une longue durée et à présenter une imperméabilité complète.

L'emploi de la fonte pouvant augmenter beaucoup les chances de rupture et d'accidents, l'usage de ce métal devra en général être ici interdit.

L'acte d'autorisation imposera, d'ailleurs, les diverses obligations qui seront reconnues devoir être exigées selon chaque espèce.

— Je vous invite à prendre un arrêté réglementaire, rappelant les dispositions qui précèdent, et à lui donner toute la publicité nécessaire, soit par des affiches, soit par l'insertion dans le recueil des actes administratifs de votre département, soit par ces deux moyens à la fois.

Je vous prie aussi de m'adresser, conformément à l'article 67 précité de l'ordonnance, une expédition des permis par lesquels vous autoriserez l'établissement de ces calorifères.

CIRCULAIRE DU MINISTRE DES TRAVAUX PUBLICS AUX PRÉFETS.   6 janvier 1852.

La circulaire du 30 janvier 1845, relative aux divers récipients de vapeur employés dans l'industrie, a fait connaître que

Épreuve
des récipient
mentionné

tous ces appareils devaient, comme les machines et chaudières elles-mêmes, être assujettis à la surveillance administrative et au régime des permissions, tel qu'il est prescrit par l'ordonnance du 22 mai 1843.

— Quant aux conditions de sûreté à exiger, ces conditions devant nécessairement différer selon la disposition desdits appareils, qui est très-variable, la même circulaire a ajouté qu'elles seront déterminées dans chaque espèce par le préfet, sur les propositions des ingénieurs et conformément à l'article 66 de l'ordonnance ci-dessus rappelée.

L'application de cet article aux appareils dont il s'agit a, dans la pratique, donné lieu à quelques incertitudes, entre autres sur la question de savoir s'il convenait d'éprouver à la pression triple ou de n'éprouver qu'à la pression double les cylindres sécheurs, les chaudières à double fond et autres récipients du même genre, dont il est fait mention dans la circulaire du 3o janvier 1845.

Il importait de dissiper les doutes qui s'étaient élevés sur cette question. J'ai invité la commission centrale des machines à vapeur à en faire l'examen, et voici, d'après l'avis de cette commission, avis que j'adopte sur tous les points, la règle qui doit être suivie en pareils cas.

—L'épreuve est une des précautions les plus essentielles pour tous les appareils dans lesquels se produit ou circule de la vapeur, et qui sont clos ou susceptibles d'être fermés par des robinets.

Il peut y avoir des cas où l'épreuve faite seulement à la pression double soit suffisante : par exemple, pour des chaudières à double fond dans lesquelles l'espace occupé par la vapeur est très-petit, et lorsque, d'ailleurs, ces chaudières sont bien établies, et qu'il est reconnu qu'eu égard à leur disposition une déchirure de métal, si elle avait lieu, n'aurait que des conséquences peu graves.

Mais cette épreuve à la pression double ne doit être qu'une exception. En thèse générale, tout récipient où la vapeur ne s'échappe pas librement dans l'atmosphère doit, comme les machines et chaudières à vapeur ordinaires, être éprouvé sous une pression triple de la pression effective *maximum* qui peut exister dans son intérieur, et qui est limitée soit par la charge des soupapes du générateur de vapeur, soit par celle de la soupape adaptée au récipient même.

En ce qui concerne les cylindres sécheurs en particulier, l'épreuve à la pression triple est là communément d'autant plus nécessaire que ces sortes de cylindres ont des fonds plats, qui offrent beaucoup moins de résistance que des parois cylindriques, et qu'il importe par conséquent de s'assurer, par un essai convenable, qu'ils sont solidement confectionnés.

Il en est de même des appareils appelés retours d'eau, et d'une multitude d'autres usités dans les arts, dont la rupture pourrait causer de sérieux accidents.

En résumé donc, on doit éprouver à la pression triple les divers récipients où la vapeur n'est pas à échappement parfaitement libre; et ce n'est que dans des cas tout à fait exceptionnels, où les ingénieurs auraient positivement reconnu qu'il ne peut en résulter aucun inconvénient, que l'épreuve pourra être réduite à la pression double. Les ingénieurs devront d'ailleurs, lorsqu'ils proposeront d'accorder cette tolérance, en indiquer explicitement les motifs dans le rapport qu'ils auront à faire sur la demande.

Je n'ai sans doute pas besoin de rappeler que les arrêtés d'autorisation que vous prendrez devront, dans chaque cas, être soumis à l'approbation de l'administration centrale, conformément à l'article 67 précité de l'ordonnance du 22 mai 1843 et à la circulaire du 30 janvier 1845.

CIRCULAIRE DU MINISTRE DES TRAVAUX PUBLICS AUX PRÉFETS. 5 mars 1852.

L'administration vous a fait connaître, dans une circulaire du 6 janvier dernier, que les divers récipients de vapeur employés dans l'industrie, et en particulier les cylindres sécheurs, doivent, comme les chaudières à vapeur elles-mêmes, et sauf quelques exceptions que cette circulaire indique, être soumis à une pression d'épreuve triple de la pression effective *maximum* qui peut exister dans l'intérieur de ces récipients ou cylindres. Cylindres sécheurs. Soupapes de sûreté.

Les cylindres sécheurs doivent, en outre, ainsi que l'a déjà expliqué la circulaire du 30 janvier 1845, et conformément aux prescriptions générales de l'ordonnance du 22 mai 1843, être munis de soupapes de sûreté, toutes les fois que les tuyaux d'émission y sont pourvus de robinets pouvant intercepter l'écoulement de la vapeur.

Mais quelques doutes se sont élevés, dans la pratique, en ce

qui concerne la disposition à donner à ces soupapes et la déter-
mination de leur diamètre : pour lever ces doutes, la commission
centrale des machines à vapeur a pensé, et j'ai partagé son avis,
qu'il serait utile d'indiquer également, dans une instruction
spéciale, quelles étaient les conditions à observer sur les deux
points ci-dessus. Tel est l'objet de la présente circulaire.

—Sur le premier point, l'emplacement des soupapes, il a été
reconnu, par la commission des machines à vapeur, qu'il convenait de les adapter, non pas sur les tuyaux mêmes d'amenée
de la vapeur, où elles ne rempliraient pas suffisamment leur
office, mais bien sur des renflements ou réservoirs intermédiaires,
pratiqués à cet effet près des embranchements qui conduisent
la vapeur aux cylindres et ayant une capacité de 25 litres au
moins.

—Quant aux diamètres à donner aux soupapes, la commission
a fait observer que, pour empêcher la pression dans les cylindres sécheurs de s'élever au-dessus de la limite normale, ce
diamètre devait nécessairement être calculé de telle sorte, que
la vapeur qui afflue dans les cylindres eût une issue assez grande
pour s'écouler par l'orifice de la soupape; que, dès lors, l'on
devait suivre la même règle que celle qui a été fixée par l'ordonnance du 22 mai 1843, pour déterminer le diamètre des soupapes de sûreté des chaudières, c'est-à-dire appliquer la formule
énoncée dans l'instruction du 23 juillet 1843 :

$$d = 2,6 \sqrt{\frac{s}{n - 0,412}}$$

s représentant la surface de chauffe du générateur, n la pression absolue en atmosphères, que la vapeur ne doit point
dépasser dans les cylindres, et d le diamètre à donner à la soupape.

La commission centrale des machines à vapeur a, toutefois,
fait remarquer qu'il pourrait y avoir certains cas où des exceptions à la règle ci-dessus seraient admissibles : par exemple,
quand il serait bien démontré, d'après la disposition de l'ensemble de l'appareil, que la vapeur débitée par la chaudière ne
pourra se rendre qu'en partie dans les cylindres sécheurs. Les
ingénieurs auront à examiner, dans chaque affaire, s'il se présente des circonstances de nature à motiver ces exceptions, et ils
soumettront, en conséquence, à l'administration, des propositions spéciales sur lesquelles il sera statué ce qu'il appartiendra.

CIRCULAIRE DU MINISTRE DES TRAVAUX PUBLICS AUX PRÉFETS.   31 août 1852.

La circulaire du 30 janvier 1845, relative aux cylindres sécheurs et autres récipients chauffés par de la vapeur qui circule dans leur intérieur, porte que ces appareils doivent, comme les chaudières elles-mêmes qui les alimentent et dont ils sont des dépendances, être assujettis à la surveillance administrative, et au régime des permissions prescrit par l'ordonnance du 22 mai 1843.

Cylindres sécheurs et autres récipients de vapeur.

— Lorsqu'un propriétaire sollicite en même temps l'autorisation d'installer un récipient de ce genre, ainsi que le générateur destiné à fournir la vapeur, l'établissement de l'un et de l'autre appareil se trouve compris dans une seule instruction, et il n'y a, par là même, aucun inconvénient, aucun temps perdu, à les soumettre l'un et l'autre aux formalités d'enquête *de commodo et incommodo*, dont il est question dans les articles 6 et suivants de l'ordonnance précitée.

—Mais, le plus ordinairement, il arrive que l'on ne demande à établir le récipient qu'après que la chaudière ou le générateur, qui sert en outre à d'autres usages, est depuis un certain temps déjà permissionné et en activité.

Pour ce dernier cas, où il ne s'agit que d'autoriser un appareil qui ne produit pas lui-même de vapeur, qui ne repose sur aucun foyer particulier, j'ai reconnu, avec la commission centrale des machines à vapeur, que les enquêtes *de commodo et incommodo* n'étaient pas indispensables, et qu'on pouvait, afin d'éviter les retards qu'elles entraîneraient, s'exempter de l'accomplissement de ces formalités, sinon d'une manière absolue, du moins toutes les fois que des circonstances spéciales ne les rendraient pas évidemment nécessaires.

Le but principal des enquêtes prescrites, par l'ordonnance de 1843, pour l'établissement des machines et des chaudières à vapeur, c'est de mettre les intéressés à même de s'expliquer sur les inconvénients que ces machines et chaudières présentent quelquefois pour le voisinage, tels que le bruit et l'ébranlement occasionnés par le moteur, la fumée que répandent les fourneaux des chaudières; de simples récipients de vapeur n'entraînent pas généralement ces mêmes inconvénients. Il n'y a donc pas lieu, dans l'instruction des demandes qui les concernent, de les assimiler entièrement aux générateurs, que ladite ordonnance avait principalement en vue.

En conséquence, vous pourrez, lorsqu'il vous sera adressé des demandes en autorisation de cylindres sécheurs et autres appareils de la nature de ceux qui sont désignés dans la circulaire du 30 janvier 1845, communiquer directement ces demandes aux ingénieurs des mines. Ces ingénieurs examineront avec soin si les appareils projetés ne sont, en aucune manière, susceptibles d'affecter les intérêts des propriétés ou habitations voisines, sous le point de vue de la sûreté, de la commodité ou de la salubrité.

Dans le cas de la négative, ils proposeront, directement et sans autre formalité, les conditions de la permission, qui serait accordée sur leur rapport.

Si, au contraire, quelques-uns des intérêts ci-dessus mentionnés leur paraissent, par suite de certaines circonstances, pouvoir être compromis, ils vous en avertiraient, en vous adressant les pièces de l'affaire, et vous auriez alors à soumettre la demande à l'enquête *de commodo et incommodo*, comme il est dit aux articles 7, 8 et 9 de l'ordonnance.

STATISTIQUE ANNUELLE.

CIRCULAIRE DU DIRECTEUR GÉNÉRAL DES PONTS ET CHAUSSÉES ET DES MINES AUX PRÉFETS.

22 août 1833.

Organisation de la statistique des appareils à vapeur employés dans les établissements industriels.

L'administration des ponts et chaussées et des mines, secondée par les soins des préfets et le zèle des ingénieurs, s'est attachée à organiser, dans chaque département, une surveillance active pour les appareils à vapeur; mais cette partie du service est encore récente, et il est important de réaliser les nouvelles améliorations qu'il est possible d'y apporter.

Il est utile et intéressant à la fois d'avoir annuellement un dénombrement exact et détaillé de toutes les machines et de tous les appareils de cette espèce existant dans les diverses localités. Indépendamment de la facilité que donneraient ces tableaux pour les inspections à exercer, on pourrait en tirer des inductions curieuses sur le mouvement de l'industrie en général; car le nombre des appareils qu'elle emploie est un indice certain de son activité. On y verrait surtout quelle est l'étendue que ce genre de puissance mécanique acquiert en France, les ressources qu'il offre aux arts, les développements qui ont été réalisés et ceux que l'on peut espérer pour l'avenir.

Il n'est pas moins important de connaître le nombre des épreuves qui ont été faites annuellement et les résultats généraux de la surveillance qui a été exercée par les ingénieurs.

Ces indications, me parvenant de tous les départements avec les observations auxquelles les diverses circonstances du service auraient donné lieu, seraient des éléments fort utiles pour les nouvelles instructions que l'état des choses réclamerait encore.

Déjà, par mes circulaires des 1er mars et 25 avril derniers[1], j'ai demandé que des détails plus circonstanciés, en ce qui concerne les machines à vapeur, fussent portés sur les états relatifs aux mines et aux usines à fer et autres.

Mais, pour parvenir au double but indiqué plus haut, il convient d'étendre ces renseignements à tous les établissements industriels dans lesquels on fait usage de la vapeur, et d'en faire l'objet de relevés spéciaux.

Je désire donc, 1° qu'à la fin de chaque exercice, et indépen-

---

[1] Ces deux circulaires sont relatives à la Statistique de l'industrie minérale.

damment des procès-verbaux de visite et des rapports qui vous auront été transmis pendant le cours de l'année, vous vous fassiez rendre un compte général et sommaire, par les ingénieurs, de la surveillance exercée à l'égard de tous les appareils à vapeur de votre département; 2° que ces ingénieurs vous transmettent, aux mêmes époques, un état qui fasse connaître avec précision et détail le nombre, le système, la force de ces machines, leur usage, la date de leur autorisation et de leur mise en activité, la nature des établissements où elles sont situées, les lieux où elles ont été fabriquées. Lorsqu'il existera dans le département des ateliers de fabrication, ils en feront mention sur un second état, et ils indiqueront les épreuves auxquelles les appareils à haute pression auront été soumis dans ces ateliers, conformément aux ordonnances. Enfin, si ces épreuves n'avaient été faites que sur le lieu même de l'exploitation, ils le signaleront également.

Vous m'adresserez ces tableaux vers le 15 janvier de chaque année, avec les rapports dont ils seront accompagnés, et je vous serai obligé d'y joindre vos observations et toutes les propositions que vous jugeriez utiles.

Je vous prie d'organiser dès à présent l'ensemble de ce travail, et de donner à cet effet aux ingénieurs les instructions nécessaires, en leur recommandant de recueillir sur tous ces points les détails les plus complets.

L'état n° 1 est destiné à présenter tout ce qui se rapporte à la surveillance des appareils à vapeur de toute espèce.

On inscrira sur l'état n° 2 ce qui est relatif aux épreuves.

—Le premier de ces tableaux contient une colonne pour des observations générales; les ingénieurs y consigneront principalement les résultats des visites qu'ils auront faites pendant l'année.

Je n'ai pas besoin de rappeler que ces visites doivent avoir lieu fréquemment, ainsi que le portent les instructions, et que les ingénieurs doivent s'assurer que les dispositions prescrites par les ordonnances sont ponctuellement exécutées, et vous proposer les mesures qu'ils jugeraient convenable de prendre, tant sous le rapport du local des chaudières qu'en ce qui est relatif aux appareils en eux-mêmes et à leur régularisation, s'ils étaient établis sans permission. Je ferai remarquer à ce sujet que les machines et appareils à vapeur qui viennent de l'étranger doivent, comme ceux qui sont fabriqués en France, être autorisés pour être mis en activité, et qu'ils sont assujettis aux mêmes conditions que ces derniers.

Le ministre du commerce et des travaux publics désire avoir des relevés semblables à ceux dont je viens de parler, pour les années écoulées depuis 1825, époque où le service a commencé à prendre une marche régulière, jusqu'à la fin de 1832. Je pense que les ingénieurs trouveront dans leurs bureaux des notes suffisantes pour rédiger ces derniers relevés, et je vous prie de les inviter à s'en occuper et à vous les transmettre avant le 1er octobre. Ils y mentionneront, année par année, les machines qui ont été établies, en y joignant tous ceux des détails ci-dessus mentionnés qu'ils auront pu se procurer. Ils seront sans doute à même de donner la statistique complète de 1832. Je vous prierai de m'adresser leur travail, avec vos observations particulières, pour le 1er novembre au plus tard.

CIRCULAIRE DU DIRECTEUR GÉNÉRAL DES PONTS ET CHAUSSÉES ET DES MINES AUX PRÉFETS.

12 janvier 1835.

États à fournir pour l'année 1834.

Depuis les derniers renseignements fournis pour l'année 1833, des machines ou des chaudières à vapeur ont pu être établies dans des localités où il n'en avait point existé jusqu'alors; de nouvelles investigations ont pu aussi en faire découvrir qui avaient échappé à la surveillance : je prie les préfets de me faire connaître la situation actuelle des choses; j'invite principalement ceux dans les départements desquels aucun appareil à vapeur n'aurait encore été signalé à faire faire les recherches les plus exactes, afin de s'assurer s'il n'en est pas qui soit resté inconnu. Aux termes des ordonnances et instructions, les ingénieurs et les divers fonctionnaires chargés de la police locale doivent, chacun de leur côté, s'enquérir des établissements existants, de ceux qui viennent à se former; il importe à la sécurité publique, et il est du devoir de l'administration, de veiller à ce que rien de ce qui est prescrit à cet égard ne soit négligé.

Les détails qui étaient demandés par la circulaire du 22 août 1833, et qu'indiquaient les tableaux modèles, n'ont pas été produits partout avec une égale précision; quelques lacunes ont été remarquées : elles peuvent s'expliquer, jusqu'à un certain point, par la difficulté qu'il y avait à compléter entièrement un travail demandé pour la première fois, et j'ai lieu de penser qu'elles ne se reproduiront plus. Les états qui m'ont été transmis pour l'année 1833 n'en ont pas moins, dans leur ensemble, donné sur les machines et chaudières à vapeur en activité, sur l'accroissement graduel du nombre de ces appareils depuis 1825, et sur les différentes industries qui en font usage, des indications d'un grand intérêt : elles ne seront point perdues de vue.

En ce qui concerne les épreuves qui doivent être faites pour les appareils à haute pression, le service, dans quelques départements, n'a pas été exercé avec toute la ponctualité nécessaire. Enfin les relevés ont montré qu'il y avait encore bien des machines et chaudières à vapeur qui ne remplissaient pas toutes les conditions prescrites par les ordonnances.

Il est indispensable que la surveillance soit exercée partout avec l'activité et la continuité que réclament les graves intérêts auxquels il s'agit de pourvoir.

---

5 avril 1845.

CIRCULAIRE DU SOUS-SECRÉTAIRE D'ÉTAT DES TRAVAUX PUBLICS AUX PRÉFETS.

(Extrait.)

Statistique de 1844.

Il conviendra d'inscrire aussi sur les tableaux n° 1 et n° 2 les appareils dont il est fait mention dans les circulaires des 30 janvier et 11 février derniers[1], s'il en existe dans votre département, ces appareils devant également être soumis au régime des permissions et à la surveillance des ingénieurs.

---

7 mars 1846.

CIRCULAIRE DU SOUS-SECRÉTAIRE D'ÉTAT DES TRAVAUX PUBLICS AUX PRÉFETS.

(Extrait.)

Statistique de 1845.

Il conviendra aussi d'indiquer sur les tableaux n° 1 et n° 2 les machines locomobiles, s'il en existe dans votre département.

[1] Voir ci-dessus les *Récipients divers de vapeur.*

CIRCULAIRE DU MINISTRE DES TRAVAUX PUBLICS AUX PRÉFETS.   22 février 1849.

(Extrait.)

Il conviendra d'ajouter aussi sur les tableaux n° 1 et n° 2 les   Statistique
machines locomotives[1], s'il en existe dans votre département.   de 1848.

CIRCULAIRE DU MINISTRE DES TRAVAUX PUBLICS AUX PRÉFETS.   6 mai 1850.

J'ai l'honneur de vous transmettre les formules imprimées sur   Statistique
lesquelles doivent être portés, pour l'année 1849, les docu-   de 1849.
ments statistiques relatifs aux appareils à vapeur employés dans
les établissements industriels.

Le cadre n° 1 est destiné à faire connaître la situation, la nature de chaque appareil, l'usage auquel il est appliqué, etc.

Le cadre n° 2 concerne les épreuves.

— Jusqu'ici on a consigné annuellement sur le tableau n° 1
tous les appareils, tant anciens que nouveaux, qui se sont successivement établis.

Le nombre de ces établissements s'accroissant progressivement, ce travail devient de plus en plus compliqué.

Il m'a paru qu'il y avait lieu de le simplifier; qu'il était su-
perflu de reproduire ainsi, chaque année, des renseignements
déjà fournis pour les exercices antérieurs.

On ne portera dorénavant sur les états que les nouveaux appareils installés dans le cours de l'année, en indiquant en même
temps quelles sont, parmi les anciennes machines ou chaudières, celles qui ont été supprimées depuis la transmission des
derniers états, ou qui se trouveraient momentanément en chômage[2].

Seulement, afin de faciliter les comparaisons avec les précédents exercices, et pour qu'on puisse aisément rattacher les unes
aux autres ces différentes séries de documents, il conviendra de
terminer le tableau par une récapitulation sommaire, énonçant
combien il existait en activité dans le département, à la fin de
la campagne :

1.° De chaudières calorifères;

---

[1] Voir ci-après cette Statistique spéciale.

[2] Voir les circulaires des 31 et
28 mai 1850, l'une à la *Statistique*

des *bateaux à vapeur,* et l'autre à la
*Statistique des machines à vapeur em-
ployées par les compagnies de chemins
de fer en exploitation.*

2° De chaudières employées à produire de la vapeur comme force motrice;

3° De récipients de vapeur de diverses sortes, tels que cylindres sécheurs et autres; -

4° De machines à vapeur avec l'indication de la force totale qu'elles représentent.

L'on mentionnera, en regard de chacun de ces groupes, le genre d'établissement qu'ils desservent.

De cette manière, le travail se trouvera considérablement abrégé, sans que rien lui soit ôté de son utilité, chaque état devant offrir ainsi un résumé exact et précis de l'emploi de la vapeur dans chaque département, et sauf à ce qu'à certaines périodes, par exemple tous les cinq ans, on dresse un état complet et détaillé de tous les établissements existants.

—Quant au tableau n° 2, relatif aux épreuves, aucune modification n'est à y introduire; on continuera d'y indiquer, comme à l'ordinaire, les épreuves qui auront été faites pendant la campagne.

— Mais ces relevés annuels n'ont pas uniquement pour objet de donner une statistique des appareils à vapeur. Ils ont aussi un autre but essentiel : celui de constater si les prescriptions des règlements sont exactement observées. Les ingénieurs reconnaîtront combien les dispositions nouvelles, adoptées par l'administration, simplifieront le travail annuel qui leur était demandé, en ce qui concerne les appareils à vapeur; et j'ai saisi avec empressement cette occasion de leur épargner la perte d'un temps qu'ils peuvent plus utilement employer à d'autres parties de leur service. Mais il m'a paru toutefois que, si la reproduction annuelle des renseignements qui concernent chacun des appareils à vapeur existant dans un département était inutile et pouvait être supprimée sans inconvénients, il y en aurait au contraire de graves à ce que l'administration ne connût pas, chaque année, comment les règlements relatifs aux appareils à vapeur sont exécutés dans chaque département : il convient donc de maintenir cette partie des obligations qu'avaient à remplir, chaque année, les ingénieurs.

J'ai décidé, en conséquence, qu'ils devraient, comme ils le font pour les procès-verbaux de visite des mines, annexer aux états qu'ils auront à dresser un rapport spécial, faisant connaître quelle est, au point de vue de l'exécution des conditions de sûreté, la situation des appareils; ils y signaleront les contraventions qu'ils auront remarquées, donneront les dates de leurs visites, des procès-verbaux dressés , indiqueront les mesures qui auront été prises ou proposées.

Vous me transmettrez ensuite ces états et ces rapports, en y joignant les observations que vous pourrez avoir à me communiquer sur cette partie du service.

CIRCULAIRE DU MINISTRE DE L'AGRICULTURE, DU COMMERCE
ET DES TRAVAUX PUBLICS AUX PRÉFETS.

24 février 1854.

Statistique
particulière
à
l'année 1852.

J'ai l'honneur de vous transmettre, en double expédition, un état sur lequel doivent être indiqués la nature des établissements industriels qui étaient desservis, en 1852, par des appareils à vapeur, le nombre des chaudières calorifères et motrices qu'ils renfermaient, enfin le nombre et la force des machines qui leur donnaient le mouvement.

Je vous prie de remettre cet état à l'ingénieur chargé de la surveillance des appareils à vapeur de votre département, en l'invitant à en remplir les colonnes le plus promptement possible.

Pour faciliter d'ailleurs le travail des ingénieurs, j'ai moi-même indiqué les différents genres d'établissements et d'usines qu'il me paraît utile de considérer séparément. Les machines et chaudières qui n'appartiendraient à aucune des divisions portées sur l'état devront figurer dans la catégorie intitulée : *Établissements divers*.

Ainsi que l'indique le modèle ci-joint, les appareils à vapeur qui auront fonctionné devront être mentionnés séparément de ceux qui seront restés en chômage pendant tout le cours de l'année 1852. Ce qu'il est intéressant de connaître, c'est le mouvement réel qu'a reçu l'industrie en 1852, et l'on s'en rendrait un compte très-inexact si l'on confondait ensemble les appareils qui ont été en activité et ceux qui ont été inactifs pendant le cours de cette année.

Je ne crois pas inutile de faire remarquer encore que les ingénieurs devront compter au nombre des chaudières motrices toutes celles qui auront été employées à produire de la vapeur comme force motrice, indépendamment des usages auxquels elles auraient pu également être consacrées, et parmi les chaudières calorifères les récipients à vapeur de diverses sortes, tels que les cylindres sécheurs et autres.

ANNEXE DE LA CIRCULAIRE DU 24 FÉVRIER 1854.

GENRES D'ÉTABLISSEMENTS.	APPAREILS À VAPEUR qui ont fonctionné en 1852.					APPAREILS À VAPEUR qui sont restés en chômage en 1852.					OBSERVATIONS.
	Nombre d'établissements.	Chaudières		Machines.		Nombre d'établissements.	Chaudières		Machines.		
		calorifères.	motrices.	Nombre.	Force.		calorifères.	motrices.	Nombre.	Force.	
Filatures											
Sucreries, raffineries de sucre . . .											
Fonderies et ateliers de machines.											
Teintureries, apprêts											
Impressions sur étoffes, indien- nes											
Étoffes (Apprêts d')											
Blanchisseries, apprêts											
Décatissage											
Tissage											
Laines (Lavage et échaudage des).											
Sécheries à vapeur											
Draps (Manufactures de)											
Usines à fer, hauts fourneaux et forges											
Minoteries											
Papeteries											
Scieries											
Combustibles minéraux (Mines de)											
Huileries											
Bains (Établissements de)											
Produits chimiques, alcalis, aci- des, vitrioleries, drogues, pro- duits pharmaceutiques											
Acide gallique (Fabriques d') . . .											
Glucose (Fabriques de)											
Cire, bougies, chandelles											
Tanneries											
Tan, sumac (Moulins à)											
Laminage de métaux, tôleries, platineries, aciéries, tréfile- ries; limes, râpes (fabriques de)											
Imprimeries											
Chauffage											
Chapelleries											
Cardes, peignes, broches, na- vettes (Fabriques de)											
Chocolateries											
Brasseries											
Distilleries											
Sirops, conserves alimentaires, bouillon, gélatine, coction de viandes, chicorée (Fabriques de)											
Féculeries											
Pâte d'Italie, vermicelle											

ANNEXE DE LA CIRCULAIRE DU 24 FÉVRIER 1854. (Suite.)

GENRES D'ÉTABLISSEMENTS.	Nombre d'établissements.	APPAREILS À VAPEUR qui ont fonctionné en 1852.				Nombre d'établissements.	APPAREILS À VAPEUR qui sont restés en chômage en 1852.				OBSERVATIONS.
		Chaudières		Machines.			Chaudières		Machines.		
		calorifères.	motrices.	Nombre.	Force.		calorifères.	motrices.	Nombre.	Force.	
Couleurs (Fabriques de).......											
Garance, garancine...........											
Céruse, minium (Fabriques de).											
Eau (Élévation de l').........											
Verreries, cristalleries, glaces..											
Taillanderies, serrureries......											
Boulons, estampage..........											
Briqueteries, tuileries........											
Ciment (Fabriques de)........											
Faïencerie, poterie, porcelaine (Manufactures de)..........											
Plâtre (Extraction du)........											
Menuiserie, carrosserie, charronnerie.................											
Tourneurs sur bois et métaux (Ateliers de)..............											
Passementeries..............											
Carton, cartonnage (Fabriques de)......................											
Ardoisières, carrières.........											
Bateaux, construction de navires, constructions navales........											
Armureries, armes, artillerie, coutelleries (Manufactures d').											
Gaz (Usines à).............											
Salines, raffineries de sel......											
Couvertures, tapis...........											
Caoutchouc................											
Savonneries................											
Tulle (Fabriques de)..........											
Papier peint (Fabriques de)....											
Molleton, ouate (Fabriques de).											
Noir animal (Fabriques de); engrais.................											
Minerais métalliques (Mines de)...................											
Instruments de précision (Ateliers d').................											
Balances (Fabriques de).......											
Bitume (Préparation du)......											
Tondeuses de tissus..........											
Cirage (Fabriques de)........											
Or et argent. (Affineries.).....											
Châles (Fabriques de)........											
Colle (Fabriques de)..........											
Blé (Battage du); machines locomobiles.................											
Divers											

2 mai 1854.

CIRCULAIRE DU MINISTRE DE L'AGRICULTURE, DU COMMERCE
ET DES TRAVAUX PUBLICS AUX PRÉFETS.

(Extrait.)

Statistique
de 1853.

Le cadre n° 1 est destiné à faire connaître les nouveaux appareils installés en 1853, les anciennes machines ou chaudières
qui ont été supprimées et celles qui sont restées en chômage
pendant tout le cours de cette année.

—Seulement, afin de faciliter la comparaison avec les précédents exercices, il y aura lieu de joindre à ce tableau un état
récapitulatif, conforme à celui qui accompagnait ma circulaire
du 24 février dernier, et faisant connaître séparément la nature
des établissements industriels, actifs et inactifs, qui étaient desservis, en 1853, par des appareils à vapeur, le nombre des
chaudières, calorifères et motrices, et des récipients de vapeur
qu'ils renfermaient, enfin le nombre et la force des machines
qui leur donnaient le mouvement.

18 avril 1856.

CIRCULAIRE DU MINISTRE DE L'AGRICULTURE, DU COMMERCE
ET DES TRAVAUX PUBLICS AUX PRÉFETS.

(Extrait.)

Statistique
de 1855.

Je vous transmets également un état récapitulatif.........
Dans le cas où quelques-uns de ces appareils, en raison des
usages divers auxquels ils étaient destinés, pourraient être
classés en même temps dans plusieurs des catégories qu'il m'a
paru convenable d'établir, les ingénieurs devront avoir soin de
ne les compter qu'une seule fois et de les placer en regard des
genres d'établissements auxquels ils se rattachent plus spécialement.

— Je ne crois pas, d'ailleurs, inutile d'ajouter que, les appareils fixes situés dans l'enceinte des chemins de fer étant placés
sous la surveillance des ingénieurs du contrôle, il n'y a pas lieu
de les faire figurer sur l'état en question.

—J'attache un grand intérêt à recevoir très-promptement, et
dans les premiers jours du mois prochain, s'il est possible, les
renseignements que les tableaux ci-joints ont pour but de fournir.
Veuillez, je vous prie, inviter les ingénieurs chargés de la surveillance des appareils à vapeur de votre département à les
réunir sans aucun retard, et à vous les transmettre de suite, pour
que vous puissiez, à votre tour, me les faire parvenir, avec vos
observations personnelles, dans le plus bref délai.

MINISTÈRE
DE L'AGRICULTURE,
DU COMMERCE
ET DES
TRAVAUX PUBLICS.

DÉPARTEMENT

à

ANNÉE 185 .

ÉTAT N° 1.

ÉTAT DES MACHINES ET AUTRES APPAREILS À VAPEUR.

NATURE et situation de l'établissement où l'appareil est placé.	NOM du propriétaire de l'établissement.	DESTINATION de l'appareil.	DÉSIGNATION DE L'APPAREIL.			NUMÉRO des timbres dont l'appareil est frappé.	CAPACITÉ de la chaudière, y compris les bouilleurs. — Catégorie.	NOM et résidence du constructeur de la machine.	NOM et résidence du fabricant de la chaudière.	DATE de la permission.	DATE de la mise en activité.	DATES des visites faites par l'ingénieur.	DATE de la dernière épreuve de la chaudière.	ACCIDENTS et dates des procès-verbaux.	OBSERVATIONS sur l'exécution des conditions de sûreté prescrites par les arrêtés d'autorisation.
			Machine à vapeur.		Chaudière à vapeur.										
			Système. (Indiquer si la machine est pourvue d'un condenseur ou non, d'un balancier ou non; si elle est à cylindre oscillant, à rotation directe, etc.)	Puissance en chevaux-vapeur de 75 kilog. élevés à un mètre par seconde.	Nature du métal. — Forme de la chaudière.										
1	2	3	4	5	6	7	8	9	10	11	12	13	14	15	16

MINISTÈRE
DE L'AGRICULTURE,
DU COMMERCE
ET DES
TRAVAUX PUBLICS.

ÉTAT DES ÉPREUVES D'APPAREILS À VAPEUR FAITES À L'AIDE DE LA POMPE
DE PRESSION.

DÉPARTEMENT
d

ANNÉE 185 .

ÉTAT N° 2.

NUMÉROS d'ordre.	DATE de l'épreuve.	INDICATION du lieu où l'épreuve a été faite.	NOM et résidence du fabricant des chaudières et des autres pièces éprouvées.	NOMBRE des chaudières et des autres pièces éprouvées.	DIMENSIONS des chaudières et des autres pièces éprouvées.			SURFACE de chauffe des chaudières et des bouilleurs.	NUMÉRO des timbres.	SOUPAPES DE SÛRETÉ.			CHARGE pour l'épreuve.	DESTINATION des chaudières et des autres pièces éprouvées, et indication de l'établissement où elles doivent être employées.	OBSERVATIONS.
					Longueur.	Diamètre.	Épaisseur du métal.			Diamètre des orifices.	Largeur de la zone de contact.	Rapport entre les bras du levier.			
1	2	3	4	5	6	7	8	9	10	11	12	13	14	15	16
					Mètres.	Mètres.	Millim.	Mètr. carr.	Atmosphères.	Centim.	Millim.		Kilog.		

BATEAUX A VAPEUR[1].

NAVIGATION FLUVIALE.

ORDONNANCE ROYALE RELATIVE AUX BATEAUX À VAPEUR QUI NAVIGUENT SUR LES FLEUVES ET RIVIÈRES.

23 mai 1843.

Louis-Philippe, etc.

Vu les ordonnances des 2 avril 1823 et 25 mai 1828, sur les bateaux à vapeur[2];

Les rapports de la commission centrale des machines à vapeur, établie près de notre ministre des travaux publics;

Notre conseil d'état entendu,

Article 1er. La construction et l'emploi des bateaux à vapeur qui naviguent sur les fleuves et rivières sont assujettis aux dispositions suivantes.

TITRE Ier. — DES PERMIS DE NAVIGATION.

SECTION Ire. — FORMALITÉS PRÉLIMINAIRES.

Art. 2. Aucun bateau à vapeur ne pourra naviguer sur les fleuves et rivières sans un permis de navigation[3].

Art. 3. Toute demande en permis de navigation sera adressée, par le propriétaire du bateau, au préfet du département où se trouvera le point de départ.

Art. 4. Dans sa demande, le propriétaire fera connaître,

1° Le nom du bateau;

2° Ses principales dimensions, son tirant d'eau à vide, et sa charge maximum, exprimée en tonneaux de 1,000 kilogrammes;

3° La force de l'appareil moteur, exprimée en chevaux (le cheval-vapeur étant la force capable d'élever un poids de

---

[1] Voir ci-dessus la loi pénale du 21 juillet 1856, et notamment les titres III et IV.

[2] Ces deux actes, n'ayant plus aujourd'hui qu'un intérêt historique, n'ont point été reproduits dans ce Re-

cueil : ils sont, d'ailleurs, résumés au commencement de la circulaire du 26 juillet 1843.

[3] Voir les articles 8 et 9 de la loi pénale du 21 juillet 1856.

75 kilogrammes à un mètre de hauteur dans une seconde de temps);

4° La pression, évaluée en nombre d'atmosphères, sous laquelle cet appareil fonctionnera;

5° La forme de la chaudière;

6° Le service auquel le bateau sera destiné; les points de départ, de stationnement et d'arrivée;

7° Le nombre maximum des passagers qui pourront être reçus dans le bateau.

Un dessin géométrique de la chaudière sera joint à la demande.

Cette demande sera renvoyée, par le préfet, à la commission de surveillance instituée dans le département, conformément à l'article 70 de la présente ordonnance.

SECTION II. — DES VISITES ET DES ESSAIS DES BATEAUX À VAPEUR.

ART. 5. La commission de surveillance visitera le bateau à vapeur, à l'effet de s'assurer,

1° S'il est construit avec solidité, et si l'on a pris toutes les précautions requises pour le cas où il serait destiné à un service de passagers;

2° Si l'appareil moteur a été soumis aux épreuves voulues, et s'il est pourvu des moyens de sûreté prescrits par la présente ordonnance;

3° Si la chaudière, en raison de sa forme, du mode de jonction de ses diverses parties, de la nature des matériaux avec lesquels elle est construite, ne présente aucune cause particulière de danger;

4° Si on a pris toutes les précautions nécessaires pour prévenir les chances d'incendie.

ART. 6. Après la visite, la commission assistera à un essai du bateau à vapeur. Elle vérifiera si l'appareil moteur a une force suffisante pour le service auquel ce bateau sera destiné, et elle constatera,

1° La hauteur des eaux lors de l'essai;

2° Le tirant d'eau du bateau;

3° La vitesse du bateau, en montant et en descendant;

4° Les divers degrés de tension de la vapeur, dans l'appareil moteur, pendant la marche du bateau.

ART. 7. La commission dressera un procès-verbal de la visite et de l'essai qu'elle aura faits du bateau à vapeur, et adressera ce procès-verbal au préfet du département.

Art. 8. Si la commission est d'avis que le permis de navigation peut être accordé, elle proposera les conditions auxquelles ce permis pourra être délivré.

Dans le cas contraire, elle exposera les motifs pour lesquels elle jugera qu'il est convenable de surseoir à la délivrance du permis, ou même de le refuser.

SECTION III. — DÉLIVRANCE DES PERMIS DE NAVIGATION.

Art. 9. Si, après avoir reçu le procès-verbal de la commission de surveillance, le préfet reconnaît que le propriétaire du bateau à vapeur a satisfait à toutes les conditions exigées, il délivrera le permis de navigation. Ce permis ne sera valable que pour un an [1].

Art. 10. Dans le permis de navigation seront énoncés :

1° Le nom du bateau et le nom du propriétaire;

2° La hauteur de la ligne de flottaison, rapportée à des points de repère invariablement établis à l'avant, à l'arrière et au milieu du bateau;

3° Le service auquel le bateau est destiné; les points de départ, de stationnement et d'arrivée;

4° Le nombre maximum des passagers qui pourront être reçus à bord;

5° La tension maximum de la vapeur, exprimée en atmosphères et en fractions décimales d'atmosphère, sous laquelle l'appareil moteur pourra fonctionner;

6° Les numéros des timbres dont les chaudières, tubes bouilleurs, cylindres et enveloppes de cylindres, auront été frappés, ainsi qu'il est prescrit à l'article 24;

7° Le diamètre des soupapes de sûreté et leur charge, telle qu'elle aura été réglée conformément aux articles 29 et 30.

Art. 11. Le préfet prescrira, dans le permis, toutes les mesures d'ordre et de police locale nécessaires. Il transmettra copie de son arrêté aux préfets des autres départements traversés par la ligne de navigation, lesquels prescriront les dispositions du même genre à observer dans ces départements; le tout sans préjudice de l'exécution des lois et règlements concernant la

[1] Voir l'article 11 de la loi pénale du 21 juillet 1856.

navigation, dans la circonscription des arrondissements maritimes.

ART. 12. Si le préfet reconnaît, d'après le procès-verbal dressé par la commission de surveillance, qu'il y a lieu de surseoir à la délivrance du permis, ou même de le refuser, il notifiera sa décision au propriétaire du bateau, sauf recours devant notre ministre des travaux publics.

ART. 13. A chaque renouvellement du permis de navigation, la commission de surveillance sera consultée, comme il est dit ci-dessus.

SECTION IV. — DES AUTORISATIONS PROVISOIRES DE NAVIGATION.

ART. 14. Si le bateau a été muni de son appareil moteur et mis en état de naviguer dans un département autre que celui où il doit entrer en service, le propriétaire devra obtenir, du préfet du premier de ces départements, une autorisation provisoire de navigation, pour faire arriver le bateau au lieu de sa destination. La commission de surveillance sera consultée sur la demande.

ART. 15. L'autorisation provisoire ne dispensera pas le propriétaire du bateau de l'obligation d'obtenir un permis définitif de navigation, lorsque ce bateau sera arrivé au lieu de sa destination.

SECTION V. — DISPOSITION TRANSITOIRE.

ART. 16. Il est accordé aux détenteurs actuels de permis de navigation un délai de trois mois, à dater de la publication de la présente ordonnance, pour se conformer aux dispositions qui précèdent, et demander un nouveau permis, qui leur sera délivré, s'il y a lieu, par l'autorité compétente. Passé ce délai, les anciens permis de navigation seront considérés comme non avenus.

TITRE II. — DES MACHINES À VAPEUR SERVANT DE MOTEURS AUX BATEAUX.

SECTION Iʳᵉ. — DISPOSITIONS RELATIVES À LA FABRICATION ET AU COMMERCE DES MACHINES EMPLOYÉES SUR LES BATEAUX.

ART. 17. Aucune machine à vapeur, destinée à un service de navigation, ne pourra être livrée par un fabricant, si elle n'a subi les épreuves prescrites ci-après.

ART. 18. Les épreuves seront faites à la fabrique, par ordre du préfet, sur la déclaration du fabricant.

Art. 19. Les machines venant de l'étranger devront être pourvues des mêmes appareils de sûreté que les machines d'origine française, et subir les mêmes épreuves. Ces épreuves seront faites au lieu désigné par le destinataire, dans la déclaration qu'il devra faire à l'importation.

SECTION II. — ÉPREUVES DES CHAUDIÈRES ET DES AUTRES PIÈCES
CONTENANT LA VAPEUR.

Art. 20. Les chaudières à vapeur, leurs tubes bouilleurs et les réservoirs à vapeur, les cylindres en fonte des machines à vapeur et les enveloppes en fonte de ces cylindres, ne pourront, sauf l'exception portée à l'article 28, être établis à bord des bateaux sans avoir été préalablement soumis, par les ingénieurs des mines, ou, à leur défaut, par les ingénieurs des ponts et chaussées, à une épreuve opérée à l'aide d'une pompe de pression [1].

L'usage des chaudières et des tubes bouilleurs en fonte est prohibé dans les bateaux à vapeur [2].

Art. 21. La pression d'épreuve prescrite par l'article précédent sera *triple* de la pression effective, ou autrement de la plus grande tension que la vapeur pourra avoir dans les chaudières, leurs tubes bouilleurs et autres pièces contenant la vapeur, diminuée de la pression extérieure de l'atmosphère.

Art. 22. On procédera aux épreuves en chargeant les soupapes de sûreté des chaudières de poids proportionnels à la pression effective, et déterminés suivant la règle indiquée en l'article 31.

A l'égard des autres pièces, la charge d'épreuve sera appliquée sur la soupape de la pompe de pression.

Art. 23. L'épaisseur des parois des chaudières cylindriques, en tôle ou en cuivre laminé, sera réglée conformément à la table n° 1 [3], annexée à la présente ordonnance.

L'épaisseur de celles de ces chaudières qui, par leurs dimensions et par la pression de la vapeur, ne se trouveraient pas comprises dans la table, sera déterminée d'après la règle énoncée à la suite de ladite table; toutefois cette épaisseur ne pourra dépasser 15 millimètres.

---

[1] Voir l'article 10 de la loi pénale du 21 juillet 1856.

[2] Cette prohibition remonte à l'ordonnance du 25 mai 1828.

[3] Voir p. 25 cette table, qui est également une annexe des ordonnances des 22 mai 1843 et 17 janvier 1846.

Les épaisseurs de la tôle devront être augmentées s'il s'agit de chaudières formées, en partie ou en totalité, de faces planes ou bien de conduits intérieurs, cylindriques ou autres, traversant l'eau ou la vapeur, et servant soit de foyers, soit à la circulation de la flamme [1]. Ces chaudières et conduits devront de plus être, suivant les cas, renforcés par des armatures suffisantes.

ART. 24. Après qu'il aura été constaté que les parois des chaudières ont les épaisseurs voulues, et après l'épreuve, on appliquera aux chaudières, à leurs tubes bouilleurs et aux réservoirs de vapeur, aux cylindres en fonte des machines à vapeur et aux enveloppes en fonte de ces cylindres, des timbres indiquant, en nombre d'atmosphères, le degré de tension intérieure que la vapeur ne devra pas dépasser. Ces timbres seront placés de manière qu'ils soient toujours apparents.

ART. 25. L'épreuve sera renouvelée, après l'installation de la machine dans le bateau, 1° si le propriétaire la réclame ; 2° s'il y a eu, pendant le transport ou lors de la mise en place, quelques avaries ; 3° s'il a été fait à la chaudière des modifications ou réparations quelconques depuis la première épreuve ; 4° si la commission de surveillance le juge utile.

ART. 26. Les chaudières à vapeur, leurs tubes bouilleurs et autres pièces contenant la vapeur, devront être éprouvés de nouveau toutes les fois qu'il sera jugé nécessaire par les commissions de surveillance [2].

Quand il aura été fait aux chaudières et autres pièces des changements ou réparations notables, les propriétaires des bateaux à vapeur seront tenus d'en donner connaissance au préfet. Il sera nécessairement procédé, dans ce cas, à de nouvelles épreuves.

ART. 27. L'appareil et la main-d'œuvre nécessaires pour les épreuves seront fournis par les propriétaires des machines et des chaudières à vapeur.

ART. 28. Les chaudières qui auront des faces planes seront dispensées de l'épreuve, mais sous la condition que la force élastique, ou la tension de la vapeur, ne devra pas s'élever, dans l'intérieur de ces chaudières, à plus d'*une atmosphère et demie* [3].

---

[1] Voir ci-après la circulaire du 16 janvier 1849.

[2] Voir les circulaires des 26 juillet 1843 et 16 janvier 1849.

[3] Voir l'article 32, et ci-après la circulaire du 15 juillet 1853.

SECTION III. — DES APPAREILS DE SÛRETÉ DONT LES CHAUDIÈRES À VAPEUR
DOIVENT ÊTRE MUNIES.

§ 1er. Des soupapes de sûreté.

ART. 29. Il sera adapté à la partie supérieure de chaque chaudière deux soupapes de sûreté. Ces soupapes seront placées vers
chaque extrémité de la chaudière, et à la plus grande distance
possible l'une de l'autre.

Le diamètre des orifices de ces soupapes sera réglé d'après la
surface de chauffe de la chaudière et la tension de la vapeur dans
son intérieur, conformément à la table n° 2 [1], annexée à la présente ordonnance.

ART. 30. Chaque soupape sera chargée d'un poids unique,
agissant soit directement, soit par l'intermédiaire d'un levier.

Chaque poids recevra l'empreinte d'un poinçon, apposée par
la commission de surveillance. Les leviers seront également
poinçonnés, s'il en est fait usage. La quotité du poids et la longueur du levier seront énoncées dans le permis de navigation [2].

ART. 31. La charge maximum de chaque soupape de sûreté
sera déterminée en multipliant $1^k,033$ par le nombre d'atmosphères mesurant la pression effective, et par le nombre de centimètres carrés mesurant l'orifice de la soupape.

La largeur de la surface annulaire de recouvrement ne devra
pas dépasser la trentième partie du diamètre [3] de la surface circulaire exposée directement à la pression de la vapeur, et cette
largeur, dans aucun cas, ne devra excéder deux millimètres.

ART. 32. Il sera de plus adapté à la partie supérieure des
chaudières à faces planes, dont il est fait mention à l'article 28,
une soupape atmosphérique, c'est-à-dire ouvrant du dehors au
dedans [4].

§ 2. Des manomètres.

ART. 33. Chaque chaudière sera munie d'un manomètre à
mercure, gradué en atmosphères et en fractions décimales d'at-

[1]. Voir p. 26 cette table, qui est
également une annexe des ordonnances
des 22 mai 1843 et 17 janvier 1846.

[2] Voir ci-dessus la circulaire du
28 janvier 1845.

[3] Les mots du diamètre avaient pri-

mitivement été oubliés; voir la note
qui accompagne l'article 24 de l'ordonnance du 22 mai 1843.

[4] Voir ci-après la circulaire du
26 juillet 1843.

mosphère, de manière à faire connaître immédiatement la tension de la vapeur dans la chaudière.

Le tuyau qui amènera la vapeur au manomètre sera adapté directement sur la chaudière, et non sur le tuyau de prise de vapeur ou sur tout autre tuyau dans lequel la vapeur serait en mouvement.

Le manomètre sera placé en vue du chauffeur.

Art. 34. On fera usage du manomètre à air libre, c'est-à-dire ouvert à sa partie supérieure, toutes les fois que la pression effective de la vapeur ne dépassera pas deux atmosphères[1].

Art. 35. On tracera sur l'échelle de chaque manomètre, d'une manière très-apparente, une ligne qui répondra au numéro de cette échelle que le mercure ne devra pas habituellement dépasser.

§ 3. De l'alimentation et des indicateurs du niveau de l'eau
dans les chaudières.

Art. 36. Chaque chaudière sera munie d'une pompe alimentaire, bien construite et en bon état d'entretien.

Indépendamment de cette pompe, mise en mouvement par la machine motrice du bateau, chaque chaudière sera pourvue d'une autre pompe, pouvant fonctionner soit à l'aide d'une machine particulière, soit à bras d'homme, et destinée à alimenter la chaudière, s'il en est besoin, lorsque la machine motrice du bateau ne fonctionnera pas.

Art. 37. Le niveau que l'eau doit avoir habituellement dans la chaudière sera indiqué, à l'extérieur, par une ligne tracée, d'une manière très-apparente, sur le corps de la chaudière ou sur le parement du fourneau.

Cette ligne sera d'un décimètre au moins au-dessus de la partie la plus élevée des carneaux, tubes ou conduits de la flamme et de la fumée dans le fourneau.

Art. 38. Il sera adapté à chaque chaudière, 1° deux tubes indicateurs en verre, qui seront placés un à chaque côté de la face antérieure de la chaudière; 2° l'un des deux appareils suivants, savoir : un flotteur d'une mobilité suffisante; des robinets indicateurs, convenablement placés à des niveaux différents.

---

[1] Voir ci-dessus, aux *Appareils à vapeur fixes,* tout ce qui concerne le régime de liberté introduit par l'instruc- tion ministérielle du 15 décembre 1849.

Les appareils indicateurs seront, dans tous les cas, disposés de manière à être en vue du chauffeur.

SECTION IV. — DES CHAUDIÈRES MULTIPLES.

ART. 39. Si plusieurs chaudières sont établies dans un bateau, elles ne pourront être mises en communication que par les parties toujours occupées par la vapeur, et cette communication sera disposée de manière que les chaudières puissent, au besoin, être rendues indépendantes les unes des autres.

Dans tous les cas, chaque chaudière sera alimentée séparément, et devra être munie de tous les appareils de sûreté prescrits par la présente ordonnance.

SECTION V. — DE L'EMPLACEMENT DES APPAREILS MOTEURS.

ART. 40. L'emplacement des appareils moteurs devra être assez grand pour qu'on puisse facilement faire le service des chaudières, et visiter toutes les parties des appareils.

Cet emplacement sera séparé des salles des passagers par des cloisons en planches, très-solidement construites et entièrement revêtues d'une doublure en feuille de tôle, à recouvrement, d'un millimètre d'épaisseur au moins.

TITRE III. — DE L'INSTALLATION DES BATEAUX À VAPEUR; DES AGRÈS, APPARAUX, ET DES ÉQUIPAGES.

ART. 41. Le pont de chaque bateau devra être garni de garde-corps d'une hauteur suffisante pour la sûreté des passagers.

Toutes les ouvertures pratiquées au-dessus des machines et des chaudières, qui ne sont pas habituellement fermées par un panneau plein, seront munies d'un grillage en fer ou en bois.

ART. 42. De chaque côté du bateau, il y aura un escalier d'embarquement (en bois ou en fer), avec une rampe ou une corde à nœuds solidement fixée.

ART. 43. Les tambours qui, de chaque côté du bateau, enveloppent les roues motrices, seront munis d'une défense en fer, descendant assez près de la surface de l'eau pour empêcher des embarcations de s'engager dans les palettes des roues.

ART. 44. Lorsque la cheminée sera mobile, et qu'elle ne se trouvera pas disposée de manière à être en équilibre sur son axe de rotation dans toutes les positions, il sera établi, sur le pont du bateau, un support suffisamment élevé pour arrêter la cheminée, en cas de chute, et prévenir tout accident.

Art. 45. La ligne de flottaison indiquant le maximum du chargement sera tracée, d'une manière apparente, sur le pourtour entier de la carène, d'après les points de repère déterminés par le permis de navigation.

Art. 46. Le nom du bateau sera inscrit en gros caractères sur chacun de ses côtés.

Art. 47. Il y aura dans chaque bateau :

1° Deux ancres, au moins, pouvant être jetées immédiatement ;

2° Un canot à la traîne ou suspendu à des palans, de manière à être, au besoin, mis immédiatement à l'eau : les dimensions de ce canot seront déterminées par le préfet, d'après l'avis de la commission de surveillance ;

3° Une bouée de sauvetage en liége, suspendue sous l'arrière ;

4° Une hache en bon état, à portée du timonier ;

5° Une cloche, pour donner les avertissements nécessaires ;

6° Une boîte fumigatoire, pour administrer des secours aux asphyxiés ;

7° Des manomètres de rechange, ainsi que des tubes indicateurs de rechange.

Art. 48. Si le bateau est exposé à être accidentellement poussé à la mer[1], il sera muni des cartes et des instruments nautiques nécessaires à cette navigation.

Art. 49. Indépendamment du capitaine, maître ou timonier, et des matelots ou mariniers formant l'équipage, il y aura, à bord de chaque bateau, un mécanicien et autant de chauffeurs que le service de l'appareil moteur l'exigera.

Art. 50. Nul ne pourra être employé en qualité de capitaine ou de mécanicien, s'il ne produit des certificats de capacité, délivrés dans les formes qui seront déterminées par notre ministre des travaux publics[2].

---

[1] Voir plus loin la circulaire du 29 novembre 1850.

[2] Voir ci-après la circulaire du 26 juillet 1843 ; voir aussi l'article 12 de la loi pénale du 21 juillet 1856.

TITRE IV. — MESURES DIVERSES CONCERNANT LE SERVICE DES BATEAUX
À VAPEUR.

SECTION Ire. — STATIONNEMENT, DÉPART ET MOUILLAGE DES BATEAUX.

ART. 51. Dans toutes les localités où cela sera possible, il sera assigné aux bateaux à vapeur un lieu de stationnement distinct de celui des autres bateaux.

ART. 52. Lorsque la disposition des lieux le permettra, il pourra être accordé, à chaque entreprise de bateaux à vapeur, un emplacement particulier et dont elle aura la jouissance exclusive, à charge par elle d'y faire, à ses frais, les ouvrages nécessaires pour faciliter l'embarquement et le débarquement des voyageurs et des marchandises.

Cette autorisation, toujours révocable, sera accordée par le préfet, qui en déterminera les conditions.

ART. 53. En cas de concurrence entre deux ou plusieurs entreprises, les heures de départ seront réglées par le préfet, de manière à éviter les accidents qui peuvent résulter de la rivalité.

ART. 54. Pour chaque localité, un arrêté du préfet déterminera les conditions de solidité et de stabilité des batelets destinés au service d'embarquement et de débarquement des passagers, le nombre des personnes que ces batelets pourront recevoir, et le nombre des mariniers nécessaires pour les conduire.

Le maire de la commune délivrera les permis de service, après s'être préablement assuré que les batelets sont conformes aux dispositions de sûreté prescrites, et que les mariniers remplissent les conditions exigées par l'article 47 de la loi du 6 frimaire an VII [1].

ART. 55. Sur les points où le service des batelets serait dangereux, les préfets pourront en interdire l'usage.

ART. 56. Aucun bateau à vapeur ne quittera le point de dé-

[1] Loi relative au régime, à la police et à l'administration des bacs et bateaux sur les fleuves, rivières et canaux navigables. — S 5. De la police.

«Les adjudicataires ne pourront se servir que de gens de rivière, ou mariniers reconnus capables de conduire sur les fleuves, rivières et canaux : à cet effet, les employés devront, avant que d'entrer en exercice, être munis de certificats des commissaires civils de la marine, dans les lieux où ces sortes d'emplois sont établis, ou de l'attestation de quatre anciens mariniers conducteurs, donnée devant l'administration municipale, dans les autres lieux.»

part et les lieux de stationnement pendant la nuit, ni en temps de brouillard, de glaces ou de débordements, à moins d'une permission spéciale délivrée par l'autorité chargée de la police locale.

Art. 57. Les préfets prescriront les dispositions nécessaires pour éviter, dans chaque localité, les accidents qui pourraient avoir lieu au départ et à l'arrivée des bateaux.

SECTION II. — MARCHE ET MANŒUVRE DES BATEAUX.

Art. 58. Si deux bateaux à vapeur marchant en sens inverse viennent à se rencontrer, le bateau descendant ralentira son mouvement, et chaque bateau serrera le chenal de navigation à sa droite. Si les dimensions de ce chenal sont telles, qu'il ne reste pas, entre les parties les plus saillantes des bateaux, un intervalle libre de quatre mètres au moins, le bateau qui remonte s'arrêtera et attendra, pour reprendre sa route, que celui qui descend ait doublé le passage. Dans les rivières à marées, le bateau qui vient avec le flot est censé descendre.

Si la rencontre a lieu entre deux bateaux à vapeur marchant dans la même direction, celui qui sera en avant serrera le chenal de navigation à sa droite; celui qui sera en arrière serrera ce chenal à sa gauche.

Si les dimensions du chenal ne permettent pas le passage de deux bateaux, le bateau qui se trouvera en arrière ralentira son mouvement, et attendra que la passe soit franchie pour reprendre toute sa vitesse.

Des arrêtés des préfets désigneront les passes dans lesquelles il est interdit aux bateaux à vapeur de se croiser ou de se dépasser, et détermineront, relativement à des points facilement reconnaissables, les limites de chacune de ces passes.

Art. 59. Les préfets détermineront également les précautions à prendre à l'approche des ponts, pertuis et autres ouvrages d'art, tant pour la sûreté des passagers que pour la conservation de ces ouvrages.

Art. 60. Les capitaines des bateaux à vapeur ne feront aucune manœuvre dans le but d'entraver ou de retarder la marche des autres bateaux à vapeur, ou de toute autre embarcation. Ils diminueront la vitesse de leurs bateaux, ou même ils les feront arrêter, toutes les fois que la continuation de la marche de ces bateaux pourrait donner lieu à des accidents.

ART. 61. Tout bateau à vapeur naviguant pendant la nuit tiendra constamment allumés deux fanaux, placés l'un à l'avant, l'autre à l'arrière. Ces deux fanaux seront *à verres blancs* lorsque le bateau descendra, et *à verres rouges* lorsqu'il remontera.

En cas de brouillard, le capitaine fera tinter continuellement la cloche du bateau, pour éviter les abordages.

ART. 62. Les capitaines des bateaux à vapeur pourront, sauf le cas prévu par l'article 55, prendre ou déposer en route des voyageurs ou des marchandises, qui seront transportés dans des batelets; mais ils devront faire arrêter l'appareil moteur du bateau, afin que les batelets puissent accoster sans danger. Ces batelets, avant d'aborder, seront amarrés au bateau à vapeur, et celui-ci ne devra continuer sa navigation que lorsqu'ils auront été poussés au large.

ART. 63. Les capitaines rendront compte à l'autorité chargée de la police locale des faits qui pourront intéresser la sûreté de la navigation.

SECTION III. — CONDUITE DU FEU ET DES APPAREILS MOTEURS.

ART. 64. Le mécanicien, sous l'autorité du capitaine, présidera à la mise en feu avant le départ; il entretiendra toutes les parties de l'appareil moteur; il s'assurera qu'elles fonctionnent bien, et que les chauffeurs sont en état de bien faire leur service. Pendant le voyage, il dirigera les chauffeurs et s'occupera constamment de la conduite de la machine.

ART. 65. Il sera tenu, à bord de chaque bateau, un registre dont toutes les pages devront être cotées et parafées par le maire de la commune où est situé le siége de l'entreprise, et sur lequel le mécanicien inscrira d'heure en heure:

1° La hauteur du manomètre;

2° La hauteur de l'eau dans la chaudière, relativement à la *ligne d'eau;*

3° Le lieu où se trouvera le bateau.

A la fin de chaque voyage, le mécanicien signera ces indications, dont il certifiera l'exactitude.

ART. 66[1]. Il est défendu aux propriétaires de bateaux à vapeur et à leurs agents de faire fonctionner les appareils moteurs sous une pression supérieure à la pression déterminée dans le permis de navigation, et de rien faire qui puisse détruire ou

[1] Voir les articles 13 et 14 de la loi pénale du 21 juillet 1856.

diminuer l'efficacité des moyens de sûreté dont ces appareils seront pourvus.

SECTION IV. — DISPOSITIONS RELATIVES AUX PASSAGERS.

Art. 67. Il est interdit de laisser aucun passager s'introduire dans l'emplacement de l'appareil moteur.

Art. 68. Indépendamment du registre du mécanicien, il sera ouvert, dans chaque bateau à vapeur, un autre registre, dont toutes les pages seront, comme il est dit article 65, cotées et parafées, et sur lequel les passagers auront la faculté de consigner leurs observations, en ce qui pourrait concerner le départ, la marche et la manœuvre du bateau, les avaries ou accidents quelconques, et la conduite de l'équipage : ces observations devront être signées par les passagers qui les auront faites. Le capitaine pourra également consigner sur ce registre les observations qu'il jugerait convenables, ainsi que tous les faits qu'il lui paraîtrait important de faire attester par les passagers.

Art. 69. Dans chaque salle où se tiennent les passagers, il sera affiché une copie du permis de navigation et un tableau indiquant,

1° La durée moyenne des voyages, tant en montant qu'en descendant, et en ayant égard à la hauteur des eaux;

2° La durée des stationnements;

3° Le nombre maximum des passagers;

4° La faculté qu'ils ont de consigner leurs observations sur le registre ouvert à cet effet;

5° Le tarif des places.

TITRE V. — DE LA SURVEILLANCE ADMINISTRATIVE DES BATEAUX
À VAPEUR.

Art. 70. Dans les départements où existeront des bateaux à vapeur, les préfets institueront une ou plusieurs commissions de surveillance.

Les ingénieurs des mines et les ingénieurs des ponts et chaussées feront nécessairement partie de ces commissions.

Art. 71. Les commissions de surveillance, indépendamment des fonctions qui leur sont attribuées par les articles 5, 6, 7, 8 et 14 ci-dessus, visiteront les bateaux à vapeur au moins tous les trois mois, et chaque fois que le préfet le jugera convenable.

Les membres de ces commissions pourront, en outre, faire individuellement des visites plus fréquentes.

Art. 72. La commission de surveillance s'assurera, dans ses visites, que les mesures prescrites par la présente ordonnance et par le permis de navigation sont exécutées.

Elle constatera l'état de l'appareil moteur et celui du bateau; elle se fera représenter le registre tenu par le mécanicien et le registre destiné à recevoir les observations des passagers.

Art. 73. La commission adressera au préfet le procès-verbal de chacune de ses visites. Dans ce procès-verbal, elle consignera ses propositions sur les mesures à prendre, si l'appareil moteur ou le bateau ne présentent plus des garanties suffisantes de sûreté.

Art. 74. Sur les propositions de la commission de surveillance, le préfet ordonnera, s'il y a lieu, la réparation ou le remplacement de toutes les pièces de l'appareil moteur ou du bateau dont un plus long usage présenterait des dangers. Il pourra suspendre le permis de navigation jusqu'à l'entière exécution de ces mesures.

Art. 75. Dans tous les cas où, par suite d'inexécution des dispositions de la présente ordonnance, la sûreté publique serait compromise, le préfet suspendra, et au besoin révoquera, le permis de navigation[1].

Art. 76. Les maires, adjoints ou commissaires de police, les officiers de port ou inspecteurs de la navigation, exerceront une surveillance de police journalière sur les bateaux à vapeur, tant aux points de départ et d'arrivée qu'aux lieux de stationnement intermédiaires.

Art. 77. Les propriétaires de bateaux à vapeur seront tenus de recevoir à bord et de transporter gratuitement les inspecteurs de la navigation, gardes de rivières ou autres agents qui seraient chargés spécialement de la police et de la surveillance de ces bateaux.

Art. 78. S'il était survenu des avaries de nature à compromettre la sûreté de la navigation, l'autorité chargée de la police locale pourra suspendre la marche du bateau; elle devra sur-le-champ en informer le préfet.

En cas d'accident, elle se transportera immédiatement sur les lieux, et le procès-verbal qu'elle dressera de sa visite sera transmis au préfet, et, s'il y a lieu, au procureur du roi.

La commission de surveillance se rendra aussi sur les lieux, sans délai, pour visiter les appareils moteurs, en constater l'état

[1] Voir l'article 10 de la loi pénale du 21 juillet 1856.

et rechercher la cause de l'accident : elle adressera, sur le tout, un rapport au préfet.

TITRE VI. — DISPOSITIONS GÉNÉRALES.

ART. 79. Les machines et les chaudières à vapeur, employées à un usage quelconque sur les bateaux stationnaires, sont soumises à toutes les conditions de sûreté prescrites par la présente ordonnance.

ART. 80. Si, à raison du mode particulier de construction de certaines machines ou chaudières à vapeur, l'application à ces machines ou chaudières d'une partie des mesures de sûreté prescrites par la présente ordonnance devenait inutile, le préfet, sur le rapport de la commission de surveillance, déterminera les conditions auxquelles ces appareils seront autorisés. Dans ce cas, les permis de navigation ne seront délivrés par le préfet que lorsqu'ils auront reçu l'approbation du ministre des travaux publics.

ART. 81. Les propriétaires de bateaux à vapeur seront tenus d'adapter aux machines et chaudières employées dans ces bateaux les appareils de sûreté qui pourraient être découverts par la suite, et qui seraient prescrits par des règlements d'administration publique.

ART. 82. Il sera publié, par notre ministre secrétaire d'état au département des travaux publics, une instruction sur les mesures de précaution habituelles à observer dans l'emploi des machines et des chaudières à vapeur établies sur des bateaux [1].

Cette instruction devra être affichée à demeure dans l'emplacement où se trouvent ces machines et chaudières.

ART. 83. La navigation et la surveillance des bateaux à vapeur de l'état sur les fleuves et rivières sont régies par des dispositions spéciales.

ART. 84. Les attributions données aux préfets des départements par la présente ordonnance seront exercées par le préfet de police dans toute l'étendue du département de la Seine, et dans les communes de Saint-Cloud, de Meudon et Sèvres, du département de Seine-et-Oise.

ART. 85. Les ordonnances royales des 2 avril 1823 et 25 mai 1828, concernant les bateaux à vapeur et les machines et les chaudières à vapeur employées sur les bateaux, sont rapportées.

---

[1] Voir ci-après cette instruction, en date du 25 juillet 1843.

25 juillet 1843.

INSTRUCTION MINISTÉRIELLE SUR LES MESURES DE PRÉCAUTION HA-
BITUELLES À OBSERVER DANS L'EMPLOI DES APPAREILS À VAPEUR
PLACÉS À BORD DES BATEAUX QUI NAVIGUENT SUR LES FLEUVES
ET RIVIÈRES.

§ 1er. Observations générales.

Le propriétaire d'un bateau à vapeur doit attacher la plus
grande importance au choix du capitaine et du mécanicien qui
seront chargés de la conduite du bateau et de celle de l'appareil
moteur.

Le capitaine doit posséder une connaissance exacte de la
rivière sur laquelle navigue le bateau.

Le mécanicien doit connaître toutes les pièces de la machine
à vapeur, les appareils de sûreté dont la chaudière est pourvue,
l'usage de chacun de ces appareils; il doit être capable de conduire la machine avec habileté et d'exécuter avec promptitude
les manœuvres ordonnées par le capitaine; il doit entretenir la
machine en bon état, savoir quelles sont les précautions à prendre au départ, à l'arrivée du bateau, pendant les escales et, en
cas d'accident, durant la marche.

Le capitaine et le mécanicien doivent être sobres, prudents,
attentifs, exempts de tout défaut qui pourrait troubler ou dé-
tourner leur attention pendant le travail, et leur faire perdre
de vue que la sûreté du bateau et la vie des passagers sont sous
leur sauvegarde.

§ 2. Visite et nettoyage de la chaudière et de la machine dans l'intervalle des voyages.

Après chaque voyage, le mécanicien doit visiter minutieuse-
ment, dans toutes leurs parties, la chaudière et la machine. Il
vide la chaudière et la nettoie toutes les fois que cela est nécessaire, afin que les sédiments ne s'accumulent pas dans son
intérieur et n'y forment pas des dépôts endurcis et incrustants,
qui adhéreraient aux parois. Il vérifie si les soupapes, le manomètre, les indicateurs du niveau de l'eau, les pompes alimentaires, sont en bon état. Il nettoie et fourbit la machine, visite
les pièces mobiles, telles que tiroirs, soupapes, pistons; resserre
ou refait les garnitures des pistons et tiroirs; enfin remet en

ordre, fait remplacer ou réparer, au besoin, toutes les parties de l'appareil à vapeur qui sont dérangées ou détériorées.

Si le mécanicien reconnaissait qu'une chaudière, en raison de sa forme, ne peut être visitée et nettoyée complétement, et que des sédiments vaseux ou incrustants peuvent se loger et s'accumuler sur quelques points, il en avertirait le propriétaire du bateau.

§ 3. De la mise en feu et du départ.

Le mécanicien se rendra à bord assez tôt avant l'heure du départ pour présider à la mise en feu. Il s'assurera de nouveau si les soupapes, le manomètre et les indicateurs du niveau de l'eau sont en ordre. Avant de faire allumer les feux, il veillera à ce que les chaudières soient remplies d'eau jusqu'au niveau de la *ligne d'eau* tracée sur les corps des chaudières ou les parements des fourneaux. Lors du départ, il mettra la machine en jeu, sur l'ordre du capitaine, et la manœuvrera lui-même, jusqu'à ce que le bateau soit en pleine rivière et ait pris sa marche ordinaire.

§ 4. Des devoirs du mécanicien pendant la marche.

Pendant la marche, le mécanicien, lorsqu'il ne conduit pas lui-même la machine, ne doit cependant quitter le local de l'appareil moteur que pendant de courts intervalles; il doit constamment surveiller la conduite et les manœuvres des chauffeurs ou aides qui sont sous ses ordres.

Il doit conduire lui-même la machine lorsque le bateau s'arrête pour prendre ou débarquer des passagers ou des marchandises transportés sur des batelets.

S'il arrive que le bateau s'engage dans un banc de sable, le mécanicien fera fonctionner la machine, avec les plus grandes précautions, dans le sens indiqué par le capitaine, et se gardera bien de surcharger les soupapes pour augmenter la tension de la vapeur. Un bateau fortement engravé ne peut pas être dégagé par la machine. L'équipage doit agir avec des gaffes qui s'appuient sur le fond de la rivière, et, quand ce moyen ne suffit pas, il faut alléger le bateau et recourir à des chevaux de halage ou à un bateau remorqueur. Pendant que le bateau est ainsi arrêté, le mécanicien doit ralentir l'activité du feu, ouvrir une issue à la vapeur par une des soupapes, alimenter la chaudière, et se conduire en tout comme il sera dit ci-après, en parlant des stationnements du bateau.

Si la force de la machine est insuffisante pour remonter un courant trop rapide, le mécanicien ne doit pas forcer la tension de la vapeur pour surmonter l'obstacle qu'il rencontre : il ne doit pas non plus forcer la tension pour gagner de vitesse un autre bateau.

Le mécanicien vérifiera très-fréquemment la situation du niveau de l'eau dans chacun des tubes indicateurs en verre qui sont placés aux deux côtés de la face antérieure de la chaudière. S'il s'apercevait que le bateau a pris une position assez inclinée pour que les parois des carneaux ou conduits de la flamme et de la fumée situés sur un des côtés fussent relevées au-dessus de la surface de l'eau dans l'intérieur de la chaudière, il préviendrait immédiatement le capitaine, qui devrait faire redresser le bateau, soit en déplaçant une partie du chargement, soit en invitant les passagers à se transporter sur le côté du bateau qui est relevé.

S'il venait à reconnaître que le niveau moyen de l'eau dans la chaudière est descendu, par une circonstance fortuite, au-dessous de la partie supérieure des carneaux ou conduits de la flamme et de la fumée, il ouvrirait immédiatement les portes du foyer, pour ralentir la combustion et faire tomber la flamme ; il se garderait de soulever les soupapes de sûreté, préviendrait le capitaine et laisserait les portes du foyer ouvertes, sans charger du combustible frais sur la grille, jusqu'à ce que l'alimentation eût ramené le niveau de l'eau, dans l'intérieur de la chaudière, à sa hauteur habituelle.

Le mécanicien doit inscrire, d'heure en heure, sur le registre à ce destiné :

1° La hauteur du manomètre ;

2° La hauteur de l'eau dans la chaudière, relativement à la *ligne d'eau ;*

3° Le lieu où se trouve le bateau.

Il signe, à la fin de chaque voyage, ces indications, dont il certifie l'exactitude.

§ 5. Des stations ou escales.

Aux approches des points de stationnement, le mécanicien doit prendre lui-même la conduite de la machine.

11

Aussitôt qu'elle cesse de fonctionner, il doit ouvrir les portes du foyer pour ralentir l'activité de la combustion; si la tension de la vapeur dans la chaudière approche de la limite qu'elle ne doit pas dépasser, et qui est accusée par le manomètre ou par le soulèvement des soupapes, il ouvrira l'une des soupapes et la tiendra soulevée, pour donner à la vapeur une libre issue, jusqu'à ce que la tension de la vapeur, accusée par le manomètre, soit descendue fort au-dessous de sa limite supérieure; il fera, en même temps, alimenter la chaudière au moyen de la pompe auxiliaire, mue par une petite machine particulière ou manœuvrée à bras, afin que la chaudière soit remplie d'eau jusqu'à la hauteur de la ligne d'eau tracée extérieurement sur le massif du fourneau; il vérifiera, par l'inspection du niveau de l'eau dans les deux tubes indicateurs en verre, si le bateau est droit dans le sens transversal, et, dans le cas où il serait assez fortement incliné d'un côté pour que l'eau laissât un des carneaux au-dessus de son niveau, il fera prévenir le capitaine.

Quelques instants avant le départ, il fermera la soupape quand elle sera restée ouverte; pressera le feu, pour faire monter la tension de la vapeur; disposera tout pour être prêt à manœuvrer, et mettra enfin la machine en jeu, sur l'ordre donné par le capitaine.

§ 6. De l'arrivée.

En approchant du point d'arrivée du bateau, le mécanicien prendra lui-même la conduite de la machine.

Après l'arrivée au port, il présidera au nettoyage des grilles et à l'extinction des feux. Avant de quitter le local de la machine, il s'assurera que les feux sont bien éteints, qu'il n'existe aucun danger d'incendie, et que tout est parfaitement en ordre dans ce local.

---

26 juillet 1843.

CIRCULAIRE DU MINISTRE DES TRAVAUX PUBLICS AUX PRÉFETS.

Envoi
de l'ordonnance
du
23 mai 1843.

Instructions
relatives
à son exécution:

J'ai l'honneur de vous transmettre l'ordonnance du 23 mai dernier, portant règlement pour les bateaux à vapeur qui naviguent sur les fleuves et rivières.

—La navigation à vapeur a été régie, jusqu'à ce jour, par les deux ordonnances des 2 avril 1823 et 25 mai 1828.

La première de ces ordonnances a soumis ces bateaux à la

surveillance de commissions spéciales, formées dans chaque département où ce mode de navigation serait établi, et elle a disposé qu'ils ne pourraient être admis à naviguer qu'après que la commission aurait constaté leur solidité, le bon état de la machine, et que le préfet aurait notifié aux propriétaires qu'il a reçu et approuvé le procès-verbal de la commission.

La seconde ordonnance a appliqué aux chaudières de ces bateaux, à quelque pression qu'elles dussent fonctionner, les mesures de sûreté prescrites relativement aux machines à haute pression.

Il était nécessaire, comme pour les appareils employés sur terre, de réunir dans un nouveau règlement les diverses dispositions concernant la navigation à vapeur, en apportant également ment ici les modifications dont on avait reconnu l'utilité.

L'application des machines à vapeur à la navigation procure au commerce, à l'industrie, à la population tout entière, de grands avantages. Elle exige d'autant plus de précautions que les causes des accidents sont plus nombreuses, et que ces accidents peuvent avoir des suites plus funestes encore que sur terre.

Il convenait non-seulement de prescrire les moyens de sûreté propres aux appareils moteurs; il importait, en outre, de fixer les conditions relatives à l'installation et à la marche des bateaux, et de déterminer les diverses mesures qui se rattachent à ce service. Tous ces objets sont réglés par la nouvelle ordonnance.

— Les permis de navigation continueront d'être délivrés par les préfets, sur les rapports des commissions de surveillance. Les articles 5 et 6 de l'ordonnance indiquent les principaux points sur lesquels ces commissions doivent fixer leur attention, lors de la visite et de l'essai préalable des bateaux.

Vous remarquerez que, d'après l'article 9, les propriétaires seront désormais obligés de se munir, chaque année, d'un nouveau permis, qui ne sera donné qu'après que la commission aura procédé à une nouvelle épreuve de la chaudière et se sera assurée de sa solidité. Plusieurs accidents ont eu lieu, parce que ces épreuves n'avaient pas été renouvelées en temps utile, et que l'on n'avait pu ainsi constater les altérations que l'appareil moteur avait subies. On a dû pourvoir à ce que cette précaution si essentielle ne fût point éludée.

Le permis devra contenir les diverses énonciations dont il est question dans l'article 10. Il y sera fait mention qu'il n'est valable que pour une année. Il conviendra d'y insérer, en outre, les principales obligations qui sont imposées généralement à tous les propriétaires de bateaux à vapeur. Le modèle d'arrêté qui se trouve à la suite de l'instruction jointe à la circulaire du 24 juillet, concernant l'exécution de l'ordonnance du 22 mai dernier, relative aux machines et chaudières à vapeur employées sur terre, donne facilement une idée de la forme suivant laquelle les permis de navigation devront être libellés.

Comme il importe que chaque bateau soit visité aussitôt après son achèvement, afin que l'on ne puisse en faire usage avant que sa bonne construction ait été constatée, l'article 14 enjoint au propriétaire de se munir d'un permis provisoire, lorsque le bateau aura été construit dans un département autre que celui où il doit entrer en service. Il sera d'ailleurs tenu de demander un permis définitif, dès que ce bateau sera arrivé au lieu de sa destination.

—Le titre II de l'ordonnance fixe les conditions de sûreté des machines servant de moteurs aux bateaux. Elles sont, à peu de chose près, les mêmes que celles qui ont été prescrites pour les machines à vapeur en général. Les épreuves, les soupapes, les manomètres, les appareils d'alimentation et les appareils indicateurs du niveau de l'eau dans les chaudières forment, en effet, un ensemble de précautions indispensables dans tout emploi de la vapeur comme force motrice. Quelques dispositions spéciales ont seulement été ajoutées.

— Indépendamment des deux soupapes ordinaires, il devra être adapté aux chaudières des bateaux, lorsqu'elles seront à faces planes, une soupape *atmosphérique,* c'est-à-dire disposée de manière à s'ouvrir du dehors au dedans. Cela a pour but de prévenir un accident qui est arrivé quelquefois avec ces chaudières. Lorsque, par l'effet du refroidissement, la vapeur vient à se condenser en partie dans la chaudière, la pression extérieure de l'atmosphère, devenue prépondérante, pourrait en déterminer l'écrasement. Au moyen de la soupape atmosphérique, on prévient cet effet. Dès que le ressort de la vapeur devient moindre que la pression de l'atmosphère, cette soupape, en s'abaissant, ouvre un passage à l'air, et l'équilibre se rétablit. Ces sortes d'écrasements sont bien moins à craindre pour les chaudières cylindriques, qui offrent une plus grande résistance. C'est pourquoi on ne prescrit cette soupape atmosphérique que pour les chaudières à faces planes. Du reste, on ne l'a rendue obligatoire que sur les bateaux, attendu que là ces écrasements pourraient avoir des inconvénients beaucoup plus fâcheux, s'ils arrivaient, par exemple, pendant un voyage.

— De même que les chaudières employées à terre, chaque chaudière de bateau devra être pourvue d'un manomètre. Mais, pour les premières, l'ordonnance du 22 mai 1843 a prescrit de faire usage du manomètre à air libre toutes les fois que la pression effective de la vapeur ne s'élèverait pas au-dessus de quatre atmosphères. On conçoit que, dans un bateau, le tube manomé-trique ne pourrait avoir la même hauteur que dans un atelier. On n'y exige, en conséquence, l'emploi du manomètre à air libre que lorsque la pression effective de la vapeur ne dépasse pas deux atmosphères. Mais il sera nécessaire que les mano-mètres à air comprimé soient construits avec soin. Je me réfère à ce qui est dit, à ce sujet, dans l'instruction concernant les chaudières établies à terre, § 3, p. 50 [1].

— En outre de la pompe alimentaire habituelle, la chaudière devra être pourvue d'une pompe mise en mouvement par une machine particulière ou à bras d'homme, et destinée à l'ali-menter quand la machine motrice du bateau ne fonctionne pas. Il existe déjà des pompes semblables sur beaucoup de bateaux à vapeur, et elles sont indispensables pour prévenir les accidents que pourrait occasionner le défaut d'alimentation pendant le stationnement [2].

[1] Voir la note qui accompagne l'ar-ticle 34 de l'ordonnance du 23 mai 1843.

[2] (*) La pompe particulière dont il s'agit peut encore servir, dans certains cas, à un autre usage. Les condenseurs des machines installées à bord des ba-teaux ne sont pas ordinairement placés, ainsi que cela a lieu pour les machines établies à terre, dans des bâches rem-plies d'eau froide, incessamment renou-velée par le jeu de la pompe dite *à eau froide* ou par un autre moyen. Les parois de ces condenseurs sont à dé-couvert dans la chambre des machines, et leur capacité intérieure communique avec l'eau de la rivière par un tuyau qui traverse les parois du bateau. Or quelquefois les parois du condenseur s'échauffent, et la vapeur, en arrivant du cylindre au condenseur, conserve une température et une pression suffi-santes pour refouler l'eau de la rivière. Alors la condensation n'a plus lieu, et, si le jeu de la machine n'est pas complétement arrêté, sa puissance est au moins fort diminuée, ce qui peut, dans certaines circonstances, donner lieu à de graves dangers. L'inconvé-nient signalé ci-dessus se manifeste principalement pour les machines à condenseur qui fonctionnent sans dé-tente, ou avec très-peu de détente de la vapeur, et dont les chaudières four-nissent de la vapeur à une tension de 1 1/2 à 3 atmosphères. On n'a géné-ralement d'autre moyen d'y remédier que de jeter de l'eau froide sur les pa-rois extérieures du condenseur. Il serait évidemment beaucoup plus efficace de

— On a cherché si l'on pourrait adapter aux chaudières des bateaux un *flotteur d'alarme*. Des expériences ont été faites à ce sujet par la commission centrale des machines à vapeur. On a reconnu qu'il ne serait pas possible de faire usage de ces espèces de flotteurs. Comme on n'a sur un bateau qu'un espace très-restreint, on est obligé d'y donner aux chaudières une construction particulière, de telle sorte qu'elles présentent une grande surface de chauffe avec un petit volume d'eau et une surface de niveau peu étendue. Cette surface du liquide est presque continuellement dans un état de fluctuation. Le jeu du *flotteur d'alarme* se trouverait ainsi gêné et faussé; en sorte que cet instrument serait là plus nuisible qu'utile, puisqu'il manquerait de sensibilité, de précision. Il pourrait, d'ailleurs, être complétement paralysé, en certaines circonstances, par le limon que tiennent fréquemment en suspension les eaux des rivières avec lesquelles on alimente ces chaudières, et il inspirerait alors au conducteur de la machine une trompeuse sécurité.

Les tubes indicateurs en verre sont exempts de ces inconvénients. Les fluctuations de l'eau de la chaudière n'y sont point une cause d'erreur grave, parce qu'ils accusent toujours le niveau moyen de l'eau dans la chaudière. L'ordonnance exige que chaque chaudière soit munie de deux tubes de ce genre, un sur chaque flanc, et en vue du chauffeur. Il sera utile que les robinets, adaptés aux tubulures qui porteront ces tubes indicateurs, puissent être fermés par le mécanicien au moyen d'un levier, assez long pour que, en cas de bris accidentel du tube, la fermeture de ces robinets puisse avoir lieu immédiatement, sans qu'on soit exposé à être brûlé par l'eau chaude et la vapeur. La chaudière devra, de plus, être pourvue d'un flotteur ordinaire de robinets indicateurs.

—On a aussi examiné la question de savoir s'il conviendrait de

fouler de l'eau froide dans son intérieur, ce qu'on pourrait faire facilement au moyen de la pompe auxiliaire, mue à bras d'hommes. Il suffirait, pour cela, que le tuyau de *refoulée* de cette pompe fût mis en communication avec l'intérieur du condenseur par un embranchement muni d'un robinet, qui serait habituellement fermé et que l'on ouvrirait lorsque l'échauffement du condenseur rendrait nécessaire une injection forcée d'eau froide. Cette mesure de précaution pourra être, dans certains cas, prescrite par les préfets, sur le rapport des commissions de surveillance. Son utilité a été reconnue, dans le département de la Seine, pour des machines desservies par des chaudières dans lesquelles la tension de la vapeur est limitée à 3 atmosphères environ.

prescrire certaines conditions de forme ou de dimension pour
les chaudières à tubes intérieurs, placées à bord des bateaux.
On a considéré qu'il ne serait pas possible d'établir à cet égard
des règles absolues, applicables à toutes les circonstances; que
les dangers d'explosion ne sont pas nécessairement attachés à tel
ou tel système de construction, et qu'ils peuvent être évités au
moyen de précautions particulières, mais qui varient elles-
mêmes suivant la disposition des appareils[1].

L'ordonnance interdit, comme le faisaient les anciens règlements[2], l'emploi des chaudières en fonte sur les bateaux, qui
seraient là extrêmement dangereuses et dont on ne fait même
plus que rarement usage sur terre.

Quant aux autres chaudières, elle se borne à prescrire d'augmenter les épaisseurs de la tôle, et d'adapter des armatures
suffisantes, lorsque ces chaudières sont formées, en partie ou en
totalité, de faces planes ou de conduits intérieurs servant de
foyers ou à la circulation de la flamme.

Du reste, si la commission de surveillance, en examinant un
appareil, reconnaissait qu'il offre des inconvénients ou des dangers
à raison de son mode de construction ou de sa forme; que, par
exemple, le nettoiement y est impossible ou très-difficile, ou
que le dégagement de la vapeur des espaces chauffés directement par le foyer ou les gaz très-chauds doit rencontrer des
obstacles accidentels, elle ne devrait pas hésiter à proposer au
préfet, qui en référerait au ministre des travaux publics, de
refuser l'autorisation, ou du moins de subordonner le permis à
la condition que cet appareil recevrait les modifications jugées
nécessaires.

A cette occasion, je ferai remarquer que les motifs qui ont
fait réduire au double de la pression effective l'épreuve des
chaudières tubulaires des locomobiles ou des locomotives, et
que j'ai rappelés dans la circulaire du 24 de ce mois, ne s'appliquent point aux chaudières à tubes intérieurs placées sur les
bateaux. Les tubes de ces dernières chaudières ont un beaucoup
plus grand diamètre, de sorte que leur écrasement et leur rupture sont beaucoup plus à craindre. Mais, quand ces chaudières
sont bien construites, elles peuvent parfaitement subir, sans être
altérées, une pression d'épreuve triple de la pression effective,

---

[1] Voir la pièce suivante.
[2] Voir l'article 21 de l'ordonnance réglementaire.

et cette épreuve est indispensable pour qu'on puisse s'assurer de leur solidité [1].

Enfin l'ordonnance exige que, lorsque plusieurs chaudières sont installées sur un même bateau, elles soient alimentées séparément, et qu'elles ne communiquent entre elles que par les espaces occupés par la vapeur. Si les communications étaient établies entre les espaces remplis d'eau, il pourrait arriver que, par suite d'une légère différence entre les pressions de la vapeur, l'une des chaudières se vidât en grande partie dans les autres.

— L'emplacement des appareils moteurs doit être disposé de manière à ce qu'on puisse aisément les visiter, et que le service soit facile. Il faut qu'il se trouve isolé des salles des passagers par des cloisons, revêtues en feuilles de tôle et suffisamment épaisses pour empêcher, en cas de déchirure de la chaudière, l'eau chaude et la vapeur de se répandre dans les salles. Il convient aussi de prescrire, dans le permis, les précautions propres à prévenir les chances d'incendie à bord.

— Les quatre derniers titres contiennent, relativement à l'installation, aux équipages des bateaux, à la surveillance, des dispositions sur lesquelles j'appelle votre attention et celle des commissions. Plusieurs de ces mesures avaient déjà été indiquées dans l'instruction ministérielle du 15 septembre 1839 [2]. Elles sont fort importantes pour la sûreté publique.

Dans chaque département, il appartient au préfet de fixer les heures de départ entre les diverses entreprises qui seraient en concurrence, afin d'éviter les fâcheux effets qui résulteraient de la rivalité; de déterminer les conditions de solidité et de stabilité des batelets destinés aux embarquements ou débarquements, et même d'en interdire l'usage sur les points où ils seraient dangereux; en un mot, de prendre toutes les mesures locales qui peuvent intéresser la sûreté de la navigation. Quant aux mariniers chargés de la conduite de ces batelets, ils doivent remplir les conditions exigées par l'article 47 de la loi du 6 frimaire an VII.

Tout bateau à vapeur est soumis à l'inspection des commissions établies sur la ligne qu'il parcourt, et les propriétaires et les gens de l'équipage sont tenus de se conformer à toutes les

---

[1] Voir la pièce suivante.

[2] Cette circulaire, n'ayant plus aujourd'hui qu'un intérêt purement historique, n'a point été reproduite dans le Recueil.

mesures d'ordre et de police prescrites sur cette même ligne.
Lorsque plusieurs départements sont ainsi traversés par des bateaux à vapeur, il est indispensable que les préfets se concertent
entre eux pour l'application de ces mesures, et qu'ils se donnent
respectivement avis des arrêtés qu'ils ont pris.

— L'article 50 dispose que nul ne pourra être employé comme
capitaine ou mécanicien sur un bateau à vapeur, s'il n'est porteur de certificats de capacité. Les conditions à exiger résultent
des fonctions mêmes que ces personnes ont à remplir.

L'ordonnance désigne par le titre de capitaine le chef de
l'équipage, c'est-à-dire celui qui dirige la marche du bateau et
commande aux matelots ou mariniers. Il est nécessaire qu'à
l'instruction spéciale que ces fonctions requièrent il joigne
une connaissance exacte de la rivière sur laquelle navigue le bateau.

Dans le cas où la navigation aurait lieu à l'embouchure d'un
fleuve et où le bateau serait exposé à être poussé fortuitement à
la mer, le capitaine doit satisfaire aux conditions exigées des
pilotes lamaneurs [1] ou des maîtres au cabotage [2].

Quant au mécanicien, il faut qu'il ait déjà acquis, par un
certain temps de service en qualité de chauffeur, d'aide ou
d'apprenti mécanicien, l'expérience ou l'habitude nécessaire pour
la conduite prompte et sûre d'une machine à vapeur ; qu'il connaisse toutes les parties qui entrent dans la composition de
cette machine et le rôle de chacune d'elles ; qu'il ait surtout
une connaissance exacte des diverses pièces de l'appareil alimen-

---

[1] (*) Nul ne pourra être reçu pilote
lamaneur ou locman..... s'il n'a satisfait à un examen sur la manœuvre, la
connaissance des marées, des bancs,
courants, écueils et autres empêche-
ments qui peuvent rendre difficiles
l'entrée et la sortie des rivières, ports
et havres du lieu de son établissement.
(Décret du 12 décembre 1806, contenant règlement sur le service du pilo-
tage. — Chapitre 1er. Conditions pour
l'admission des pilotes lamaneurs,
leur examen, leurs fonctions et les
marques distinctives de leur état,
art. 2.)

[2] (*) L'examen que les maîtres au cabotage sont tenus de subir, aux termes
de l'ordonnance du 7 août 1825 (sur
les écoles d'hydrographie et sur la réception des capitaines du commerce.
— Titre III. De la manière de procéder aux examens, art. 24), doit
porter, en ce qui concerne la pratique, sur le gréement, la manœuvre des bâtiments ou des embarcations, les sondes, la connaissance
des fonds, le gisement des terres et
écueils, les courants et les marées
dans les limites assignées pour la navigation du petit cabotage ; en ce qui
concerne la théorie, sur l'usage de la
boussole et de la carte, l'usage des
instruments nautiques, la pratique
des calculs.

taire et des autres appareils de sûreté ; qu'il soit capable d'entretenir la machine en bon état ; qu'il puisse, par exemple, refaire ou réparer un joint qui viendrait à perdre, remettre en ordre
une soupape ou un tiroir dérangés, remplacer une pièce de rechange ; en un mot, qu'il soit capable de démonter et de remonter la machine pièce à pièce, sinon de forger et ajuster lui-même
les pièces qui la composent. Il faut aussi qu'il sache bien
quelles sont les précautions à prendre pour la conduite du feu
et de la chaudière pendant la marche, et les précautions particulières à observer au moment du départ ou de l'arrivée et pendant les stationnements.

Les propriétaires ou chefs d'entreprises devront désigner au
préfet les individus qu'ils veulent employer comme capitaines
ou mécaniciens. Le préfet chargera soit la commission de surveillance, soit toutes autres personnes à ce compétentes, de les
examiner conformément aux programmes qui précèdent, à moins
qu'ils ne soient déjà porteurs de certificats auxquels il juge que
toute confiance doive être donnée et qui témoignent que ces
conditions sont remplies. Dans tous les cas, les candidats pour
les emplois dont il s'agit ne pourront servir sur les bateaux à
vapeur qu'autant que ces certificats, ou ceux qui leur auront
été délivrés d'après l'examen spécial dont il vient d'être fait
mention, seront revêtus du visa du préfet. Les capitaines ou les
mécaniciens porteurs de ces certificats pourront servir sur tout
autre bateau que celui où ils auront été d'abord employés, à la
charge seulement de faire viser lesdits certificats par le préfet
du département où existera le siége de la nouvelle entreprise ;
sans préjudice, d'ailleurs, de l'examen particulier qui pourrait
être jugé nécessaire, à l'égard des capitaines, en ce qui concerne
la connaissance de la rivière où ils doivent naviguer.

Indépendamment des certificats de capacité dont il est parlé
ci-dessus, les capitaines et mécaniciens devront produire des certificats constatant qu'ils sont sobres, d'une conduite régulière,
de bonnes vie et mœurs. Ces derniers seront, comme les précédents, soumis au visa du préfet.

—Les propriétaires de bateaux actuellement autorisés devront
se pourvoir, dans un délai de trois mois à dater de la promulgation de l'ordonnance, pour obtenir de nouveaux permis. Je vous
invite à tenir la main à l'exécution de cette disposition.

Un système complet de dispositions répressives appropriées à
cette matière pourra être ultérieurement établi par une loi spé-

ciale[1]. Mais, dès ce moment, et, dans le cas où, par suite d'une infraction au règlement, la vie des hommes serait compromise, le préfet aurait le droit de suspendre, ou même de révoquer le permis de navigation. (Art. 74 et 75 de l'ordonnance).

Sans doute on ne doit user qu'avec ménagement de ces mesures rigoureuses; mais les intérêts de la sûreté publique font un devoir d'y recourir, lorsqu'il s'agit de contraventions qui pourraient entraîner de grands malheurs, si elles n'étaient promptement réprimées.

Pareillement l'autorité locale aurait le droit de suspendre la marche d'un bateau, s'il était survenu, pendant une traversée, des avaries de nature à mettre en péril la vie des passagers. Mais elle devrait, dans ce cas, en avertir immédiatement le préfet. (Art. 78.)

Les dispositions prescrites par l'ordonnance du 23 mai auront pour résultat, il est permis de l'espérer, de prévenir les malheurs auxquels la navigation à vapeur serait exposée, si on ne la soumettait à aucune précaution. Une surveillance assidue doit concourir efficacement à ce résultat. Les commissions spéciales, chargées de l'exercice de cette surveillance continueront à porter ici le zèle et le dévouement dont elles ont déjà donné tant de preuves, et qui sont des titres réels à la reconnaissance publique.

Il est bien essentiel qu'elles visitent fréquemment les bateaux, au moins une fois tous les trois mois; qu'elles s'assurent si les conditions de sûreté sont exactement observées, et qu'elles provoquent la réparation ou le remplacement des pièces qui se trouveraient détériorées. Si un accident arrive, elles doivent se transporter immédiatement sur les lieux pour en rechercher la cause, constater l'état du bateau et de l'appareil moteur, et elles consignent ces renseignements dans leur rapport. Enfin il leur appartient de proposer aux préfets toutes les mesures particulières dont elles reconnaîtraient l'utilité.

Je joins à cette circulaire une instruction spéciale, en date du 25 juillet 1843, sur les précautions les plus habituelles à observer dans l'emploi des machines et chaudières établies sur les bateaux. Elle devra être, aux termes de l'article 82 de la nouvelle ordonnance, affichée dans l'emplacement de ces machines et chaudières. Je vous en adresse un exemplaire en placard.

[1] Voir la loi, déjà citée, du 21 juillet 1856.

Je vous transmets des expéditions de la présente circulaire pour les membres de la commission de surveillance instituée dans votre département.

————

16 janvier 1849. CIRCULAIRE DU MINISTRE DES TRAVAUX PUBLICS AUX PRÉFETS.

Chaudières
à
foyer et conduits
de flamme
intérieurs.

Les ordonnances des 23 mai 1843 (art. 23) et 17 janvier 1846 (art. 20), relatives aux bateaux à vapeur qui naviguent sur les fleuves ou en mer, ont, de même que l'ordonnance du 22 mai 1843 (art. 18), concernant les appareils à vapeur qui fonctionnent sur terre, prescrit d'augmenter les épaisseurs de la tôle employée à la construction des chaudières, lorsqu'il s'agit de conduits intérieurs servant soit de foyer, soit à la circulation de la flamme.

La circulaire du 17 décembre 1848 a fait connaître que, pour les chaudières à foyer et conduits de flamme intérieurs des établissements industriels, la tôle des tuyaux pressés extérieurement par la vapeur devait avoir une épaisseur au moins égale à une fois et demie celle qui résulte de la table et de la formule d'après lesquelles sont réglées les épaisseurs des chaudières cylindriques ordinaires, sauf le cas où ces tuyaux auraient un diamètre inférieur à un décimètre.

— Il est indispensable que la même disposition soit appliquée aux chaudières tubulaires des bateaux à vapeur[1].

— Déjà une précédente circulaire du 30 avril 1842[2], relative aux bateaux à vapeur, avait recommandé de donner aux tubes de ces chaudières une épaisseur moitié en sus de celle qui est déterminée par la table et la formule ci-dessus mentionnées. L'expérience a montré que l'on devait rendre obligatoire cette condition de sûreté, et il convient de veiller à ce que les constructeurs s'y conforment exactement.

Les tirants en fer par lesquels on relie quelquefois ces tubes aux cylindres-enveloppes ne sont pas sans inconvénients; dans plusieurs circonstances, ils ont percé la tôle qu'ils étaient destinés à consolider. Le meilleur mode d'armature à essayer serait l'emploi d'anneaux en fer forgé, concentriques au tuyau qu'il s'agit de renforcer.

[1] Voir ci-après, aux *Explosions*, au sujet de ces chaudières, la circulaire du 11 mars 1848

[2] Cette circulaire, n'ayant plus aujourd'hui qu'un intérêt historique, n'a point été reproduite dans ce Recueil.

Mais un moyen plus sûr et même plus commode est d'augmenter l'épaisseur de la tôle, en suivant, comme il est dit plus haut, la règle fixée par la circulaire du 17 décembre 1848.

. — En outre, les épreuves doivent être renouvelées au moins une fois par an. Ce renouvellement annuel des épreuves est exigé, par les instructions, pour toutes les chaudières installées sur les bateaux [1]. C'est une précaution essentielle, qui ne doit être négligée dans aucun cas.

Je vous transmets des ampliations de la présente circulaire pour les membres des commissions de surveillance instituées dans votre département.

CIRCULAIRE DU MINISTRE DE L'AGRICULTURE, DU COMMERCE
ET DES TRAVAUX PUBLICS AUX PRÉFETS.

15 juillet 1853.

*Chaudières
à
faces planes
et
à basse pression.*

L'article 28 de l'ordonnance du 23 mai 1843, sur les bateaux à vapeur, a, comme vous le savez, dispensé de l'épreuve les chaudières qui auraient des faces planes et qui ne fonctionneraient pas à plus d'une demi-atmosphère de pression effective.

. Cette dispense, ainsi que l'a expliqué l'instruction du 24 juillet 1843, était motivée sur la crainte que la pression d'épreuve n'énervât et ne déformât les parois planes, qui offrent beaucoup moins de résistance que des parois courbes.

. Mais la funeste explosion arrivée, le 4 février dernier, sur le Rhône, à bord du bateau à vapeur *le Parisien n° 5,* dont la chaudière était à faces planes et à basse pression, a donné lieu de rechercher s'il ne faudrait pas désormais soumettre à une épreuve préalable les appareils de cette nature, et modifier, en conséquence, l'article 28 précité de l'ordonnance de 1843.

Vous apprécierez aisément la gravité de cette question. D'une part, il s'agit de protéger le grand intérêt de la sûreté publique, que dans aucun cas le gouvernement ne doit négliger ; mais, d'autre part aussi, il faut se garder de demander à l'industrie des machines, dont il importe de favoriser le développement, des sacrifices qui ne seraient pas absolument indispensables.

Il convient donc de ne procéder dans l'espèce qu'avec la plus grande circonspection ; il faut, avant de prendre un parti, s'en-

[1] Voir ci-dessus la circulaire du 26 juillet 1843.

tourer de tous les renseignements propres à éclairer la question :
et aussi la commission centrale des machines à vapeur a-t-elle
demandé qu'avant tout les commissions de surveillance fussent
appelées à exprimer leur avis.

Les questions auxquelles ces commissions auraient à répondre
peuvent être formulées ainsi qu'il suit :

1° Doit-on, en principe, modifier, d'une manière plus ou
moins complète, l'article 28 de l'ordonnance du 23 mai 1843, sur
les bateaux à vapeur ?

2° Dans le cas de l'affirmative, la dispense de l'épreuve pour-
rait-elle continuer d'être appliquée à certaines chaudières de
formes spéciales, et quelles seraient ces chaudières ?

3° Dans le cas où l'épreuve devrait avoir lieu, serait-ce à une
pression triple de la pression effective, comme pour les chaudières cylindriques, ou à une pression inférieure ?

4° Devrait-on, par analogie avec ce qui se fait pour les chaudières cylindriques, fixer l'épaisseur minimum des parois ?

5° Enfin, le système d'armatures à employer est-il susceptible de devenir l'objet de prescriptions réglementaires précises,
ou convient-il de s'en tenir, dans chaque cas particulier, à l'ap-
préciation de la commission locale ?

Je vous prie de vouloir bien inviter les commissions de surveillance qui peuvent exister dans votre département à examiner
les questions ci-dessus posées, et à y répondre le plus promptement possible. Il me paraît convenable, d'ailleurs, qu'avant de
formuler leurs réponses, elles entendent les principaux constructeurs et propriétaires de bateaux à vapeur de leur circonscription : en pareille matière, les observations des hommes pra-
tiques sont surtout utiles, et, lorsqu'il s'agit, comme je l'ai dit
plus haut, d'intérêts importants, qu'une modification dans les
règlements actuels pourraient gravement affecter, il est convenable à tous égards de les entendre.

Vous trouverez ci-joints plusieurs exemplaires de la présente
circulaire; veuillez les faire parvenir, sans retard, aux divers
membres de la commission ou des commissions de surveillance
de votre département.

Je n'ai, d'ailleurs, pas besoin d'ajouter que les avis de ces
commissions devront me parvenir par votre intermédiaire, et
que je recevrai avec reconnaissance les observations que vous
voudrez bien y ajouter.

NAVIGATION MARITIME [1],

GÉNÉRALITÉS.

ORDONNANCE ROYALE RELATIVE AUX BATEAUX À VAPEUR QUI NAVIGUENT SUR MER.

17 janvier 1846.

Louis-Philippe, etc.

Vu les ordonnances des 2 avril 1823 et 25 mai 1828, sur les bateaux à vapeur [2];

Les rapports de la commission centrale des machines à vapeur établie près de notre ministre des travaux publics;

Notre conseil d'état entendu,

Article 1er. La construction et l'emploi des bateaux à vapeur français qui naviguent sur mer sont assujettis aux dispositions suivantes.

TITRE Ier. — DES PERMIS DE NAVIGATION.

SECTION Ire. — FORMALITÉS PRÉLIMINAIRES.

Art. 2. Aucun bateau à vapeur ne pourra naviguer sur mer sans un permis de navigation [3], et ce indépendamment de l'exécution des conditions imposées à tous les navires de commerce français, tant par le code de commerce que par les lois et règlements sur la navigation.

Art. 3. Toute demande en permis de navigation sera adressée, par le propriétaire du bateau, au préfet du département où se trouvera le port d'armement.

Art. 4. Dans sa demande, le propriétaire fera connaître,

1° Le nom du bateau;

2° Ses principales dimensions, son tirant d'eau à vide, et sa charge maximum, exprimée en tonneaux de 1,000 kilogrammes;

3° La force de l'appareil moteur, exprimée en chevaux (le cheval-vapeur étant la force capable d'élever un poids de 75 kilogrammes à un mètre de hauteur dans une seconde de temps);

4° La pression, évaluée en nombre d'atmosphères, sous laquelle cet appareil fonctionnera;

---

[1] Voir ci-dessus l'article 48 de l'ordonnance du 23 mai 1843, les circulaires des 26 juillet suivant et 16 janvier 1849, et la loi pénale du 21 juillet 1856, notamment les titres III et IV.

[2] Voir la note qui accompagne le préambule de l'ordonnance du 23 mai 1843.

[3] Voir les articles 8 et 9 de la loi pénale du 21 juillet 1856.

5° La forme de la chaudière;

6° Le service auquel le bateau sera destiné;

7° Le nombre maximum des passagers qui pourront être reçus dans le bateau.

Un dessin géométrique de la chaudière sera joint à la demande.

Cette demande sera renvoyée par le préfet à la commission de surveillance instituée conformément à l'article 47 de la présente ordonnance.

SECTION II. — VISITES ET ESSAIS DES BATEAUX À VAPEUR.

ART. 5 [1]. La commission de surveillance visitera le bateau à vapeur, à l'effet de s'assurer,

1° S'il est construit avec solidité, s'il réunit les conditions de stabilité nécessaires pour la navigation maritime, et si l'on a pris toutes les précautions requises pour le cas où il serait destiné à un service de passagers;

2° Si l'appareil moteur a été soumis aux épreuves voulues, et s'il est pourvu des moyens de sûreté prescrits par la présente ordonnance;

3° Si la chaudière, en raison de sa forme, du mode de jonction de ses diverses parties, de la nature des matériaux avec lesquels elle est construite, ne présente aucune cause particulière de danger;

4° Si l'on a pris toutes les précautions nécessaires pour prévenir les chances d'incendie.

ART. 6. Après la visite, la commission assistera à un essai du bateau à vapeur. Elle vérifiera si l'appareil moteur a une force suffisante pour le service auquel ce bateau sera destiné, et elle constatera,

1° Le tirant d'eau du bateau;

2° La vitesse du bateau dans les différentes circonstances de l'essai;

3° Les divers degrés de tension de la vapeur, dans l'appareil moteur, pendant la marche du bateau.

ART. 7. La commission dressera un procès-verbal de la visite et de l'essai du bateau à vapeur, et adressera ce procès-verbal au préfet du département.

---

[1] Voir ci-après la circulaire du 6 juin 1846.

ART. 8. Si la commission est d'avis que le permis de navigation peut être accordé, elle proposera les conditions auxquelles ce permis pourra être délivré; elle indiquera notamment les agrès et instruments, et le nombre des embarcations dont le bateau devra être pourvu.

Dans le cas contraire, elle exposera les motifs pour lesquels elle jugera qu'il est convenable de surseoir à la délivrance du permis, ou même de le refuser.

SECTION III. — DÉLIVRANCE DES PERMIS DE NAVIGATION.

ART. 9. Si, après avoir reçu le procès-verbal de la commission de surveillance, le préfet reconnaît que le propriétaire du bateau à vapeur a satisfait à toutes les conditions exigées par la présente ordonnance, il délivrera le permis de navigation [1].

ART. 10[2]. Dans le permis de navigation seront énoncés :

1° Le nom du bateau et le nom du propriétaire;

2° La hauteur de la ligne de flottaison, rapportée à des points de repère invariablement établis à l'avant, à l'arrière et au milieu du bateau;

3° Le service auquel le bateau est destiné;

4° Le nombre maximum des passagers qui pourront être reçus à bord;

5° La tension maximum de la vapeur, exprimée en atmosphères et en fractions décimales d'atmosphère, sous laquelle l'appareil moteur pourra fonctionner;

6° Les numéros des timbres dont les chaudières, tubes bouilleurs, cylindres et enveloppes de cylindres, auront été frappés, ainsi qu'il est prescrit à l'article 21;

7° Le diamètre des soupapes de sûreté et leur charge, telle qu'elle aura été réglée conformément aux articles 26 et 27;

8° Le nombre des embarcations, ainsi que les agrès et instruments nécessaires à la navigation maritime, dont le bateau devra être pourvu.

Le préfet prescrira, en outre, dans le permis, toutes les mesures d'ordre et de police locale nécessaires. Il enverra copie de son arrêté à notre ministre des travaux publics.

ART. 11. Si le préfet reconnaît, d'après le procès-verbal

[1] Voir l'article 11 de la loi pénale du 21 juillet 1856. [2] Voir ci-après la circulaire du 6 juin 1846.

12

dressé par la commission de surveillance, qu'il y a lieu de surseoir à la délivrance du permis, ou même de le refuser, il notifiera sa décision au propriétaire du bateau, sauf recours devant notre ministre des travaux publics.

SECTION IV. — DES AUTORISATIONS PROVISOIRES DE NAVIGATION.

ART. 12. Si le bateau a été muni de son appareil moteur dans un département autre que celui où il doit entrer en service, le propriétaire devra obtenir, du préfet du premier de ces départements, une autorisation provisoire de navigation pour faire arriver le bateau au lieu de sa destination. La commission de surveillance sera consultée sur la demande.

SECTION V. — DISPOSITION TRANSITOIRE.

ART. 13. Il est accordé aux détenteurs actuels de permis de navigation un délai de trois mois, à dater de la publication de la présente ordonnance, pour se conformer aux dispositions qui précèdent, et demander un nouveau permis, qui leur sera délivré, s'il y a lieu, par l'autorité compétente. Passé ce délai, les anciens permis de navigation seront considérés comme non avenus.

TITRE II. — DES MACHINES À VAPEUR SERVANT DE MOTEURS
AUX BATEAUX.

SECTION Ire. — DISPOSITIONS RELATIVES À LA FABRICATION ET AU COMMERCE
DES MACHINES EMPLOYÉES SUR LES BATEAUX.

ART. 14. Aucune machine à vapeur, destinée à un service de navigation, ne pourra être livrée par un fabricant, si elle n'a subi les épreuves prescrites ci-après.

ART. 15. Les épreuves seront faites à la fabrique, par ordre du préfet, sur la déclaration du fabricant.

ART. 16. Les machines venant de l'étranger devront être pourvues des mêmes appareils de sûreté que les machines d'origine française, et subir les mêmes épreuves. Ces épreuves seront faites au lieu désigné par le destinataire, dans la déclaration qu'il devra faire à l'importation.

SECTION II. — ÉPREUVES DES CHAUDIÈRES ET DES AUTRES PIÈCES
CONTENANT LA VAPEUR.

Art. 17. Les chaudières à vapeur, leurs tubes bouilleurs et
les réservoirs à vapeur, les cylindres en fonte des machines à
vapeur et les enveloppes en fonte de ces cylindres ne pourront,
sauf l'exception portée à l'article 25, être établis à bord des bateaux sans avoir été préalablement soumis, par les ingénieurs des
mines, ou, à leur défaut, par les ingénieurs des ponts et chaussées, à une épreuve opérée à l'aide d'une pompe de pression[1].

L'usage des chaudières et des tubes bouilleurs en fonte est
prohibé dans les bateaux à vapeur[2].

Art. 18. La pression d'épreuve prescrite par l'article précédent sera *triple* de la pression effective, ou autrement de la
plus grande tension que la vapeur pourra avoir dans les chaudières, leurs tubes bouilleurs et autres pièces contenant la vapeur, diminuée de la pression extérieure de l'atmosphère.

Art. 19. On procédera aux épreuves en chargeant les soupapes de sûreté des chaudières de poids proportionnels à la
pression effective, et déterminés suivant la règle indiquée en
l'article 28.

A l'égard des autres pièces, la charge d'épreuve sera appliquée sur la soupape de la pompe de pression.

Art. 20. L'épaisseur des parois des chaudières cylindriques,
en tôle ou en cuivre laminé, sera réglée conformément à la
table n° 1[3], annexée à la présente ordonnance.

L'épaisseur de celles de ces chaudières qui, par leurs dimensions et par la pression de la vapeur, ne se trouveraient pas
comprises dans la table, sera déterminée d'après la règle énoncée à la suite de ladite table; toutefois, cette épaisseur ne pourra
dépasser 15 millimètres.

Les épaisseurs de la tôle devront être augmentées s'il s'agit
de chaudières formées, en partie ou en totalité, de faces planes
ou bien de conduits intérieurs, cylindriques ou autres, traversant l'eau ou la vapeur, et servant soit de foyers, soit à la circulation de la flamme[4]. Ces chaudières et conduits devront de

---

[1] Voir l'article 10 de la loi pénale
du 21 juillet 1856.
[2] Voir la seconde des notes qui
accompagnent l'article 20 de l'ordonnance du 23 mai 1843.

[3] Voir p. 25 cette table, qui est
également une annexe des ordonnances des 22 et 23 mai 1843.
[4] Voir ci-dessus la circulaire du
16 janvier 1849.

plus être, suivant les cas, renforcés par des armatures suffisantes.

ART. 21. Après qu'il aura été constaté que les parois des
chaudières ont les épaisseurs voulues, et après l'épreuve, on
appliquera aux chaudières, à leurs tubes bouilleurs et aux réservoirs de vapeur, aux cylindres en fonte des machines à vapeur et aux enveloppes en fonte de ces cylindres, des timbres
indiquant, en nombre d'atmosphères, le degré de tension intérieure que la vapeur ne devra pas dépasser. Ces timbres seront
placés de manière qu'ils soient toujours apparents.

ART. 22. L'épreuve sera renouvelée, après l'installation de la
machine dans le bateau, 1° si le propriétaire la réclame; 2° s'il
y a eu, pendant le transport ou lors de la mise en place, quelques avaries; 3° s'il a été fait à la chaudière des modifications
ou réparations quelconques depuis la première épreuve; 4° si la
commission de surveillance le juge utile.

ART. 23. Les chaudières à vapeur, leurs tubes bouilleurs et
autres pièces contenant la vapeur, devront être éprouvés de
nouveau toutes les fois qu'il sera jugé nécessaire par les commissions de surveillance [1].

Quand il aura été fait aux chaudières et autres pièces des
changements ou réparations notables, les propriétaires des bateaux à vapeur seront tenus d'en donner connaissance au préfet.
Il sera nécessairement procédé, dans ce cas, à de nouvelles
épreuves.

ART. 24. L'appareil et la main-d'œuvre nécessaires pour les
épreuves seront fournis par les propriétaires des machines et des
chaudières à vapeur.

ART. 25. Les chaudières qui auront des faces planes seront
dispensées de l'épreuve, mais sous la condition que la force élastique, ou la tension de la vapeur, ne devra pas s'élever, dans
l'intérieur de ces chaudières, à plus d'*une atmosphère et demie* [2].

SECTION III. — DES APPAREILS DE SÛRETÉ DONT LES CHAUDIÈRES À VAPEUR
DOIVENT ÊTRE MUNIES.

§ 1er. Des soupapes de sûreté.

ART. 26. Il sera adapté à la partie supérieure de chaque chau-

[1] Voir la note qui accompagne l'article 26 de l'ordonnance du 23 mai 1843.

[2] Voir l'article 29, et ci-dessus la
circulaire du 15 juillet 1853.

·dière deux soupapes de sûreté. Ces soupapes seront placées vers chaque extrémité de la chaudière, et à la plus grande distance possible l'une de l'autre.

Le diamètre des orifices de ces soupapes sera réglé d'après la surface de chauffe de la chaudière et la tension de la vapeur dans son intérieur, conformément à la table n° 2 [1], annexée à la présente ordonnance.

Art. 27. Chaque soupape sera chargée d'un poids unique, agissant soit directement, soit par l'intermédiaire d'un levier.

Chaque poids recevra l'empreinte d'un poinçon, apposée par la commission de surveillance. Les leviers seront également poinçonnés, s'il en est fait usage. La quotité du poids et la longueur du levier seront énoncées dans le permis de navigation [2].

Art. 28. La charge maximum de chaque soupape de sûreté sera déterminée en multipliant $1^k,033$ par le nombre d'atmosphères mesurant la pression effective, et par le nombre de centimètres carrés mesurant l'orifice de la soupape.

La largeur de la surface annulaire de recouvrement ne devra pas dépasser la trentième partie du diamètre de la surface circulaire exposée directement à la pression de la vapeur, et cette largeur, dans aucun cas, ne devra excéder deux millimètres.

Art. 29. Il sera de plus adapté à la partie supérieure des chaudières à faces planes, dont il est fait mention à l'article 25, une soupape atmosphérique, c'est-à-dire ouvrant du dehors au ·dedans [3].

§ 2. Des manomètres.

Art. 30. Chaque chaudière sera munie ·d'un manomètre à mercure, gradué en atmosphères et en fractions décimales d'atmosphère, de manière à faire connaître immédiatement la tension de la vapeur dans la chaudière.

Le tuyau qui amènera la vapeur au manomètre sera adapté directement sur la chaudière, et non sur le tuyau de prise de vapeur ou sur tout autre tuyau dans lequel la vapeur serait en mouvement.

Le manomètre sera placé en vue du chauffeur.

[1] Voir p. 26 cette table, qui est également une annexe des ordonnances des 22 et 23 mai 1843.
[2] Voir ci-dessus la circulaire du 28 janvier 1845.
[3] Voir ci-dessus la circulaire du 26 juillet 1843.

Art. 31. On fera usage du manomètre à air libre, c'est-à-dire ouvert à sa partie supérieure, toutes les fois que la pression effective de la vapeur ne dépassera pas deux atmosphères [1].

Art. 32. On tracera sur l'échelle de chaque manomètre, d'une manière très-apparente, une ligne qui répondra au numéro de cette échelle que le mercure ne devra pas habituellement dépasser.

§ 3. De l'alimentation et des indicateurs du niveau de l'eau
dans les chaudières.

Art. 33. Chaque chaudière sera munie d'une pompe alimentaire, bien construite et en bon état d'entretien.

Indépendamment de cette pompe, mise en mouvement par la machine motrice du bateau, chaque chaudière sera pourvue d'une autre pompe, pouvant fonctionner soit à l'aide d'une machine particulière, soit à bras d'homme, et destinée à alimenter la chaudière, s'il en est besoin, lorsque la machine motrice du bateau ne fonctionnera pas.

Art. 34. Le niveau que l'eau doit avoir habituellement dans la chaudière sera indiqué, à l'extérieur, par une ligne tracée, d'une manière très-apparente, sur le corps de la chaudière ou sur le parement du fourneau.

Cette ligne sera d'un décimètre au moins au-dessus de la partie la plus élevée des carneaux, tubes ou conduits de la flamme et de la fumée dans le fourneau.

Art. 35. Il sera adapté à chaque chaudière, 1° deux tubes indicateurs en verre, qui seront placés un à chaque côté de la face antérieure de la chaudière; 2° l'un des deux appareils suivants, savoir : un flotteur d'une mobilité suffisante, des robinets indicateurs convenablement placés à des niveaux différents. Les appareils indicateurs seront, dans tous les cas, disposés de manière à être en vue du chauffeur.

SECTION IV. — DES CHAUDIÈRES MULTIPLES.

Art. 36. Si plusieurs chaudières sont établies dans un bateau, elles ne pourront être mises en communication que par les parties toujours occupées par la vapeur, et cette communi-

---

[1] Voir ci-dessus, aux *Appareils à vapeur fixes,* tout ce qui concerne le régime de liberté introduit par l'instruction ministérielle du 15 décembre 1849.

cation sera disposée de manière que les chaudières puissent, au besoin, être rendues indépendantes les unes des autres.

Dans tous les cas, chaque chaudière sera alimentée séparément, et devra être munie de tous les appareils de sûreté prescrits par la présente ordonnance.

SECTION V. — DE L'EMPLACEMENT DES APPAREILS MOTEURS.

ART. 37. L'emplacement des appareils moteurs devra être assez grand pour qu'on puisse facilement faire le service des chaudières, et visiter toutes les parties des appareils.

Cet emplacement sera séparé des salles des passagers par des cloisons en planches, très-solidement construites et entièrement revêtues d'une doublure en feuilles de tôle, à recouvrement, d'un millimètre d'épaisseur au moins [1].

TITRE III. — DES ÉQUIPAGES ET DU SERVICE DES BATEAUX À VAPEUR.

ART. 38. Indépendamment du capitaine, maître ou timonier, et des matelots formant l'équipage, il y aura, à bord de chaque bateau, au moins un mécanicien et autant de chauffeurs que le service de l'appareil moteur l'exigera.

ART. 39. Le capitaine, indépendamment du brevet soit de capitaine au long cours, soit de maître au cabotage, dont il devra être pourvu en raison de la destination du bâtiment, devra, conformément au mode qui sera déterminé par notre ministre des travaux publics [2], justifier qu'il possède les connaissances nécessaires pour diriger la marche d'un bâtiment à vapeur et surveiller les opérations du mécanicien.

ART. 40. Nul ne pourra être employé en qualité de mécanicien, s'il ne produit des certificats de capacité, délivrés dans les formes qui seront déterminées par notre ministre des travaux publics [3].

ART. 41. Le mécanicien, sous l'autorité du capitaine, présidera à la mise en feu avant le départ; il entretiendra toutes les parties de l'appareil moteur; il s'assurera qu'elles fonctionnent bien, et que les chauffeurs sont en état de bien faire leur service. Pendant le voyage, il dirigera les chauffeurs et s'occupera constamment de la conduite de la machine.

[1] Voir ci-après la circulaire du 6 juin 1846.
[2] Idem.
[3] Voir ci-après la circulaire du 6 juin 1846; voir aussi l'article 12 de la loi pénale du 21 juillet 1856.

Art. 42. Le capitaine inscrira, sur le journal de bord, toutes les circonstances relatives à la marche de l'appareil moteur qui seront dignes de remarque.

Art. 43. Il est défendu aux propriétaires de bateaux à vapeur et à leurs agents de faire fonctionner les appareils moteurs sous une pression supérieure à la pression déterminée dans le permis de navigation, et de rien faire qui puisse détruire ou diminuer l'efficacité des moyens de sûreté dont ces appareils seront pourvus.

Art. 44. Il est interdit de laisser aucun passager s'introduire dans l'emplacement de l'appareil moteur.

Art. 45. Il sera ouvert, dans chaque bateau, un registre dont toutes les pages seront cotées et parafées par le maire de la commune où est situé le port d'armement, et sur lequel les passagers auront la faculté de consigner leurs observations, en ce qui pourrait concerner le départ, la marche du bateau, les avaries ou accidents quelconques, et la conduite de l'équipage : ces observations devront être signées par les passagers qui les auront faites. Le capitaine pourra également consigner sur ce registre les observations qu'il jugerait convenables, ainsi que tous les faits qu'il lui paraîtrait important de faire attester par les passagers.

Art. 46. Dans chaque salle où se tiennent les passagers, il sera affiché une copie du permis de navigation et un tableau indiquant :

1° La durée moyenne des voyages;

2° La durée des relâches;

3° Le nombre maximum des passagers;

4° La faculté qu'ils ont de consigner leurs observations sur le registre ouvert à cet effet;

5° Le tarif des places.

TITRE IV. — DE LA SURVEILLANCE ADMINISTRATIVE DES BATEAUX À VAPEUR.

Art. 47. Une commission de surveillance sera instituée, par le préfet du département, dans chaque port où la navigation à la vapeur est en usage.

Les ingénieurs des mines et les ingénieurs des ponts et chaussées, en résidence dans les ports, les officiers du génie maritime, le commissaire ou préposé à l'inscription maritime, et le capitaine, lieutenant ou maître de port résidant sur les lieux, feront nécessairement partie de ces commissions.

Art. 48. Les commissions de surveillance, indépendamment des fonctions qui leur sont attribuées par les articles 5, 6, 7 et 8 ci-dessus, visiteront les bateaux à vapeur au moins tous les trois mois, et chaque fois que le préfet le jugera convenable.

Les membres de ces commissions pourront, en outre, faire individuellement des visites plus fréquentes.

Art. 49. La commission de surveillance s'assurera, dans ses visites, que les mesures prescrites par la présente ordonnance et par le permis de navigation sont exécutées.

Elle constatera l'état de l'appareil moteur et celui du bateau; elle se fera représenter le journal de bord et le registre destiné à recevoir les observations des passagers.

Art. 50. La commission adressera au préfet le procès-verbal de chacune de ces visites. Dans ce procès-verbal, elle consignera ses propositions sur les mesures à prendre, si l'appareil moteur ou le bateau ne présentent plus des garanties suffisantes de sûreté.

Art. 51. Sur les propositions de la commission de surveillance, le préfet ordonnera, s'il y a lieu, la réparation ou le remplacement de toutes les pièces de l'appareil moteur ou du bateau dont un plus long usage présenterait des dangers. Il pourra suspendre le permis de navigation jusqu'à l'entière exécution de ces mesures; il révoquera le permis, si la machine ou le bateau sont déclarés hors de service par la commission.

Art. 52. Dans tous les autres cas où, par suite de l'inexécution des dispositions de la présente ordonnance, la sûreté publique serait compromise, le préfet suspendra, et au besoin révoquera, le permis de navigation.

Art. 53. Les préfets prescriront, dans chaque port de commerce, les dispositions nécessaires pour éviter les accidents auxquels le stationnement, le départ et l'arrivée des bateaux à vapeur pourraient donner lieu. Dans les ports militaires, il sera pourvu à ces dispositions par les préfets maritimes.

Art. 54. Les maires, adjoints ou commissaires de police, les officiers et maîtres de port, les inspecteurs de la navigation, exerceront une surveillance de police journalière sur les bateaux à vapeur, tant aux points de départ et d'arrivée qu'aux lieux de relâche intermédiaires.

Art. 55. Si, avant le départ ou après l'arrivée, il était sur-

venu des avaries de nature à compromettre la sûreté de la navigation, l'autorité chargée de la police locale pourra suspendre
la marche du bateau; elle devra sur-le-champ en informer le
préfet.

En cas d'accident, elle se transportera immédiatement sur
les lieux, et le procès-verbal qu'elle dressera de sa visite sera
transmis au préfet et, s'il y a lieu, au procureur du roi.

La commission de surveillance se rendra aussi sur les lieux,
sans délai, pour visiter les appareils moteurs, en constater l'état
et rechercher la cause de l'accident : elle adressera, sur le tout,
un rapport au préfet.

ART. 56. Dans chaque port des colonies françaises, la surveillance dont les articles ci-dessus font mention sera exercée
par une commission spéciale, nommée à cet effet par le gouverneur ou le commandant de la colonie [1].

ART. 57. La même surveillance sera exercée, dans les ports
étrangers, par les soins des consuls et agents consulaires français, assistés de tels hommes de l'art qu'ils jugeront à propos
de désigner. Le capitaine devra représenter au consul, en même
temps qu'il lui fera le rapport exigé par l'article 244 du code
de commerce [2], le permis de navigation qui lui aura été délivré.

Les hommes de l'art qui seront chargés, dans les ports étrangers, de procéder aux visites et vérifications prescrites par la
présente ordonnance, recevront des frais de vacation. Les dispositions qu'il serait nécessaire d'ajouter, à cet égard, au tarif des
chancelleries, fixé par notre ordonnance du 6 novembre 1842 [3],

---

[1] Des commissions ont ainsi été
établies en Algérie, en vertu d'un arrêté du gouverneur général, en date
du 17 juillet 1848; elles sont chargées
de s'assurer que les bateaux à vapeur
du commerce français, qui stationnent
dans les ports de la colonie, possèdent
toutes les garanties de construction,
de stabilité, d'armement, et les appareils de sûreté exigés par l'ordonnance.

[2] Livre II. Du commerce maritime.
— Titre IV. Du capitaine.

ART. 244. Si le capitaine aborde
dans un port étranger, il est tenu de
se présenter au consul de France, de
lui faire un rapport, et de prendre un
certificat constatant l'époque de son
arrivée et de son départ, l'état et la
nature de son chargement.

[3] Ordonnance royale portant fixation du tarif des droits à percevoir
dans les chancelleries consulaires.

ART. 3. Les taxations des actes particuliers à certaines localités, et dont
l'énonciation n'était pas susceptible
d'être comprise dans la nomenclature
du tarif général des chancelleries consulaires, seront soumises par nos consuls, sous forme de tarif annexé, à
l'approbation de notre ministre secrétaire d'état au département des affaires
étrangères.

seront, pour chaque port, arrêtées par notre ministre des affaires étrangères, sur la proposition du consul, conformément à l'article 3 de ladite ordonnance.

TITRE V. — DISPOSITIONS GÉNÉRALES.

ART. 58. Si, à raison du mode particulier de construction de certaines machines ou chaudières à vapeur, l'application à ces machines ou chaudières d'une partie des mesures de sûreté prescrites par la présente ordonnance devenait inutile, le préfet, sur le rapport de la commission de surveillance, déterminera les conditions sous lesquelles ces appareils seront autorisés. Dans ce cas, les permis de navigation ne seront délivrés par le préfet que lorsqu'ils auront reçu l'approbation du ministre des travaux publics.

ART. 59. Les propriétaires de bateaux à vapeur seront tenus d'adapter aux machines et chaudières employées dans ces bateaux les appareils de sûreté qui pourraient être découverts par la suite, et qui seraient prescrits par des règlements d'administration publique.

ART. 60. Il sera publié, par notre ministre secrétaire d'état au département des travaux publics, une instruction sur les mesures de précaution habituelles à observer dans l'emploi des machines et des chaudières à vapeur établies sur des bateaux[1].

Cette instruction devra être affichée à demeure dans l'emplacement où se trouvent ces machines et chaudières.

ART. 61. La navigation et la surveillance des bateaux à vapeur de l'état sont régies par des dispositions spéciales.

ART. 62. Les ordonnances royales des 2 avril 1823 et 25 mai 1828, concernant les bateaux à vapeur, et les machines et les chaudières à vapeur employées sur les bateaux, sont rapportées.

ART. 63. Nos ministres secrétaires d'état aux départements des travaux publics, des affaires étrangères, de la guerre, de la marine et des colonies, sont chargés, chacun en ce qui le concerne, de l'exécution de la présente ordonnance, qui sera insérée au Bulletin des lois.

---

[1] Voir ci-après cette instruction, en date du 5 juin 1846.

5 juin 1846. INSTRUCTION MINISTÉRIELLE SUR LES MESURES DE PRÉCAUTION HA-
BITUELLES À OBSERVER DANS L'EMPLOI DES APPAREILS À VAPEUR
PLACÉS À BORD DES BATEAUX QUI NAVIGUENT SUR MER.

§ 1er. De la mise en feu et du départ.

Avant le départ, le capitaine, accompagné du chef mécanicien, a dû s'assurer que les chaudières, la machine à vapeur,
l'appareil propulseur et tous les mécanismes intermédiaires sont
parfaitement en ordre, et que le bâtiment est convenablement
approvisionné de combustible.

Le capitaine ayant donné, par l'intermédiaire du chef mécanicien, l'ordre de chauffer, et les chaudières étant remplies
d'eau jusqu'au niveau normal, accusé par les indicateurs du niveau, le chauffeur allume les fourneaux en plaçant sur la grille
une légère couche de charbon, sur laquelle il met du bois qu'il
recouvre d'une autre couche mince de charbon. Il allume ainsi
à petit feu, et modère d'abord le tirage, au moyen du registre
de la cheminée, afin que les parois des foyers n'éprouvent pas
des variations brusques de température, qui pourraient occasionner des fissures dans les tôles ou des fuites à l'endroit des
rivets. Quand la première charge de combustible est bien em-
brasée, il charge de nouveau et pousse le feu avec une activité
croissante. Quand la vapeur commence à monter en pression,
ce qui est indiqué par le manomètre, le chauffeur soulève une
des soupapes de sûreté ou bien ouvre un robinet particulier,
pour donner issue à l'air contenu dans la chaudière; il ferme
cet orifice lorsque la vapeur, sortant abondamment, indique
que les chaudières sont purgées d'air. Il conduit son feu de manière à ce que la pression de la vapeur soit près de sa limite
supérieure à l'instant où commenceront les manœuvres du départ. Le mécanicien préside lui-même à ces manœuvres. Aussitôt qu'il a reçu l'ordre de s'y préparer, il envoie la vapeur à
la machine, de manière à l'échauffer et à la purger d'air et
d'eau. Il balance la machine, en lui faisant faire lentement quelques tours en avant et en arrière, et s'assure ainsi qu'il pourra
la lancer à l'instant même du commandement.

Pendant toute la durée des manœuvres nécessaires au départ, le mécanicien gouverne lui-même la machine à la main;
ce n'est qu'au commandement de *machine en route,* qu'il em-

braye définitivement le levier de l'excentrique avec la poignée
de la manivelle qui transmet le mouvement au tiroir de distribution. Il règle ensuite l'ouverture de la soupape à gorge ou registre d'admission de la vapeur, ainsi que celle de la soupape
d'injection. Il veille à ce que les feux soient poussés avec l'activité convenable pour obtenir la production de vapeur qu'exige
la marche de la machine.

§ 2. De la conduite des appareils et des devoirs du mécanicien
pendant la marche.

Les chaudières des bateaux à vapeur qui sont alimentées
avec l'eau de mer exigent des précautions particulières, indépendamment de celles qui sont communes à toutes les chaudières à vapeur.

Dans l'intérêt de l'économie de combustible, les feux doivent
être conduits, autant que possible, de manière à ce que le manomètre accuse une pression voisine de celle qui correspond
à la charge des soupapes de sûreté, et que la vapeur ne soulève
jamais ces soupapes : cela exige que l'activité du feu soit réglée
en raison de la vitesse des pistons des machines.

On doit veiller constamment à ce que les soupapes n'adhèrent
pas à leurs siéges; que les tuyaux du manomètre, des robinets
et des tubes en verre indicateurs du niveau de l'eau, ne soient
pas obstrués par des dépôts de sel; que les pompes alimentaires
soient constamment en ordre, et que la chaudière soit alimentée d'eau de manière à ce que les parois correspondantes aux
surfaces de chauffe demeurent toujours baignées d'eau. On doit
s'assurer si la condensation se fait bien : il est bon qu'à cet effet
un baromètre, accusant le degré du vide, soit adapté au condenseur; à défaut de cet appareil, on jugera de la chaleur du
condenseur en appliquant la main sur les parois extérieures.
La température de ces parois ne doit pas dépasser celle du lait
tiède. Ce sont là des soins qu'exigent les machines et chaudières
en général, mais surtout celles qui sont alimentées avec l'eau
de mer. Une précaution particulière à celles-ci, et qui est indispensable pour prévenir les dépôts de sel marin dans leur intérieur ou dans les tuyaux qui y sont embranchés, consiste dans
les extractions d'eau salée. L'eau salée pourrait être extraite, d'une
manière continue, de certaines chaudières où des dispositions
seraient prises pour obtenir une circulation intérieure, qui
aurait pour effet d'amener l'eau, à mesure que sa densité aug-

menterait en même temps que son degré de salure, vers un ou
plusieurs points, où elle serait évacuée par des conduits se réunissant en un seul, qui serait pourvu d'un robinet pour régler
la quantité d'eau évacuée. Mais une extraction régulière et continue d'eau salée doit être combinée avec des dispositions propres
à déterminer une circulation intérieure, et qui ne se trouvent
pas en général dans les chaudières. Les extractions d'eau sont,
en conséquence, intermittentes. Elles sont aujourd'hui opérées
le plus souvent par des pompes particulières, mues par la machine même, et qui extraient, à chaque coup de piston, un volume d'eau qui est dans un rapport déterminé, 1 à 3 ou même
1 à 2, avec le volume introduit par la pompe alimentaire.
Lorsque ces pompes n'existent pas, les extractions doivent être
opérées à des intervalles réguliers par les chauffeurs; ils ouvrent
à cet effet le robinet de vidange, et le maintiennent ouvert jusqu'à ce que le niveau de l'eau, accusé par les indicateurs, ait
baissé d'une certaine quantité. Le robinet étant fermé, le niveau
de l'eau est ramené à sa hauteur normale par l'alimentation. Il
est convenable que les extractions soient peu abondantes et fréquemment renouvelées, de demi-heure en demi-heure au moins[1].

Les extractions d'eau préviennent les dépôts de sel marin.
Pour éviter que les sels calcaires, qui se séparent de l'eau par l'é-
vaporation, forment des incrustations adhérentes aux parois, on
injecte dans la chaudière, au moyen de la pompe alimentaire
mue à bras ou d'une des pompes de la cale, des matières qui
ont la propriété de maintenir ces dépôts à l'état de boue sans
consistance. Plusieurs substances ont été essayées sur les bâtiments de la marine royale : l'argile, bien épurée de matières
étrangères, paraît être celle qui a jusqu'ici donné les meilleurs
résultats. Les matières tinctoriales mêlées à l'eau ont bien réussi
dans des chaudières de machines fonctionnant à terre, et pourraient être essayées à la mer. Quelle que soit, au reste, la substance employée, le mécanicien devra veiller à ce que l'on remplace dans la chaudière les parties de cette substance qui sont
entraînées par les extractions d'eau.

On aura soin de nettoyer les cendriers et d'en retirer les
cendres et les escarbilles, assez souvent pour que l'accès de l'air
demeure libre et que le tirage des foyers n'éprouve pas de ra-
lentissement.

----

[1] Voir ci-après la circulaire du 29 novembre 1850.

Le mécanicien, quand il ne conduit pas lui-même la machine, doit s'assurer, par des visites fréquentes, que toutes les précautions nécessaires sont observées. Il veille aussi à ce que les pièces de la machine soient convenablement lubrifiées, que les clavettes soient serrées, etc.; souvent le serrage des clavettes suffit pour empêcher des chocs qui nuisent autant à l'effet utile qu'à la conservation même de la machine.

Les soupapes ne doivent, dans aucun cas, être surchargées.

Si l'on venait à s'apercevoir que le niveau moyen de l'eau dans la chaudière s'est abaissé, accidentellement, au-dessous de la partie supérieure des conduits de la flamme et de la fumée, le mécanicien ouvrirait immédiatement les portes du foyer pour ralentir la combustion et faire tomber la flamme; il se garderait de soulever les soupapes de sûreté, préviendrait le capitaine et laisserait les portes du foyer ouvertes, sans charger de combustible sur la grille, jusqu'à ce que l'alimentation eût ramené le niveau de l'eau, dans l'intérieur de la chaudière, à sa hauteur habituelle.

Le mécanicien inscrira sur un registre, qu'il remettra chaque jour au capitaine, toutes les circonstances relatives à la marche de l'appareil moteur, et notamment les dérangements qui auraient pu avoir lieu dans les diverses pièces des mécanismes ou dans les chaudières, ainsi que les réparations qui auraient été faites à bord ou qui devraient être faites à terre dans le premier lieu de relâche.

Le capitaine transcrira les indications données par le mécanicien sur le journal du bord, après les avoir vérifiées au besoin.

§ 3. De l'arrivée et des relâches.

Lorsque l'on est près d'arriver au mouillage, le mécanicien, sur l'ordre du capitaine, doit prendre lui-même la direction de la machine. Il laisse ralentir les feux de manière à ne conserver que la vapeur nécessaire pour l'arrivée.

La machine étant définitivement arrêtée, et l'ordre d'éteindre les feux donné par le capitaine, le mécanicien, avant de nettoyer les grilles, fait boucher soigneusement les trous de graissage des tiges des pistons et des tiroirs, ainsi que toutes les autres parties dans lesquelles les cendres qui sont soulevées lors de l'extinction des feux pourraient venir se loger. Puis il fait éteindre les feux, et opère, au moyen de la pression de la vapeur, une forte extraction de l'eau de la chaudière. Toutefois cette extraction ne doit pas être assez abondante pour mettre à nu les parois du foyer, parce qu'il pourrait en résulter, par suite de la variation brusque de la température, des dilatations inégales et capables soit de fissurer les tôles, soit d'occasionner la rupture de quelques armatures ou la disjonction des parties dont la chaudière se compose. Aussitôt que l'eau restant dans l'intérieur est suffisamment refroidie (et l'on peut hâter le refroidissement par une injection d'eau froide, après une extraction modérée ainsi qu'il est dit ci-dessus), on ouvre le trou d'homme, on vide complétement la chaudière, et on procède au nettoyage des grilles, des conduits de fumée, ainsi que de l'intérieur de la chaudière. On nettoie aussi et l'on fourbit les pièces de la machine, pendant qu'elles sont encore chaudes ; on visite toutes les pièces mobiles, on resserre ou refait les garnitures ; enfin on remet en ordre, on remplace, on répare au besoin toutes les parties de la machine dérangées ou détériorées.

Le mécanicien préside à tout le travail, et le capitaine s'assure qu'il est fait avec soin.

Les mêmes précautions seront observées aux lieux de relâche, que le bâtiment ne doit pas quitter sans qu'il ait été reconnu par le capitaine que les chaudières et toutes les parties de l'appareil moteur sont en ordre.

Si les machines doivent être arrêtées pendant la traversée pour nettoyer les chaudières, ou pour toute autre cause, on procédera à l'extinction des feux en prenant les précautions indiquées ci-dessus pour l'arrivée au mouillage.

---

6 juin 1846.

Envoi
de l'ordonnance
du
17 janvier 1846.

Instructions
relatives
à son exécution.

CIRCULAIRE DU MINISTRE DES TRAVAUX PUBLICS AUX PRÉFETS.

J'ai l'honneur de vous transmettre l'ordonnance du 17 janvier dernier, portant règlement pour les bateaux à vapeur qui naviguent sur mer.

Ces bateaux étaient soumis, indépendamment des conditions imposées à tous les navires de commerce français, tant par le code de commerce que par les lois et règlements sur la navigation, aux mêmes mesures que ceux qui naviguaient sur les fleuves et rivières ; les uns et les autres étaient régis par les deux ordonnances des 2 avril 1823 et 25 mai 1828.

Les mesures de sûreté applicables aux appareils à vapeur servant à la navigation sont, en effet, les mêmes sur les fleuves et sur mer; mais il n'en est pas ainsi de celles qui sont relatives à la construction, à l'armement et aux équipages des bateaux, aux heures de départ, au mode de surveillance, etc.

Il était donc nécessaire que la navigation à vapeur maritime et la navigation à vapeur sur les fleuves et rivières fussent l'objet de deux règlements d'administration publique distincts. L'ordonnance du 23 mai 1843 régit la navigation fluviale; celle du 17 janvier 1846 contient les prescriptions applicables à la navigation maritime.

Ces deux ordonnances ont toutefois beaucoup de dispositions qui leur sont communes. Pour celles-là je me réfère à la circulaire du 26 juillet 1843, et je me bornerai ici à signaler à votre attention les conditions qui se rapportent particulièrement à la navigation en mer.

Les permis de navigation maritime seront délivrés, comme les permis de navigation fluviale, après l'examen et sur le rapport des commissions de surveillance instituées dans les ports de mer où se trouvera le siége de l'entreprise. Il est indispensable que ces commissions possèdent des connaissances relatives à la bonne construction, à la stabilité et à l'armement des bâtiments qui naviguent en mer, aussi bien que sur les appareils à vapeur. L'article 47 désigne, en conséquence, comme devant en faire nécessairement partie, non-seulement les ingénieurs des mines et les ingénieurs des ponts et chaussées en résidence dans les ports, mais encore les officiers du génie maritime, le commissaire ou préposé à l'inscription maritime, et le capitaine, lieutenant ou maître de port résidant sur les lieux.

Les commissions de surveillance aujourd'hui instituées dans les ports de mer de votre département devront être complétées par l'adjonction des personnes désignées ci-dessus, si déjà elles n'en font partie.

Dans les ports où il n'en existe point encore et où il serait nécessaire d'en établir, il conviendra d'y appeler, à défaut des fonctionnaires qui viennent d'être indiqués, des personnes réunissant les connaissances nautiques nécessaires, comme des constructeurs de bâtiments du commerce, des officiers de marine en retraite, etc.

—L'article 5 de l'ordonnance énonce les points principaux sur lesquels les commissions devront fixer leur attention, dans la visite qu'elles feront des bateaux, lors de la demande du permis de navigation. Elles auront à s'assurer d'abord de la solidité et de la stabilité du bâtiment : le défaut de solidité dans la construction ou de proportions convenables dans la forme de la coque des bâtiments à vapeur naviguant sur mer ont, en effet, donné lieu à autant de sinistres que les vices de construction ou la mauvaise conduite des appareils à vapeur. Les commissions pourront, dans l'examen du navire, se faire assister de constructeurs ou telles autres personnes qu'elles jugeraient utile de consulter. Elles pourront aussi demander l'exhibition des contrats faits par les armateurs avec les constructeurs du navire, contrats dans lesquels sont généralement stipulées les dimensions et la nature des matériaux en bois et fer employés à la construction de la coque. Elles ne perdront pas de vue que les incendies, qui sont une cause de danger excessivement grave dans la navigation maritime, ont assez souvent pris naissance dans les soutes à charbon. Elles devront, en conséquence, s'assurer si ces soutes sont disposées de manière à ce que l'inflammation des charbons ne puisse pas être provoquée par la chaleur des fourneaux, si elles peuvent être complétement nettoyées, et enfin si, dans le cas où les charbons y prendraient feu spontanément, comme on en a eu des exemples, ou par une cause quelconque, il serait possible d'étouffer l'incendie et de l'empêcher de se propager. Les chaudières devront toujours être séparées des soutes à charbon ou des murailles du navire par un espace libre suffisant pour que ces chaudières puissent être visitées extérieurement, ou pour que la chaleur qui en émane ne puisse pas déterminer l'inflammation des charbons ou la carbonisation des bois du navire.

— L'isolement où le local de l'appareil moteur doit être de la salle des passagers, comme le prescrit l'article 37 de l'ordonnance, est une chose très-essentielle; il serait même utile que les cloisons de séparation fussent imperméables à l'eau. La division d'un bâtiment à vapeur en plusieurs compartiments, cinq en général, par de fortes cloisons en tôle imperméables à l'eau, a été recommandée par des hommes très-compétents en cette matière, et appliquée avec avantage par de grandes compagnies anglaises propriétaires de paquebots à vapeur, notamment par la compagnie des paquebots de *la Cité de Dublin*, dont le siége est à Liverpool.

Cette division en compartiments est un moyen de sûreté en cas de collision contre un autre navire, de choc contre un écueil, ou de tout autre accident qui déterminerait une voie d'eau considérable. Elle donne le moyen de limiter, de combattre et d'étouffer les incendies qui viendraient à se déclarer.

— On n'exige point que les permis de navigation pour les bâtiments qui naviguent sur mer soient renouvelés annuellement. Le renouvellement du permis à des époques fixes n'aurait pas, en effet, été toujours praticable pour des bâtiments qui peuvent faire de longues traversées. Mais des visites fréquentes, et renouvelées au moins tous les trois mois (art. 48), devront être faites dans les ports par les commissions de surveillance, qui constateront l'état de l'appareil moteur et celui du bateau.

Il sera aussi fort nécessaire qu'elles visitent les bâtiments qui auront exécuté des voyages de long cours, aussitôt après leur rentrée au port. Elles se feront représenter le journal de bord, où le capitaine aura consigné, conformément à l'article 42, toutes les circonstances relatives à la marche de l'appareil moteur qui seront dignes de remarque. Les procès-verbaux des visites des commissions de surveillance vous mettront à même d'ordonner les réparations nécessaires, de suspendre ou même de révoquer, conformément aux articles 51 et 52 de l'ordonnance, le permis de navigation, si la sûreté des passagers n'était pas suffisamment garantie.

C'est surtout après quelques années de service que les inspections fréquentes et sévères du bâtiment et des chaudières deviennent nécessaires. Il faut principalement visiter les murailles du navire dans la partie voisine des chaudières. La chaleur continuelle, à laquelle la doublure intérieure est exposée, a pu altérer les bois au point de leur enlever leur solidité, surtout si l'on n'a pas pris toutes les précautions convenables pour les préserver. Les chaudières, après quatre ou cinq ans de service à la mer, sont très-usées, si elles n'ont pas été entretenues avec un soin minutieux; elles ont besoin de réparations fréquentes, ou même d'être entièrement renouvelées.

Le départ des bateaux qui naviguent sur mer a lieu généralement, dans nos ports de l'Océan, à marée haute. Les départs sont, d'ailleurs, souvent retardés par suite de l'état de l'atmosphère. L'autorité locale n'a donc point à fixer les heures de départ; mais, conformément à l'article 53, les mesures nécessaires pour éviter les accidents auxquels pourraient donner lieu le stationnement, le départ et l'arrivée des bateaux à vapeur, l'embarquement et le débarquement des passagers, seront prescrites par les préfets, dans les ports de commerce, et par les préfets maritimes, dans les ports militaires.

Des dispositions doivent être prises, dans les ports de commerce ou dans les ports militaires fréquentés, afin d'éviter les abordages, qui sont une cause si fréquente d'accidents graves : à cet effet, il est indispensable d'arrêter un système régulier de fanaux pour l'éclairage de nuit[1]; il faut aussi exiger que les bâtiments à vapeur soient munis de ces fanaux et en fassent usage, quand ils naviguent de nuit dans des parages fréquentés, en dehors des ports. Les permis de navigation que vous délivrerez devront contenir, au besoin, des prescriptions de ce genre, qui seront nécessairement concertées avec le préfet maritime de la circonscription.

Les bateaux sont d'ailleurs soumis à l'inspection et à la surveillance de police journalière des autorités locales, aux points de départ et d'arrivée aussi bien que dans les lieux de relâche intermédiaires. En cas d'avaries qui seraient de nature à compromettre la sûreté de la navigation, ces autorités pourront, en vertu de l'article 55, suspendre la marche du bateau, sauf à en donner avis sur-le-champ au préfet du département. Si ce cas se présentait, vous réclameriez l'examen et l'avis de la commission de surveillance du port le plus voisin du point où se trouverait alors le navire.

Il est pourvu, par les articles 56 et 57, à la surveillance des bateaux à vapeur dans les ports de nos colonies et dans les ports étrangers. Elle sera exercée, dans les premiers, par des commissions spéciales instituées par les gouverneurs des colonies, et dans les seconds, par les consuls et agents consulaires français, qui se feront assister de tels hommes de l'art qu'ils jugeront à propos de désigner.

— Les chaudières et cylindres des machines à vapeur placées à bord des bateaux qui naviguent sur mer sont soumis aux mêmes conditions et doivent être pourvus des mêmes appareils de sûreté que les chaudières et cylindres des bateaux qui naviguent sur les fleuves et rivières. J'ajouterai donc seulement à ce que renferme à ce sujet la circulaire du 26 juillet 1843 l'indication de quelques faits qui se sont produits depuis cette époque.

Le manomètre à air libre n'est prescrit que pour les chau-

[1] Voir ci-après le paragraphe spécialement consacré à l'éclairage extérieur des bateaux à vapeur qui naviguent sur mer.

dières dans lesquelles la pression effective de la vapeur ne dépasse pas deux atmosphères, c'est-à-dire qui sont timbrées pour une pression de trois atmosphères ou au-dessous.

On a construit, dans ces derniers temps, des manomètres à air libre repliés, à plusieurs colonnes de mercure séparées par des colonnes d'eau, et qui peuvent accuser des pressions de six à sept atmosphères, tout en conservant des dimensions qui permettent de les adapter à des chaudières de bateaux et même à des chaudières de machines locomotives.

Ces manomètres, construits en fer, sauf un tube en verre de $0^m,25$ à $0^m,30$ de longueur, qui contient l'extrémité de la dernière colonne de mercure pressée directement par l'atmosphère, paraissent peu susceptibles de se déranger; ils sont plus exacts et moins fragiles que les manomètres à air comprimé. On pourra donc en recommander l'emploi aux armateurs de bateaux[1].

—L'usage des chaudières à tubes intérieurs pour la circulation de la flamme et de la fumée devient, de jour en jour, plus fréquent sur les bateaux à vapeur. Ces chaudières, ainsi que cela est rappelé dans la circulaire du 26 juillet 1843, doivent être soumises, comme les autres, à une pression d'épreuve triple de la pression effective de la vapeur dans leur intérieur, sauf les exceptions prévues en ce qui concerne les chaudières ayant des faces planes et dans lesquelles cette pression effective ne dépasse pas 1/2 atmosphère[2].

L'expérience a fait voir que les tubes intérieurs en cuivre rouge de $0^m,15$ à $0^m,20$ de diamètre et de 2 à 3 mètres de longueur, adaptés à des chaudières à haute pression, étaient aplatis par la pression d'épreuve indiquée ci-dessus, même lorsque leur épaisseur était supérieure à celle qui est fixée par l'article 20 pour les parois des chaudières ou bouilleurs cylindriques en tôle ou en cuivre laminé, qui seraient remplis d'eau. Comme on ne peut admettre que la sûreté des voyageurs soit suffisamment garantie lorsque les chaudières ont des tubes d'un aussi grand diamètre et aussi peu résistants, l'administration a été dans la nécessité de prescrire le remplacement des tubes en cuivre rouge dont il s'agit par des tubes en tôle

[1] (*) Voir la circulaire du 16 mars 1846, relative aux chaudières des machines locomotives, à la suite de laquelle se trouve la description de ces manomètres repliés.

— Voir la note qui accompagne l'article 31 de l'ordonnance du 17 janvier 1846.

[2] Voir ci-dessus la circulaire du 16 janvier 1849.

ou en fer étiré, qui résistent beaucoup mieux à une pression
extérieure, et qui, en outre, coûtent moins cher que ceux en
cuivre. Il serait avantageux, pour ajouter à l'étendue de la surface de chauffe et obtenir ainsi une transmission plus facile de
la chaleur à l'eau, en même temps que pour accroître la résistance à l'écrasement, de diminuer le diamètre des tubes et d'en
augmenter le nombre. Ainsi, il serait convenable que les tubes
en tôle ou en fer étiré n'eussent jamais plus de 0^m,10 de diamètre.
Néanmoins, l'ordonnance du 17 janvier, dans le but de laisser
à l'industrie toute la liberté d'action compatible avec la sûreté
publique, n'a fixé de règles positives ni sur les dimensions des
tubes, ni sur la nature du métal; mais elle exige que les chaudières présentent les garanties de solidité nécessaires, et la résistance à l'épreuve sous une pression triple doit être placée
en première ligne. Il était toutefois utile de signaler ici le défaut
de résistance des tubes d'un grand diamètre en cuivre rouge,
et d'indiquer comment les constructeurs de chaudières tubulaires pourront parer à cette difficulté.

—Je vous invite à m'adresser copie de chacun de vos arrêtés
portant permis de navigation maritime. Au nombre des indications qu'il doit contenir [1], aux termes de l'article 10 de l'ordonnance, se trouve celle du service auquel le bateau est destiné,
ce qui comprend la mention des ports d'arrivée et de relâche
intermédiaires. Il conviendra d'y indiquer aussi les dispositions
particulières qui auront été adoptées pour approprier le bâtiment au service des passagers, dans le cas où il serait destiné à ce
service; les précautions employées pour prévenir les incendies ou
faciliter les moyens de les limiter et de les combattre; les mesures de sûreté spéciales qui auront pu être prises contre les
voies d'eau qui résulteraient d'une collision, d'un choc contre un
écueil ou de toute autre cause; enfin la composition de la partie
de l'équipage qui est chargée du service des appareils à vapeur.

—L'article 39 dispose que le capitaine, indépendamment du
brevet soit de capitaine au long cours, soit de maître au cabotage, dont il devra être pourvu, en raison de la destination du
bâtiment, devra justifier qu'il possède les connaissances nécessaires pour diriger la marche d'un bâtiment à vapeur et surveiller les opérations du mécanicien. Il est en effet indispensable que le capitaine, qui a sous ses ordres le mécanicien et les

---

[1] Voir la pièce suivante.

chauffeurs, comme tout le reste de l'équipage, ait la capacité nécessaire pour exercer une surveillance efficace sur les appareils moteur et propulseur, et pour donner pendant la traversée tous les ordres convenables, dans les diverses circonstances qui peuvent se présenter. Il doit donc être à même de vérifier, avant le départ, si la machine et les chaudières sont en ordre, si celles-ci sont munies de tous les appareils de sûreté prescrits, si le bâtiment est suffisamment approvisionné de combustible pour la traversée. Il doit savoir quels sont les soins à prendre et les manœuvres à ordonner, au départ ainsi qu'à l'arrivée et pendant la marche, pour tirer le meilleur parti possible de la machine à vapeur, de l'appareil propulseur du navire, et de l'impulsion du vent au moyen de la voilure. Il doit surveiller la conduite des feux et de la machine, et, par conséquent, être à même de reconnaître si la machine est dérangée et si les extractions d'eau salée des chaudières sont pratiquées convenablement.

Quant au mécanicien, il faut qu'il ait déjà acquis, par un certain temps de service en qualité de chauffeur, d'aide ou d'apprenti mécanicien, l'expérience et l'habitude nécessaires pour la conduite prompte et sûre d'une machine à vapeur; qu'il connaisse toutes les parties qui entrent dans la composition de cette machine et le rôle de chacune d'elles; qu'il ait surtout une connaissance exacte des diverses pièces de l'appareil alimentaire, de tous les appareils de sûreté, des soupapes ou tiroirs servant à la distribution de la vapeur, et des mécanismes qui leur impriment le mouvement; qu'il soit capable d'entretenir la machine en bon état, par exemple, de refaire ou de réparer un joint qui viendrait à perdre, de remettre en ordre une soupape ou un tiroir dérangés, de remplacer une pièce de rechange; enfin qu'il puisse démonter et remonter la machine pièce à pièce, sinon forger et ajuster lui-même les pièces qui la composent. Il faut aussi qu'il sache bien quelles sont les précautions particulières à prendre lorsque les chaudières sont alimentées avec l'eau de mer; il doit posséder à fond les détails de l'instruction pratique annexée à la présente ordonnance.

Les conditions de capacité à exiger du mécanicien devront naturellement être plus sévères lorsque le bâtiment à vapeur sera destiné à faire de longs voyages, tels que la traversée de l'Atlantique. Dans ce cas, il importe que ce mécanicien soit un ouvrier ajusteur très-habile, capable de faire lui-même ou de faire faire sous sa direction, à la machine et même aux chaudières, des réparations importantes; qu'il ait avec lui des aides; que des pièces de rechange et un assortiment d'outils d'ajustage fassent partie de l'armement du navire. Conformément à l'article 38, il doit y avoir à bord, indépendamment du capitaine, au moins un mécanicien et autant de chauffeurs que le service de l'appareil moteur l'exigera. Vous devrez donc, avant de délivrer le permis de navigation, demander qu'on vous fasse connaître la composition de la partie de l'équipage chargée du service de la machine et des chaudières. Pour les bâtiments destinés à de longues traversées, le permis de navigation fixera le nombre et la qualité des chauffeurs. Parmi ces derniers, il est très-désirable qu'il se trouve un bon ouvrier chaudronnier, de manière à ce que tous les besoins du service soient assurés.

Les armateurs sont tenus de désigner au préfet les personnes qu'ils veulent employer comme capitaines ou mécaniciens. Le préfet chargera soit la commission de surveillance, soit toutes autres personnes à ce compétentes, de les examiner conformément aux programmes qui précèdent; à moins que l'on ne produise des certificats auxquels il juge que toute confiance doive être donnée, et qui témoignent que les personnes qui les ont obtenus ont les connaissances nécessaires et satisfont aux conditions requises. Dans tous les cas, les candidats pour les emplois dont il s'agit ne pourront servir sur les bateaux à vapeur qu'autant que ces certificats, ou ceux qui leur auront été délivrés après l'examen spécial indiqué ci-dessus, seront revêtus du visa du préfet. Les capitaines ou les mécaniciens porteurs de ces certificats pourront servir sur un autre bâtiment que celui où ils auront été d'abord employés, à la charge, par les chefs de la nouvelle entreprise, d'en faire la déclaration au préfet, et, de la part du capitaine ou du mécanicien, de soumettre à son visa les certificats dont il vient d'être fait mention.

Le préfet ne donnera le visa mentionné ci-dessus qu'après avoir pris des informations précises sur les services antérieurs du porteur des certificats; il refuserait le visa dans le cas où le porteur se serait rendu coupable de fautes ou de négligences graves, ou bien aurait fait preuve d'incapacité, depuis la délivrance du certificat soumis au visa.

—Les propriétaires de bateaux actuellement autorisés devront se pourvoir, dans un délai de trois mois, à dater de la promulgation de l'ordonnance, pour obtenir de nouveaux permis. Je vous invite à tenir la main à l'exécution de cette disposition.

— Je joins à cette circulaire l'instruction pratique dont il est fait mention dans l'article 60; elle devra être, conformément au même article, affichée à demeure dans le local des machines et chaudières. Un exemplaire en placard de cette instruction est également ci-joint.

— Chaque année, vous aurez à m'adresser un tableau statistique des bâtiments à vapeur naviguant sur mer qui auront été permissionnés dans votre département.

— Je vous prie de m'accuser réception de la présente circulaire, dont je vous transmets des expéditions pour les membres des commissions de surveillance instituées dans les ports de mer de votre département.

CIRCULAIRE DU MINISTRE DES TRAVAUX PUBLICS AUX PRÉFETS. 29 novembre 1850.

Précautions à prendre dans l'alimentation des chaudières.

Les chaudières des bateaux à vapeur qui naviguent sur mer ou à l'embouchure des fleuves exigent, comme l'a indiqué l'instruction du 5 juin 1846, des précautions particulières à raison de l'eau salée avec laquelle on les alimente.

Pour empêcher qu'il ne se forme des dépôts de sel dans l'intérieur de ces chaudières, l'instruction ci-dessus rappelée a recommandé d'en renouveler l'eau fréquemment, soit au moyen d'une pompe spéciale mue par la machine même du bateau et capable d'enlever à chaque coup de piston un certain volume d'eau en rapport avec celui qui est introduit par la pompe alimentaire, soit, lorsque cette pompe n'existe pas, en opérant, de demi-heure en demi-heure au moins, les extractions d'eau par le robinet de vidange. Un nouvel accident vient de démontrer une fois de plus combien ces précautions sont indispensables. Le 8 septembre dernier, une explosion a eu lieu à bord du remorqueur *le Rouen,* qui fait le service entre le Havre et Rouen, et il a été constaté que ce malheureux événement, où un chauffeur a péri et un autre a été grièvement blessé, est dû à ce qu'on négligeait de renouveler de temps en temps, pendant les traversées, l'eau des chaudières. Un dépôt de sel s'était produit dans l'un des bouilleurs; ce dépôt, en s'interposant entre la tôle et l'eau, et en empêchant celle-ci de soutirer la chaleur communiquée aux parois, a fait rougir le métal, en a altéré la ténacité et occasionné la rupture.

L'administration doit faire tous ses efforts pour éviter le retour de semblables catastrophes ; elle doit redoubler de vigilance là où elle peut supposer que les règlements sont le moins fidèlement observés , et poursuivre toutes les infractions avec une juste sévérité.

Aux termes des règlements, l'instruction du 5 juin 1846 doit demeurer constamment affichée dans le local des appareils moteurs. Il importe de rappeler cette disposition aux armateurs et aux capitaines de navires ; il conviendra même, à l'avenir, d'insérer, dans les permis de navigation que vous aurez à délivrer pour des bateaux qui naviguent sur mer ou à l'embouchure des fleuves, une prescription spéciale qui oblige à opérer, dans les chaudières, les extractions d'eau salée à des intervalles assez rapprochés pour y prévenir la formation des dépôts de sel. Ces dispositions, placées ainsi d'une manière en quelque sorte permanente sous les yeux des capitaines et des mécaniciens, seront moins facilement oubliées ou méconnues. Les commissions de surveillance devront d'ailleurs vérifier, le plus fréquemment qu'il sera possible, si elles sont ponctuellement suivies, et, là où on ne les exécuterait pas, elles devront vous le signaler, pour que vous puissiez prendre les mesures nécessaires.

Je joins ici des expéditions de la présente circulaire, en vous priant de les transmettre aux membres des commissions instituées dans votre département.

ÉCLAIRAGE EXTÉRIEUR.

ARRÊTÉ DU PRÉSIDENT DU CONSEIL, CHARGÉ DU POUVOIR EXÉCUTIF, 14 octobre 1848.
PRESCRIVANT L'EMPLOI D'UN NOUVEAU SYSTÈME D'ÉCLAIRAGE À
BORD DES NAVIRES À VAPEUR DU COMMERCE.

ARTICLE 1er. Les navires à vapeur de la marine marchande
seront tenus, pour prévenir les rencontres de nuit, de porter,
à leurs tambours et en tête de mât, des feux dont la couleur et
la distribution ont été réglées à bord des bâtiments à vapeur de
la république [1].

ART. 2. Le ministre de la marine et des colonies est chargé
de l'exécution du présent arrêté.

INSTRUCTION DU MINISTRE DE LA MARINE SUR UN NOUVEAU SYSTÈME Novembre 1848 [2].
D'ÉCLAIRAGE DES BÂTIMENTS À VAPEUR.

Les gouvernements de France et d'Angleterre, dans le but
d'éviter, pendant la nuit, la rencontre en mer des navires à vapeur, et de prévenir les sinistres qui sont la conséquence des
abordages, ont, d'un commun accord, adopté le système suivant de tactique et d'éclairage.

A l'avenir, tous les bâtiments à vapeur anglais et français porteront, depuis le coucher du soleil jusqu'à son lever, des feux
dont la disposition est indiquée ci-après.

Lorsqu'ils feront route :

 1º Un feu blanc en tête du mât de misaine ;

 2º Un feu vert à tribord ;

 3º Un feu rouge à bâbord.

Lorsqu'ils seront au mouillage :

 Un feu blanc ordinaire.

Ils se conformeront aux conditions suivantes, savoir :

 1º Le feu de tête de mât devra être visible à une distance
d'au moins cinq milles par une nuit claire, et le fanal sera
construit de telle sorte que la lumière soit uniforme et non

[1] Voir, au sujet de ce système d'é- clairage, l'instruction suivante.
[2] Cette instruction a été envoyée, le 16 février 1849, par le ministre des travaux publics aux préfets, chargés d'en remettre un exemplaire aux commissions de surveillance de leurs départements.

interrompue, dans un arc de vingt rumbs de vent (225°), c'est-à-dire depuis le cap du bâtiment jusqu'à deux quarts en arrière du travers de chaque bord.

2° Les feux de couleur devront être visibles d'une distance d'au moins deux milles par une nuit claire, et les fanaux construits de manière à ce que la lumière embrasse, sans interruption ni variation d'éclat, un arc de l'horizon de dix quarts (112° 30′), c'est-à-dire depuis le cap du navire jusqu'à deux quarts de l'arrière du travers du bord où ils sont placés.

3° Les feux de côté seront garnis, en dedans, d'écrans ayant au moins trois pieds de longueur, afin qu'on ne puisse les apercevoir à travers le bâtiment; ils seront appliqués longitudinalement en avant et en arrière de la face intérieure des fanaux latéraux..

4° Le fanal employé au mouillage sera construit de manière à donner une bonne lumière tout autour de l'horizon.

FIGURES.

Les figures suivantes ont pour but de préciser l'usage des feux qui viennent d'être indiqués.

    ☩ sert à désigner les feux rouges; ●, les feux verts.

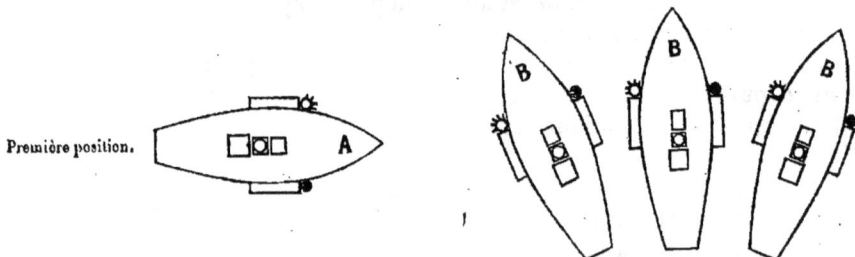

Première position.

Dans cette position, le vapeur A ne voit que le feu rouge du vapeur B, quelle que soit celle des trois directions du plan que B suive, attendu que le feu vert de ce dernier reste toujours masqué. A est donc bien sûr que B lui présente le côté de bâbord, et qu'il gouverne de manière à lui couper la route de tribord à bâbord; A peut donc, en toute confiance (s'il fait assez noir pour qu'il redoute un abordage), venir sur tribord. Il ne court aucun risque de rencontrer B. D'un autre côté, B, dans ses trois positions, voit le feu rouge, le feu vert et le feu de

tête de A ; il les voit sous forme de triangle et sait par là que
A court droit sur lui ; B manœuvre en conséquence.

Il est inutile de faire remarquer que les feux de tête de mât
seront visibles, de part et d'autre, jusqu'à ce que le travers de
chacun des vapeurs ait été dépassé de deux quarts sur l'arrière.

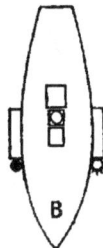

Deuxième position.

A ne voit que le feu vert de B, ce qui lui indique clairement
que B lui coupe la route de bâbord à tribord.

B voit, au contraire, les trois feux de A, et en conclut qu'un
vapeur court droit sur lui.

Troisième position.

A et B voient respectivement leurs feux rouges. Les feux verts
sont masqués par les écrans ; il est évident que les deux navires
passeront à bâbord l'un de l'autre.

Quatrième position.

A et B voient respectivement leurs feux verts. Les feux rouges sont masqués par les écrans; les deux navires passeront à tribord l'un de l'autre.

Cinquième position.

Ce cas demande de l'attention : le feu rouge qui est aperçu par A, et le feu vert par B, annoncent aux vapeurs qu'ils s'approchent obliquement l'un de l'autre. A viendra sur tribord, conformément à la règle posée pour le cas suivant.

Nota. La manœuvre indiquée par le tacticien anglais, quoique assez généralement suivie ou au moins généralement recommandée, pourrait, dans certains cas, être fort dangereuse. Elle a pour but constant de faire passer le navire B devant A, qui seul doit manœuvrer pour éviter l'abordage. Le seul moyen d'obvier au danger qui pourrait résulter de cette manœuvre sera de prescrire que A, en venant sur tribord, doit stopper et ne mettre en route que lorsque B l'aura dépassé de l'avant.

Si le navire A ne se conformait pas à cette dernière prescription, il serait responsable des avaries résultant d'un abordage.

Sixième position.

Ici chacun des deux vapeurs aperçoit les deux feux de couleur de l'autre. Ce fait indique qu'ils courent droit l'un sur l'autre. Dans ce cas, ce devrait être une règle absolue que tous les deux viendraient sur tribord. Cette règle est déjà presque généralement adoptée; mais il serait beaucoup plus sûr qu'elle fût rendue *obligatoire;* car il est évident que, sans une règle semblable, bien comprise et fidèlement suivie, il est impossible de préserver d'un abordage deux vapeurs qui se trouveront dans la position indiquée par la figure.

La manière d'établir les feux de couleur doit être l'objet d'une

attention particulière. Il faut que chacun d'eux soit muni intérieurement d'un écran de bois ou de toile, afin qu'ils ne puissent
être vus à la fois que d'une seule direction, celle du cap du navire même.

Ceci est fort important; car, sans les écrans, aucune combinaison des feux de côté ne saurait donner une indication précise de la route suivie par le navire.

L'évidence de ce fait résulte de l'inspection des figures qui
précèdent. Dans tous les cas, l'inspection des feux indique à
l'instant la route relative que suivent les deux vapeurs, c'est-à-
dire que chacun d'eux sait de suite si l'autre court droit sur lui,
ou bien s'il lui coupe la route de tribord à bâbord ou de bâbord
à tribord.

Il n'en faut pas davantage pour que les vapeurs s'évitent, par
la nuit la plus noire, aussi facilement qu'en plein jour, et pour
qu'on ne voie plus le retour des déplorables accidents de ce
genre qui sont arrivés.

L'utilité de ce mode d'éclairage serait bien plus grande encore s'il était adopté par les navires à voiles comme par les bâtiments à vapeur.

Au mouillage, tous les bâtiments, quels qu'ils soient, doivent
montrer un feu ordinaire.

CIRCULAIRE DU MINISTRE DES TRAVAUX PUBLICS AUX PRÉFETS. 7 novembre 1848.

Éclairage extérieur
pour prévenir
les abordages
de nuit.

La circulaire du 6 juin 1846, relative à l'exécution de l'ordonnance du 17 janvier précédent, concernant les bateaux à
vapeur qui naviguent sur mer, a recommandé de prendre les
dispositions nécessaires pour éviter les abordages, causes de si
graves accidents. Les préfets des départements ont été invités à
se concerter, à cet égard, avec les préfets maritimes, de manière à ce qu'un mode régulier de fanaux fût établi pour l'éclairage de nuit.

Le ministre de la marine a prescrit dernièrement l'emploi,
à bord des bâtiments de l'état, d'un système d'éclairage adopté
par la marine britannique, et qui, par sa facilité et la promptitude de ses signaux, présente de grands avantages.

Pour que cette mesure eût toute son utilité, il importait de
l'étendre aussi aux bâtiments à vapeur de commerce.

Veuillez, après vous être concerté avec le préfet maritime de la circonscription, qui vous communiquera les instructions transmises par le ministère de la marine, enjoindre aux propriétaires des bateaux à vapeur qui ont leur point d'armement dans l'un des ports de votre département, de se conformer sans délai aux dispositions de l'arrêté du 14 octobre dernier.

Les commissions de surveillance devront soigneusement s'assurer de leur exécution, et je vous prie de m'informer le plus tôt possible des mesures que vous aurez prises à ce sujet.

<hr>

10 avril 1851.

CIRCULAIRE DU MINISTRE DES TRAVAUX PUBLICS AUX PRÉFETS.

Éclairage extérieur.　Un arrêté du 14 octobre 1848, du chef du pouvoir exécutif, a, comme vous le savez, disposé que les navires à vapeur de la marine marchande seraient tenus, pour prévenir les rencontres de nuit et empêcher ainsi les sinistres qui sont la conséquence des abordages, de porter, à leurs tambours et en tête de mât, des feux de même couleur et distribués de la même manière que ceux qui sont en usage sur les bâtiments à vapeur de l'état.

• D'après l'instruction qui a été publiée à ce sujet, en novembre 1848, par le ministère de la marine, et dont les dispositions ont été adoptées par la marine britannique, tout navire à vapeur en marche doit avoir, depuis le coucher du soleil jusqu'à son lever, trois feux, savoir :

Un feu blanc en tête du mât;

Un feu vert à tribord;

Un feu rouge à bâbord.

Le feu de tête de mât doit être visible à une distance d'au moins cinq milles par une nuit claire, et le fanal construit de telle sorte que la lumière soit uniforme et non interrompue, dans un arc de vingt rumbs de vent (225°), depuis le cap du bâtiment jusqu'à deux quarts en arrière du travers de chaque bord.

Les feux de couleur doivent pouvoir être aperçus d'une distance d'au moins deux milles, et les fanaux construits de manière à ce que la lumière embrasse, sans interruption ni variation d'éclat, un arc de l'horizon de dix quarts (112° 30′), c'est-à-dire depuis le cap du navire jusqu'à deux quarts de l'arrière du travers du bord où ils sont placés.

Le fanal employé au mouillage doit être disposé de façon à répandre une bonne lumière tout autour de l'horizon.

Enfin, chaque feu de couleur doit être muni intérieurement d'un écran, pour qu'il ne puisse être vu à la fois que d'une seule direction, celle du cap du navire, et pour que la combinaison des feux de côté puisse donner un signal précis de la route suivie par le bâtiment.

Le ministère des travaux publics a fait connaître, dans le temps, ces dispositions aux préfets des départements maritimes, en les invitant à en assurer l'exécution.

Il résulte des renseignements que ces magistrats lui ont transmis depuis lors, que les navires à vapeur de la marine marchande sont aujourd'hui généralement pourvus de fanaux qui satisfont aux prescriptions réglementaires.

Sur quelques bateaux, cependant, les feux en usage laissant encore quelque chose à désirer, j'ai pensé, avec la commission centrale des machines à vapeur, qu'il serait utile, pour guider les armateurs sur le choix des meilleurs appareils à employer, d'indiquer, dans une circulaire, le mode de fanal qui a été adopté par le ministère de la marine, sur les propositions d'une commission spéciale qu'il avait chargée d'étudier cette matière.

Ce fanal, dont le modèle a été exécuté, conformément aux indications de cette commission, par M. Létourneau, fabricant d'appareils lenticulaires pour les phares, se compose d'une lentille principale et de quatre anneaux, formant en tout cinq segments annulaires, analogues à ceux qui sont usités dans la construction des verres d'optique destinés aux phares.

L'amplitude est, comme le prescrit l'instruction précitée, de 112° 30' pour les fanaux des tambours, et de 225° pour le fanal qui doit être placé en tête du mât.

Sur le côté opposé existe un miroir en glace, qui sert en même temps d'écran et de réflecteur. Ce miroir intercepte les rayons lumineux projetés vers l'arrière; il les réfléchit, au contraire, vers l'avant, et rend ainsi la lumière plus intense dans cette partie de l'horizon.

Le fanal est éclairé avec de la bougie. Ce mode d'éclairage est, à tous égards, bien préférable à l'emploi de l'huile, qui, entre autres inconvénients, ne permet pas de maintenir l'appareil dans l'état de propreté indispensable : l'huile salit les parois intérieures du fanal ainsi que le verre d'optique; elle les recouvre d'une couche grasse et charbonneuse, laquelle altère l'éclat de la lumière. En outre, de nombreuses expériences ont montré que toutes les lampes sont sujettes à s'éteindre par les moindres brises. Tous ces inconvénients sont évités par l'emploi de la bougie. Dans l'appareil de M. Létourneau, la bougie dont on se sert a un diamètre de $0^m,032$ et une longueur de $0^m,16$: elle repose sur une bobèche dirigée par trois guides; au-dessous est fixé un tube dans lequel se trouve un ressort à boudin qui la pousse à mesure qu'elle se consume. A l'aide de cette disposition, la bougie brûle jusqu'à la fin; elle dure dix heures et résiste très-bien à l'impression d'un vent même très-frais.

Tous les bâtiments à vapeur de l'état sont maintenant munis de ces fanaux, que le ministère de la marine a fait construire par M. Létourneau.

Quant à l'installation des feux, elle ne présente pas de difficultés pour ceux des tambours. Mais il n'en est pas de même, dans certains cas, pour le feu qui doit être placé en tête du mât de misaine, par exemple, lorsque ce mât est pourvu d'un hunier : on a reconnu que, dans ce cas, pour fixer le fanal, on serait forcé de l'attacher à une drisse, ce qui l'exposerait à des chocs qui pourraient le briser lorsqu'il faudrait l'amener ou le hisser. De plus, ce fanal étant ainsi sujet à tourner sur lui-même, la lumière s'y écarterait à chaque instant de la direction convenable. On le remplace avec avantage, dans le cas dont il s'agit, par deux fanaux, chacun de $112° 30'$ d'amplitude, construits comme ceux des tambours, et que l'on attache au-dessous de la hune, à côté des jottereaux. Ces deux fanaux, vus à une certaine distance du navire, même à moins de trois encablures de l'avant, se confondent en un seul par l'effet de l'irradiation, et présentent de cette manière l'apparence d'un fanal unique. Ce dernier système s'applique exclusivement aux bâtiments qui n'ont pas de hunier.

Au moyen de ces dispositions, les prescriptions de l'arrêté du gouvernement du 14 octobre 1848 sont aisées à exécuter, et il est fort essentiel de tenir la main à ce qu'elles soient ponctuellement observées.

Il convient d'ailleurs de remarquer que l'administration n'impose pas aux propriétaires de navires à vapeur l'obligation de s'approvisionner chez tel ou tel fabricant des fanaux nécessaires à leur navigation ; à cet égard, toute liberté est laissée à l'industrie. Mais ce qu'il est du droit et du devoir de l'administration d'exiger, c'est que les appareils d'éclairage dont on fera usage satisfassent au règlement, qu'ils offrent, quant à l'amplitude, à la portée et à la distribution des feux, les conditions que ce règlement a déterminées.

Il conviendra donc d'insérer à l'avenir, dans tous les permis de navigation des navires à vapeur qui naviguent sur mer et font des voyages de nuit, un article portant qu'ils devront avoir à bord des fanaux du genre de ceux qui sont employés par la marine de l'état, ou des fanaux fabriqués d'après d'autres modèles, mais remplissant, comme ceux-là, les conditions fixées dans l'instruction annexée à l'arrêté du 14 octobre 1848.

La même disposition devra être prescrite pour les navires déjà permissionnés, et qui ne se trouveraient pas encore complétement en règle sous ce rapport.

Je joins ici, à cet effet, des exemplaires de la présente circulaire, pour être distribués, comme l'ont été dans le temps l'arrêté et l'instruction précités, aux armateurs, aux chambres de commerce et aux commissions de surveillance instituées dans les ports.

Je ne saurais d'ailleurs, en terminant, trop recommander à votre sollicitude et aux soins des commissions de surveillance la stricte exécution des mesures dont il s'agit : la sécurité du commerce, la sûreté des voyageurs, y sont essentiellement intéressées. L'on sait en effet combien de malheurs peuvent causer les abordages, et combien l'on y serait exposé, surtout dans les mers resserrées et fréquentées, si les précautions indispensables n'étaient pas prises. En se conformant exactement, sur chaque navire, au système d'éclairage ci-dessus décrit, on préviendra le retour de ces funestes accidents.

DÉCRET DU PRÉSIDENT DE LA RÉPUBLIQUE PRESCRIVANT L'EMPLOI   17 août 1852.
D'UN NOUVEAU SYSTÈME D'ÉCLAIRAGE À BORD DES NAVIRES À
VAPEUR ET À VOILES, DE L'ÉTAT ET DU COMMERCE.

RAPPORT DU MINISTRE DE LA MARINE AU PRÉSIDENT DE LA RÉPUBLIQUE.

Les navigateurs de toutes les nations se sont toujours préoccupés des nombreux sinistres résultant des abordages des navires entre eux, et ont constamment recherché des moyens efficaces pour les prévenir.

Le développement progressif de la marine à vapeur avait surtout appelé l'attention générale sur la nécessité de certaines

Navires
à vapeur et à voiles.
—
Éclairage extérieur
pour prévenir
les abordages
de nuit.

dispositions propres à écarter les dangers de la navigation pendant la nuit. Un système uniforme d'éclairage pour tous les bâtiments à vapeur fut adopté par plusieurs puissances maritimes, à l'imitation de la France et de l'Angleterre, qui, dès l'année 1848, avaient admis, d'un commun accord, un règlement sur cet objet important.

Sans doute la généralisation d'une semblable mesure, si utile à bord de tous les navires à vapeur, était déjà un véritable progrès; mais ce système d'éclairage ne s'applique qu'à la marine à vapeur, et les navires à voiles restent exposés aux mêmes dangers pendant leur navigation de nuit, notamment ceux qui fréquentent les côtes ou des parties de mer resserrées.

Afin de combler une telle lacune et d'astreindre tous les marins à l'exécution rigoureuse des dispositions relatives aux feux que les navires de l'état et du commerce doivent porter pendant la nuit, j'ai l'honneur de soumettre à votre approbation le projet de décret ci-joint.

———

Louis-Napoléon, etc.

Sur le rapport de notre ministre secrétaire d'état de la marine et des colonies.

Article 1er. A l'avenir, tous les navires à vapeur et à voiles de l'état porteront, depuis le coucher du soleil jusqu'à son lever, des feux dont la couleur et la disposition seront indiquées ci-après, pour chaque espèce de bâtiment.

Art. 2. Les navires à vapeur, à roues ou à hélice, lorsqu'ils feront route soit au large, soit près des côtes, soit dans l'intérieur des ports, des rades, des baies et des rivières, porteront:

1º Un feu blanc en tête du mât de misaine;

2º Un feu vert à tribord;

3º Un feu rouge à bâbord, et, lorsqu'ils seront à l'ancre, un feu blanc ordinaire en tête du mât de misaine.

Le feu en tête du mât devra être visible à une distance d'au moins cinq milles par une nuit claire, et le fanal sera constitué de telle sorte que sa lumière soit uniforme et non interrompue, dans un arc de vingt rumbs de vent (225°), c'est-à-dire depuis le cap du bâtiment jusqu'aux deux quarts en arrière du travers de chaque bord.

Les feux de couleur devront être visibles d'une distance d'au moins deux milles par une nuit claire, et les fanaux construits de manière à ce que la lumière embrasse, sans interruption ni variation d'éclat, un arc de l'horizon de dix quarts (112°30′), c'est-à-dire depuis le cap du navire jusqu'à deux quarts de l'arrière du travers du bord où ils sont placés.

Les fanaux de côté seront construits de telle sorte qu'on ne puisse apercevoir leur lumière à travers le bâtiment.

Le fanal employé au mouillage devra donner une bonne lumière tout autour de l'horizon.

Art. 3. Les bâtiments à voiles de l'état, marchant à la voile, à la remorque ou à la touée, ou s'approchant d'un autre navire ou en étant approchés, seront tenus de porter, entre le coucher et le lever du soleil, une lumière brillante, placée de façon à être aperçue par tout autre navire et en temps suffisant pour éviter un abordage.

Les navires à voiles de l'état, étant à l'ancre sur une rade, seront aussi tenus de hisser en tête de mât, entre le coucher et le lever du soleil, un feu clair et continu, excepté dans les ports où des règlements particuliers prescriraient d'autres feux de position.

Toutefois, lorsque les bâtiments de guerre mouillés sur une rade auront besoin de signaler leur position d'une manière plus complète, ou suivant l'ordre de service établi dans une division navale à laquelle ils appartiendraient, ces bâtiments se conformeront aux Instructions générales de la Tactique navale (art. 51, p. 300 et 301)[1].

Le fanal à l'usage des navires à voiles, quand ils seront à l'ancre, devra être installé de façon à éclairer tous les points de l'horizon.

---

[1] Chapitre II. Des signaux de jour et des signaux de nuit. — Signaux de nuit.

Art. 51. Lorsqu'on navigue sans masquer ses feux, dans toutes les circonstances de mouvement général, tous les bâtiments de l'armée hisseront deux feux à la corne et un sur le beaupré, dès le commencement de l'évolution.

Chaque bâtiment particulier mettra les mêmes feux, dits de position, dans tous les cas où il est essentiel de faire connaître sa route et son travers, comme en mettant en panne ou à la cape, en se ralliant à l'armée, en virant de bord, en faisant chapelle, en chassant sur les ancres, en appareillant, en venant au mouillage, enfin dans tous les cas où il est intéressant de faire connaître sa position et sa manœuvre.

Si une armée est à l'ancre, elle mettra également des feux lorsqu'un bâtiment viendra la rallier dans l'obscurité, afin de lui faciliter le choix du mouillage.

Tous ces feux s'éteindront aussitôt que le motif qui les a fait mettre aura cessé.

Art. 4. Tout navire de commerce, à voiles ou à vapeur, sera tenu de se conformer rigoureusement aux dispositions applicables aux navires à voiles et à vapeur de l'état, excepté en ce qui concerne les feux de position prescrits par la Tactique navale.

Art. 5. Tous les règlements antérieurs relatifs aux feux que doivent porter les navires à vapeur sont et demeurent abrogés.

Art. 6. Des instructions spéciales détermineront l'emploi des feux dont il est fait mention dans les articles précédents.

STATISTIQUE ANNUELLE.

I.

CIRCULAIRE DU DIRECTEUR GÉNÉRAL DES PONTS ET CHAUSSÉES ET DES MINES AUX PRÉFETS.

31 octobre 1833.

(Extrait.)

Je vous ai entretenu, par ma circulaire du 22 août dernier, des divers documents que je désirais recevoir, chaque année, en ce qui concerne les machines et chaudières à vapeur, à haute ou basse pression, employées sur terre.

L'objet de la présente circulaire est de réunir des renseignements de même genre pour les bateaux à vapeur.

Il est, en effet, intéressant de constater le développement que prend en France ce mode de navigation. On ne saurait aussi, vous le savez, rechercher avec trop de soin tout ce qui peut assurer au service, en cette matière, une régularité, une continuité d'action qui y sont nécessaires, afin que la société puisse jouir avec sécurité des avantages que lui offre une aussi belle découverte.

Il est nécessaire, dans ce système d'amélioration, de présenter des relevés annuels qui fassent connaître :

Le nombre et les noms des bateaux à vapeur qui naviguent dans chaque département; les personnes ou les compagnies auxquelles ces bateaux appartiennent, la destination de chacun d'eux; s'il sert à la remorque ou au transport des passagers ou des marchandises, ou à l'un et à l'autre concurremment; l'estimation du nombre des passagers et du poids des marchandises transportés annuellement; l'étendue de la ligne qu'il parcourt, ses points de départ, de station et d'arrivée, sa vitesse moyenne en montant et en descendant;

Le système de l'appareil moteur et tous les détails qui se rapportent à cet appareil ou au bateau en lui-même;

Les dates des permis de navigation; les conditions auxquelles ils ont été donnés, celles qui sont remplies et celles qui resteraient à exécuter; les lieux où sont établies les commissions de surveillance, les époques de leur formation, les noms des membres qui les composent, en ayant soin de marquer, comme le

[Notes marginales :]
Bateaux à vapeur.

Observations sur cette partie du service.

Demande de relevés annuels.

recommandait la circulaire du 1er juin 1830[1], les mutations
survenues dans le personnel de ces commissions;

Les dates des visites faites soit dans les ports, soit pendant
les traversées, et leurs principaux résultats;

Les accidents qui sont arrivés et les dispositions qui ont été
prises à leur occasion.

— Des indications analogues devront être fournies pour les bateaux stationnaires dans lesquels on fait usage de machines ou
d'appareils à vapeur[2].

— Enfin il conviendra d'ajouter à ces états[3] des observations
sur la manière dont est fait le service, d'indiquer les perfection-
nements qui paraîtraient pouvoir être introduits, et de donner
un exposé sommaire des mesures de police et de précaution
prescrites pour compléter les dispositions générales établies par
les ordonnances.

Le premier tableau ci-joint présente l'ordre dans lequel ces
matériaux peuvent être rassemblés. Il facilitera aux commissions
de surveillance, et aux ingénieurs dans les départements où de
telles commissions n'existent pas, la rédaction des détails qu'ils
auront à fournir.

Le second tableau, analogue au second tableau qui accompagnait ma circulaire du 22 août, est destiné à faire connaître
les épreuves faites sur les machines du bateau, soit lorsque ces
épreuves n'ont point été exécutées dans le lieu de fabrication
de l'appareil, soit lorsqu'elles sont renouvelées.

———

13 janvier 1835.

CIRCULAIRE DU DIRECTEUR GÉNÉRAL DES PONTS ET CHAUSSÉES ET DES MINES AUX PRÉFETS.

Bateaux à vapeur.

—

États à fournir
pour
l'année 1834.

Les états demandés par la circulaire du 31 octobre 1833 se
rapportaient à l'année où l'on se trouvait alors; il s'agit aujour-
d'hui de fournir ceux qui seront relatifs à l'année 1834.

Ces renseignements ont pour objet de faire connaître, chaque
année, la situation de la navigation à la vapeur, la surveillance
qui a été exercée et les diverses circonstances du service. Il
importe donc qu'ils soient remis aux époques fixées; autrement
le but que l'on s'est proposé ne serait point obtenu.

———

[1] Ce document, n'ayant plus aujourd'hui qu'un intérêt historique,
n'a point été reproduit dans ce Recueil.

[2] Voir l'article 79 de l'ordonnance
du 23 mai 1843.
[3] Voir ci-après les modèles d'états
actuellement en usage.

Les relevés de 1833 ont donné d'utiles indications sur le développement qu'a pris en France ce mode de navigation; ils offrent, sous le rapport industriel et commercial, des documents d'un grand intérêt. J'ai remarqué néanmoins que, pour quelques départements, les détails n'étaient pas aussi complets qu'on doit le souhaiter. Ainsi, pour un certain nombre de bateaux, on a omis de faire connaître le tonnage; d'autres fois on a oublié d'indiquer le nombre des passagers transportés dans l'année, ou le poids des marchandises placées soit dans les bateaux à vapeur eux-mêmes, soit dans les simples bateaux qui sont conduits par des remorqueurs à vapeur. Les bateaux stationnaires dans lesquels on fait usage de machines ou d'appareils à vapeur n'ont pas toujours été signalés. Enfin il est des états où l'on n'a point fait mention des épreuves. Les chaudières et autres pièces qui en dépendent ont dû, il est vrai, être d'abord éprouvées dans les ateliers de fabrication; mais quelquefois la vétusté, des détériorations accidentelles, exigent que ces vérifications soient renouvelées à bord. Il peut arriver aussi que des fabricants aient livré des appareils qui n'ont pas été éprouvés, et, dans ce cas, on doit y procéder sur place. Il conviendra, à l'avenir, d'indiquer exactement, sur les états et pour chaque bateau, si les chaudières et autres pièces de l'appareil moteur ont été éprouvées et timbrées avant d'être adaptées au bateau, sous quelle pression ces épreuves ont été faites, et d'indiquer toutes celles qui auraient eu lieu depuis la mise en activité. Je rappellerai à cet égard que toute chaudière, à haute ou à basse pression, employée sur des bateaux, excepté celles qui sont à faces planes, doit être éprouvée; qu'il en est de même des cylindres, enveloppes de cylindres, tubes bouilleurs; et que ces épreuves doivent être renouvelées toutes les fois que l'état des appareils donne lieu de penser qu'elles sont nécessaires. Seulement, quant aux cylindres et enveloppes, il suffit qu'ils aient été éprouvés une première fois, parce qu'ils ne sont pas exposés à se détériorer comme les chaudières.

Il est important qu'aucun des détails demandés par la circulaire du 31 octobre ne soit omis. C'est par là uniquement que l'on peut juger de la régularité du service; et l'exactitude de ces détails, pour chaque département, peut seule aussi mettre à même d'arriver à des comparaisons et à des résultats généraux, qui fassent connaître, dans son ensemble, la situation de la navigation à la vapeur en France.

Il m'a paru qu'il serait bon de réunir aux renseignements demandés des indications sur la consommation en combustible de chaque machine par heure de marche. Une colonne a été ajoutée à cet effet sur les tableaux imprimés que je vous transmets. Je vous serai obligé de me les renvoyer lorsqu'ils auront été remplis, et d'y joindre toutes les observations que vous auriez à me communiquer; j'y donnerai une grande attention.

II.

31 mai 1850.

CIRCULAIRE DU MINISTRE DES TRAVAUX PUBLICS AUX PRÉFETS.

(Extrait.)

Bateaux à vapeur
qui naviguent
sur les fleuves
ou rivières.

—

Statistique
de 1849.

Vous voudrez bien remarquer que les modifications introduites dans la rédaction des états concernant les appareils à vapeur, et dont je vous ai entretenu par ma circulaire du 6 courant, s'appliquent exclusivement aux machines et chaudières employées dans les établissements industriels.

Quant aux bateaux à vapeur, qui se trouvent dans des conditions différentes et qui sont, d'ailleurs, beaucoup moins nombreux, il convient de continuer à les faire figurer tous, comme par le passé, sur les tableaux dressés annuellement.

---

27 mai 1854.

CIRCULAIRE DU MINISTRE DE L'AGRICULTURE, DU COMMERCE ET DES TRAVAUX PUBLICS AUX PRÉFETS.

(Extrait.)

Bateaux à vapeur
qui naviguent
sur les fleuves
et rivières.

—

Statistique
de 1853.

L'état n° 1 est destiné à faire connaître le nom des bateaux à vapeur qui ont leur point de départ, de relâche ou d'arrivée dans votre département, leurs dimensions principales, la nature et la force des appareils moteurs placés à bord de ces bâtiments, le nombre des voyageurs et le poids des marchandises transportées annuellement, etc.

Cet état est exactement semblable à ceux que les commissions de surveillance ont eu à remplir dans les années précédentes, et je n'ai pas, dès lors, d'instructions spéciales à vous adresser sur le sens des renseignements qu'ils ont pour but de fournir. Je me bornerai, pour ordre, à faire remarquer qu'à la colonne

15, par les mots *charge exprimée en tonneaux*, il convient d'entendre le tonnage des bateaux tel qu'il résulte du jaugeage réglé par l'administration des contributions indirectes et des douanes.

Il serait utile aussi, dans les cas où les bateaux remorqueurs portent eux-mêmes des marchandises, d'indiquer séparément le poids de ces marchandises et le poids remorqué.

CIRCULAIRE DU MINISTRE DE L'AGRICULTURE, DU COMMERCE ET DES TRAVAUX PUBLICS AUX PRÉFETS.

(Extrait.)

17 avril 1856.

J'ai l'honneur de vous transmettre, en double expédition, les états n° 1 et n° 2, sur lesquels les membres des commissions de surveillance devront, comme d'habitude, consigner les renseignements statistiques relatifs aux bateaux à vapeur qui ont navigué, pendant l'année 1855, sur les fleuves, rivières et canaux de votre département.

Bateaux à vapeur qui naviguent sur les fleuves, rivières et canaux.

Statistique de 1855.

Le cadre n° 1 est destiné à faire connaître le nom de chaque bateau, le service auquel il est destiné, l'étendue de la ligne qu'il parcourt, ses points de départ, de station et d'arrivée, sa vitesse moyenne en montant et en descendant, l'estimation du nombre des passagers et du poids des marchandises transportés annuellement, le système de l'appareil moteur, les dates des permis de navigation, les dates des visites faites soit dans les ports, soit pendant les traversées, les accidents qui ont pu arriver, enfin les lieux où sont établies les commissions de surveillance et les noms des membres qui les composent.

MINISTÈRE
DE L'AGRICULTURE,
DU COMMERCE
ET
DES TRAVAUX PUBLICS.

ÉTAT DES BATEAUX À VAPEU

NOMS et numéros		NOMS	SERVICE auquel le bateau est destiné.			COURS d'eau parcouru par le bateau à vapeur.	POINTS	STATIONS.	POINTS	ÉTENDUE de la ligne de navigation dans le département.	VITESSE moyenne du bateau en montant et en descendant.	PRINCIPALES dimensions du bateau.	TIRANT	CHARGE exprimée en tonneaux.	NOMBRE des passagers transportés annuellement.
des bateaux à vapeur qui naviguent dans le département.	des bateaux stationnaires dans lesquels on fait usage de machines ou d'appareils à vapeur.	des propriétaires.	Transport des passagers; nombre maximum fixé par le permis de navigation.	Transport des marchandises.	Remorque.		de départ.		d'arrivée.				d'eau.		
1	2	3	4	5	6	7	8	9	10	11	12	13	14	15	16

NT SUR LES FLEUVES, RIVIÈRES ET CANAUX.

APPAREIL MOTEUR.							NUMÉROS des timbres dont l'appareil est frappé.	NOM et résidence du constructeur de l'appareil.	DATES des permis de navigation.	DATES des visites faites pendant l'année et des rapports ou procès-verbaux.	ACCI-DENTS et dates des procès-verbaux.	OBSERVATIONS GÉNÉRALES sur le service, le système de la machine et l'exécution des conditions de sûreté prescrites par les ordonnances et permis de navigation. (Indiquer la résidence des commissions de surveillance, les noms des membres qui les composent.)
eusion de la apeur dans les audiè-res.	Puis-sance en chevaux-vapeur de 75 kil. élevés à 1^m par seconde.	Iudica-tion de la forme et du système des chaudiè-res.	Dimensions des chaudières.			Consom-mation en combus-tible par heure de marche.						
			Longueur en mètres.	Diamètre en mètres.	Épaisseur en millimètres.							
19	20	21	22	23	24	25	26	27	28	29	3o	31

MINISTÈRE
DE L'AGRICULTURE,
DU COMMERCE
ET
DES TRAVAUX PUBLICS.

DÉPARTEMENT
d

ANNÉE 185 .

ÉTAT N° 2.

ÉTAT DES ÉPREUVES DES CHAUDIÈRES ET AUTRES PIÈCES

EMPLOYÉES DANS LES BATEAUX À VAPEUR QUI NAVIGUENT SUR LES FLEUVES ET RIVIÈRES.

NOM et numéro du bateau auquel appartient la chaudière éprouvée.	DATE de l'épreuve.	NOMBRE des chaudières et des autres pièces éprouvées.	DIMENSIONS DES CHAUDIÈRES et des autres pièces éprouvées.			SURFACE de chauffe des chaudières et des bouilleurs.	NUMÉROS des timbres.	SOUPAPES DE SÛRETÉ.			CHARGE pour l'épreuve.	DESTINA-TION du bateau.	OBSERVATIONS.
			Lon-gueur.	Dia-mètre.	Épais-seur.			Diamètres des orifices.	Largeur de la surface annulaire de contact.	Rapports entre les bras du levier.			
1	2	3	4	5	6	7	8	9	10	11	12	13	14
			Millim.	mètre.	Millim.	Mètr. car.	Atmosph.	Centimèt.	Millimèt.				

III[1].

24 février 1849.

CIRCULAIRE DU MINISTRE DES TRAVAUX PUBLICS AUX PRÉFETS.

Bateaux à vapeur qui naviguent sur mer.

J'ai l'honneur de vous adresser, en double exemplaire, les tableaux n° 1 et n° 2[2], sur lesquels doivent être réunis, pour 1848, les renseignements statistiques relatifs aux bateaux à vapeur qui naviguent sur mer.

Statistique de 1848.

Je vous prie d'y faire consigner les indications concernant les bateaux à vapeur français qui ont leur point de départ, de relâche ou d'arrivée dans l'un des ports maritimes de votre département.

L'un des exemplaires de ces tableaux sera conservé comme minute. Veuillez me renvoyer l'autre, le plus tôt possible, avec les observations que vous jugerez convenable d'y ajouter.

CIRCULAIRE DU MINISTRE DE L'AGRICULTURE, DU COMMERCE
ET DES TRAVAUX PUBLICS AUX PRÉFETS.

9 mai 1854.

Bateaux à vapeur qui naviguent sur mer.

J'ai l'honneur de vous adresser, en double exemplaire, les états n° 1 et n° 2 destinés à recevoir les renseignements statistiques concernant les bateaux à vapeur français qui naviguaient sur mer, pendant l'année 1853.

Statistique de 1853.

Je vous prie de transmettre ces tableaux aux présidents des commissions de surveillance qui peuvent exister dans votre département, en les invitant à les remplir conformément aux instructions transmises précédemment, et à vous les faire parvenir sans retard, pour qu'à votre tour vous puissiez me les transmettre dans le plus bref délai possible.

[1] La statistique de la navigation fluviale n'a été séparée qu'en 1846 (voir ci-dessus la circulaire du 6 juin 1846) de celle de la navigation maritime.

— L'observation faite, au sujet de la circulaire du 6 mai 1850, dans celle du 31 du même mois, relative à la statistique annuelle de la navigation fluviale, est évidemment applicable à la statistique annuelle de la navigation maritime.

[2] L'état n° 2 est naturellement identique à l'état des épreuves des chaudières et autres pièces employées dans les bateaux à vapeur qui naviguent sur les fleuves et rivières, — reproduit à la page précédente.

MINISTÈRE
DE L'AGRICULTURE,
DU COMMERCE
ET
DES TRAVAUX PUBLICS.

ÉTAT DES BATEAUX À

NOMS et numéros des bâtiments.	PORTS d'armement.	NOMS des propriétaires.	SERVICE auquel le bateau est destiné.			POINTS de départ.	STATIONS.	POINTS d'arrivée.	ÉTENDUE de la ligne de navigation.	VITESSE moyenne du bateau en eau morte.	PRINCIPALES dimensions du bateau.	TIRANT d'eau.	CHARGE exprimée en tonneaux.	NOMBRE et dimensions des embarcations.	NOMBRE et qualités des hommes qui composent l'équipage.	NOM d pa g tr po an le
			Transport des passagers; nombre maximum fixé par le permis de navigation.	Transport des marchandises.	Remorque.											
1	2	3	4	5	6	7	8	9	10	11	12	13	14	15	16	

	APPAREIL MOTEUR.						NUMÉROS des timbres dont l'appareil est frappé.	NOM et résidence du constructeur de l'appareil.	DATES des permis de navigation.	DATES des visites faites pendant l'année et des rapports ou procès-verbaux.	ACCIDENTS et dates des procès-verbaux.	OBSERVATIONS GÉNÉRALES sur le service, le système de la machine et l'exécution des conditions de sûreté prescrites par les ordonnances et permis de navigation. (Indiquer la résidence des commissions de surveillance, les noms des membres qui les composent.)
sion de la ur as s diè s.	Puissance en chevaux-vapeur de 75 kil. élevés à 1ᵐ par seconde.	Indication de la forme et du système des chaudières.	Dimensions des chaudières. Longueur en mètres.	Diamètre en mètres.	Épaisseur en millimètre.	Consommation en combustible par heure de marche.						
	21	22	23	24	25	26	27	28	29	30	31	32

MACHINES LOCOMOTIVES [1].

MANOMÈTRES [2].

AVIS DE LA COMMISSION CENTRALE. DES MACHINES À VAPEUR SUR   13 juin 1845.
UN MANOMÈTRE À AIR LIBRE PRÉSENTÉ PAR M. RICHARD, DE
LYON.

La commission a pris connaissance de la lettre du 20 mai dernier, par laquelle le sous-secrétaire d'état des travaux publics demande son avis sur un manomètre raccourci à air libre, présenté par M. Richard, fabricant d'instruments de physique, à Lyon. Le secrétaire (M. Combes), après avoir mis sous les yeux de la commission un dessin de l'instrument qui était joint à la lettre de M. Richard, a donné lecture du rapport suivant, — que la commission, après en avoir délibéré, a approuvé, et dont elle a adopté la conclusion.

RAPPORT.

M. Richard, fabricant d'instruments de physique, à Lyon, s'est occupé de la construction d'un manomètre à air libre qui pût s'adapter aux chaudières des machines locomotives et des bateaux, quelque élevée que fût la pression effective de la vapeur dans leur intérieur. Il fallait, pour cela, réduire de beaucoup la hauteur de l'instrument. M. Richard a donc construit, sur un prin-

---

[1] Voir la section II du titre IV de l'ordonnance du 22 mai 1843 et le § 5 de l'instruction ministérielle du 23 juillet suivant.

Voir aussi le titre II de l'ordonnance du 15 novembre 1846, portant règlement d'administration publique sur la police, la sûreté et l'exploitation des chemins de fer, et le rapport du ministre des travaux publics au roi qui a précédé cette ordonnance.

Tous les cahiers des charges des concessions de chemins de fer contiennent une clause ainsi conçue :

«Les machines locomotives seront construites sur les meilleurs modèles connus; elles devront consumer leur fumée et devront satisfaire, d'ailleurs, à toutes les conditions prescrites ou à prescrire par le gouvernement pour la mise en circulation de cette classe de machines. »

[2] Voir ci-dessus, aux *Appareils de sûreté,* tout ce qui concerne le régime de liberté introduit par l'instruction ministérielle du 15 décembre 1849, la note qui accompagne l'article 2 (2°) du modèle d'arrêté d'autorisation d'un appareil à vapeur fixe, et la loi pénale du 21 juillet 1856.

cipe bien connu des physiciens, et que plusieurs personnes
avaient déjà essayé d'appliquer aux manomètres de chaudières
à vapeur, un manomètre raccourci, composé d'un tube replié
plusieurs fois sur lui-même, de manière à présenter une série
de branches verticales reliées l'une à l'autre par des coudes ar-
rondis. L'instrument, développé dans un même plan vertical,
présente une suite continue de siphons, alternativement droits
et renversés, à branches verticales; du mercure remplit tous les
coudes inférieurs et s'élève jusqu'au milieu de la hauteur des
branches verticales. Les colonnes de mercure sont séparées par
des colonnes d'eau, qui occupent les coudes supérieurs et l'autre
moitié de la hauteur des branches verticales. L'appareil étant
ainsi complétement rempli de colonnes alternantes de mercure
et d'eau, si l'on met une des extrémités du tube en communication avec une chaudière à vapeur, l'autre extrémité demeu-
rant ouverte à l'air libre, l'excès de la pression dans la chaudière
sur celle de l'atmosphère déterminera la dénivellation simul-
tanée du mercure dans toutes les branches; ces dénivellations
seront d'égale hauteur, si le tube replié est exactement calibré
dans toute sa longueur, et, dans ce cas, la pression effective de
la vapeur dans la chaudière sera donnée par la hauteur à laquelle le mercure se sera élevé au-dessus du point de départ
dans la branche ouverte du tube, multipliée par le nombre de
branches verticales, sauf la correction due à l'influence du poids
de l'eau intermédiaire entre les colonnes de mercure. Cette
correction se fera en multipliant le produit précédent par la
fraction $\frac{63}{68}$, qui exprime le rapport de l'excès de la densité du
mercure sur celle de l'eau à la densité du mercure. S'il y a, par
exemple, 22 branches verticales, h désignant l'élévation du mercure, en millimètres, dans la branche ouverte à l'air libre, la
pression effective de la vapeur sera mesurée par une colonne
de mercure égale à $22\,h \times \frac{63}{68}$; $\frac{22\,h \times \frac{63}{68}}{760}$ sera la pression effective
en atmosphères, et chaque atmosphère de pression sera me-
surée par $\frac{760 \times 68}{63 \times 22} = 37^{\text{mill}},3$ de mercure. Ainsi une pression
totale de 7, ou une pression effective de 6 atmosphères, la plus
forte qui soit usitée dans l'industrie, sera accusée par une dénivellation du mercure de $223^{\text{mill}},8$, dans la branche ouverte,
égale à celle qui aura lieu dans les autres branches. Il n'y a,
dans tout ce qui précède, rien qui ne soit déjà connu depuis
longtemps et qui n'ait été appliqué. Je rappellerai notamment

à la commission l'essai qu'elle a fait, il y a deux ans, d'un semblable manomètre à tubes de verre, construit par M. Collardeau, et qui fut appliqué sur une machine locomotive du chemin de Paris à Corbeil, en même temps qu'un manomètre à air comprimé et un thermomanomètre. Il nous reste à examiner si, dans l'application, M. Richard est parvenu à éviter les inconvénients qu'on reprochait justement aux appareils du même genre déjà proposés, et à construire un instrument d'un bon usage pratique.

M. Richard a adressé, en même temps que son mémoire et le dessin qui est sous nos yeux, un de ses manomètres, que j'ai fait adapter à la chaudière à vapeur construite par les soins de la commission, et actuellement établie à l'entrepôt des marbres. J'ai comparé cet instrument, qui a été garni de mercure et d'eau, et dont l'échelle a été réglée par le sieur Obry, chaudronnier, mandataire à Paris de M. Richard, avec un manomètre à air libre ordinaire, dont l'échelle s'élève jusqu'à 6 atmosphères. Je donnerai plus loin le tableau de la marche comparée des deux instruments. J'indique d'abord les détails de construction du manomètre raccourci de M. Richard.

Le tube replié est en fer; les branches verticales, au nombre de 22, ont une hauteur totale de 0^m,50. Elles sont groupées de manière à ce que leur ensemble forme un parallélipipède rectangle, dont la base a 0^m,14 sur 0^m,062. La dernière branche verticale ouverte à l'air libre est ramenée vers le milieu de la face antérieure du parallélipipède, et porte un tube en verre de 0^m,245 de hauteur, qui laisse apercevoir l'extrémité de la colonne de mercure. Ce tube en verre est maintenu entre l'extrémité du tube replié et un autre bout de tube qui se recourbe et communique avec un tube en fer cylindrique plus large placé derrière le parallélipipède, et qui constitue un réservoir destiné à retenir le mercure dans le cas où, par suite d'une pression trop élevée dans la chaudière ou d'une oscillation qui aurait lieu au moment de l'ouverture du robinet, la colonne mercurielle viendrait à dépasser l'extrémité supérieure du tube en verre. Le mercure peut être retiré de ce réservoir en ôtant une vis en fer, qui ferme un orifice ménagé à sa partie inférieure.

La première branche du manomètre, celle qui est mise en communication directe avec la chaudière, se prolonge jusqu'à la face supérieure du parallélipipède circonscrit à l'ensemble

des plis du tube. Elle porte deux robinets, placés l'un à son extrémité supérieure, à l'arrivée du tube venant de la chaudière;
l'autre au niveau ou un peu au-dessus du niveau que doit atteindre le mercure, lorsque le manomètre n'est point en pression. Je dirai tout à l'heure l'usage de ces robinets.

Pour remplir l'instrument de mercure et d'eau, des ouvertures fermées par des vis en fer sont ménagées, les unes aux
sommets des coudes supérieurs de tous les siphons renversés,
les autres sur une même ligne horizontale au milieu de la hauteur des branches verticales situées d'un même côté. On remplit
d'abord, par ces dernières ouvertures, les parties inférieures de
tous les tubes de mercure, que l'on introduit au moyen d'un
petit entonnoir à tige recourbée. L'on verse du mercure dans
chaque tube, jusqu'à ce qu'il vienne affleurer les ouvertures.
On ferme celles-ci par les vis en fer. On ouvre ensuite les ouvertures ménagées aux sommets des coudes supérieurs, et on y
verse, à l'aide d'un entonnoir élevé à tige effilée, de l'eau, de
manière à remplir complétement les parties supérieures des
branches verticales. La partie supérieure de la première branche
verticale étant également remplie d'eau, jusqu'au niveau où elle
se maintiendra remplie par l'eau provenant de la vapeur condensée, quand elle sera mise en communication avec la chaudière, on ferme tous les orifices. Le n° 1 de l'échelle divisée en
atmosphères doit correspondre à la position qu'occupe alors le
niveau du mercure dans le tube en verre. L'échelle du manomètre est tracée sur une lame de cuivre. Elle est divisée, d'après
le nombre de branches de l'instrument supposé bien calibré;
elle est mobile le long du tube en verre, et peut être fixée par
deux vis de pression, de manière à ce que le chiffre 1 corres-
ponde au niveau du mercure, lorsque le manomètre communi-
nique par l'une et l'autre de ses extrémités avec l'atmosphère.
L'échelle du manomètre que j'ai mis en expérience marque
jusqu'à 7 atmosphères. L'intervalle d'une atmosphère est de
37 millimètres.

Les replis du tube en fer sont maintenus par des entretoises.
Tout l'instrument, groupé d'une manière assez élégante en un
parallélipipède de 0ᵐ,50 de hauteur, et dont la base a 0ᵐ,14 sur
0ᵐ,062, est ajusté sur une plaque en fer avec des montants en
équerre à la partie postérieure, de sorte qu'il peut être adapté,
facilement et simplement, à l'avant d'une chaudière de machine
locomotive, sur une chaudière de bateau ou devant le foyer

d'une chaudière, de manière à ce que l'échelle soit, dans tous les cas, bien en vue du chauffeur.

On peut vérifier, à un instant quelconque, quand le manomètre est en place, s'il marque *1* atmosphère lorsque la pression est supprimée. A cet effet, après avoir fermé le robinet supérieur de la première branche qui intercepte la communication avec la chaudière, on ouvre le second robinet placé au-dessous sur la même branche. Le tube replié étant ainsi mis en communication par les deux bouts avec l'atmosphère, le mercure doit retomber dans le tube en verre au n° *1* de l'échelle.

Si le tube qui met le manomètre en communication avec la chaudière vient à s'engorger, il suffit, pour le purger, d'ouvrir le robinet inférieur; l'eau contenue dans le tube de communication est chassée par la pression de la vapeur et emporte, en s'écoulant par le robinet, les matières qui avaient occasionné l'obstruction.

La correspondance du niveau du mercure dans le tube en verre avec les divisions de l'échelle s'aperçoit avec facilité, même pendant la marche des machines locomotives.

J'ai dit que M. Richard divisait l'échelle de ses manomètres par le calcul, d'après le nombre des branches du tube, et en le supposant exactement calibré. Il faut d'ailleurs, pour que cette division soit exacte, que le tube en verre soit du même diamètre intérieur que le tube en fer. On conçoit qu'il peut être assez difficile de se procurer des tubes en verre qui soient exactement du même calibre que les tubes en fer. Il est certain du moins que cette condition n'est pas remplie dans l'instrument que M. Richard a adressé à l'administration avec son mémoire. Voici, en effet, le tableau de comparaison de la marche de son manomètre avec le manomètre à air libre ordinaire.

INDICATIONS CORRESPONDANTES DU MANOMÈTRE À AIR LIBRE ET DU MANOMÈTRE DE M. RICHARD, IMMÉDIATEMENT APRÈS QUE CELUI-CI A ÉTÉ REMPLI DE MERCURE ET D'EAU.

MANOMÈTRE à air libre. a	MANOMÈTRE de M. Richard. b	DIFFÉRENCE.	RAPPORT de la différence à la pression effective. $\dfrac{d}{a-1}$
1^{atm}	1^{atm}	0	$\dfrac{0}{0}$
1,50	1,57	0,07	0,14
2	2,15	0,15	0,15
2,25	2,45	0,20	0,16
2,40	2,60	0,20	0,143
2,50	2,80	0,30	0,20
3	3,45	0,45	0,225
3,50	4,10	0,60	0,24
4	4,65	0,65	0,216
4,50	5,25	0,75	0,214
5	5,90	0,90	0,225
5,50	6,50	1	0,222
5,90	7	1,10	0,224

Après un intervalle de cinq jours, pendant lesquels la chaudière avait été chauffée, on a comparé de nouveau le manomètre de M. Richard au manomètre à air libre.

Voici les résultats de cette seconde comparaison :

MANOMÈTRE à air libre. a	MANOMÈTRE de M. Richard. b	DIFFÉRENCE. d'	RAPPORT de l'excès de différence initiale à la pression effective accusée par le manomètre ordinaire. $\dfrac{d'-d}{a-1}$
1^{atm}	1^{atm},40	$d'=0{,}40$	$\dfrac{0}{0}$
1,50	2	0,50	0,20
2	2 ,75	0,75	0,35 ? Cette observation est évidemment fausse.
2,50	3 ,25	0,75	0,233
2,80	3 ,60	0,80	0,222
3,	3 ,85	0,85	0,225
3,50	4 ,50	1	0,24
4	5 ,10	1,10	0,233
4,50	5 ,70	1,20	0,228
5	6 ,30	1,30	0,225
5,50	6 ,90	1,40	0,222

Il résulte des deux séries d'observations précédentes :

1° Que le manomètre de M. Richard a été constamment en avance sur le manomètre à air libre, de manière à ce que, quand le point de départ des deux échelles était le même, le manomètre de M. Richard accusait déjà une pression trop forte d'une atmosphère $\frac{1}{10}$ pour $5^{atm},90$ de pression totale, ou $4^{atm},90$ de pression effective;

2° Que le point de départ de l'échelle du manomètre de M. Richard se déplace en peu de temps d'une manière très-sensible.

Quant au premier point, l'inexactitude de l'instrument, croissant en même temps que la pression de la vapeur, tient principalement à ce que le tube de verre avait un diamètre intérieur plus petit que le tube en fer. Ni l'un ni l'autre tube ne sont exactement calibrés, et il ressort de l'ensemble des deux tableaux que le tube en verre, notamment, a dans sa partie inférieure un diamètre un peu plus grand que dans les parties supérieures, où le diamètre est à peu près uniforme. Quant au second point, le déplacement de la base de l'échelle est dû vraisemblablement à ce que l'eau versée dans les siphons supérieurs contenait quelques bulles d'air qui auront augmenté de volume avec la température. Quoi qu'il en soit, ce dernier vice n'en est réellement pas un, ou n'a du moins aucune gravité, puisqu'on peut à volonté vérifier et rectifier la position de l'échelle, en mettant les deux extrémités du tube replié en communication avec l'atmosphère. Il n'en est pas de même du premier. Nous estimons qu'il sera toujours extrêmement difficile de se procurer un tube de verre ayant exactement le même calibre intérieur que le tube en fer. Il sera aussi difficile de se procurer des tubes, soit en fer, soit en verre, qui soient exactement calibrés dans toute leur étendue. Cependant on peut, par un bon choix de tubes, qui exigera des précautions assez minutieuses, satisfaire à cette dernière condition, avec une approximation suffisante pour la pratique. On aurait alors un instrument suffisamment précis, en déterminant le point le plus élevé de l'échelle, non par le calcul, mais par comparaison directe avec un manomètre à air libre ordinaire. On diviserait ensuite l'intervalle compris entre le point de départ et le point le plus élevé en parties égales réprésentant des dixièmes d'atmosphère; l'instrument ne serait ainsi entaché que des erreurs provenant du défaut de calibrage exact des deux tubes en fer et en verre, qui pourraient

d'ailleurs être de diamètres inégaux entre eux. Mais toutes les
fois qu'un tube en verre serait remplacé par un autre, il faudrait en même temps changer l'échelle en cuivre, ou du moins
la vérifier de nouveau. Il est évident que, si l'échelle du manomètre de M. Richard eût été ainsi faite empiriquement, par
comparaison avec un bon manomètre ordinaire, elle aurait eu
toute la précision nécessaire pour la pratique. Il nous paraît
d'ailleurs important que l'on ait des tubes, soit en verre, soit en
fer, d'un calibre assez uniforme pour qu'on puisse se contenter
de déterminer ainsi, par l'observation, les points extrêmes de la
division de l'échelle, sans employer le même moyen pour les
divisions intermédiaires, parce que, d'une part, la graduation
que l'on devra renouveler toutes les fois qu'un tube en verre se
cassera sera ainsi plus facile, et que, d'un autre côté, il importe d'avoir des divisions d'égale étendue.

J'ai fait le voyage de Paris à Versailles sur une locomotive
munie d'un manomètre de M. Richard. J'ai vérifié le point de
départ de l'échelle pendant la marche : je me suis assuré que
l'instrument se comportait bien; qu'il s'adaptait avec facilité aux
locomotives, sans gêner en quoi que ce soit les manœuvres du
mécanicien et du chauffeur; que ses indications étaient facilement lisibles. Les mécaniciens que j'ai interrogés à ce sujet n'ont
aucune objection à faire à l'usage de cet instrument; ils en re-
connaissent l'utilité.

M. Verpilleux, de Rive-de-Gier, a adapté le manomètre de
M. Richard aux locomotives qu'il emploie au remorquage des
waggons vides ou chargés, à la remonte de Rive-de-Gier à Saint-
Étienne.

MM. Schneider, du Creusot, ont adapté des manomètres
semblables à leurs chaudières de bateaux à vapeur. Le prix de
ces instruments, pouvant accuser des pressions de 7 à $7\frac{1}{2}$ atmosphères, est de 200 francs.

Il résulte de ce qui précède :

1° Que le manomètre raccourci de M. Richard peut être facilement adapté aux chaudières de machines locomotives, comme
aux chaudières de bateaux à haute pression;

2° Que les indications de ce manomètre, sans comporter le
même degré d'exactitude que le manomètre ordinaire à air libre
et à long tube de verre, tel qu'il est décrit dans l'instruction
ministérielle du 22 juillet 1843, sont cependant susceptibles
d'une précision suffisante pour les besoins de la pratique, pourvu

que les tubes en verre et en fer aient été choisis aussi bien calibrés que possible, que les deux points extrêmes de l'échelle
aient été déterminés par comparaison directe avec un manomètre bien construit, et que l'on ait soin de vérifier fréquemment et de rectifier au besoin la position du point de départ de
l'échelle;

3° Que la division de l'échelle par un calcul qui suppose l'é-
galité du calibre intérieur des tubes en fer et en verre sera
presque toujours fort inexacte et doit être rejetée; qu'en conséquence il sera indispensable, quand on remplacera le tube en
verre d'un manomètre de M. Richard, de remplacer aussi l'é-
chelle ou du moins de la vérifier de nouveau.

**CIRCULAIRE DU SOUS-SECRÉTAIRE D'ÉTAT DES TRAVAUX PUBLICS
AUX PRÉFETS.**

16 mars 1846.

Appareils
manométriques.

Aux termes de l'article 53 de l'ordonnance royale du 22 mai
1843, sur les appareils à vapeur, les chaudières de machines
locomotives doivent être munies d'un manomètre soit à air
libre, soit à air comprimé, ou d'un thermomanomètre, destinés
à indiquer à chaque instant la tension de la vapeur.

Quelques délais avaient été accordés pour l'exécution de cette
disposition, afin de donner aux compagnies le temps dont elles
pouvaient avoir besoin pour trouver dans le commerce ou faire
elles-mêmes construire des instruments de ce genre, appropriés
à ces sortes de chaudières.

Elles ont dû se mettre en mesure à cet égard, et déjà, sur
plusieurs chemins de fer, des locomotives sont pourvues d'appareils manométriques qui offrent les conditions nécessaires.

L'administration n'entend nullement prescrire l'usage exclu-
sif de tel ou tel système. Ici, comme pour les autres moyens de
sûreté, l'ordonnance de 1843 a laissé toute latitude quant au
mode d'application. Ce qu'elle doit exiger seulement, c'est que
les instruments employés remplissent le but proposé. Ainsi,
on est libre de se servir de manomètres ouverts ou fermés, ou
de thermomanomètres de constructions diverses, pourvu qu'ils
aient une précision suffisante, que leurs indications soient fa-
ciles à distinguer dans les voyages de jour et de nuit. Mais il y
a lieu de tenir la main à l'exécution de l'article 53 de l'ordon-

nance, actuellement qu'il est bien constaté que l'on peut, avec des précautions, des dispositions convenables, satisfaire dans la pratique aux conditions requises.

Je joins à la présente, à titre de renseignement, un rapport qui m'a été adressé par la commission centrale des machines à vapeur, sur un manomètre à air libre présenté par M. Richard, de Lyon, et dans lequel on trouvera des indications utiles.

— Quels que soient les instruments que l'on emploiera, il sera nécessaire que les ingénieurs vérifient, de temps à autre, l'exactitude de leur graduation. Pour les manomètres, cela peut s'effectuer facilement en les comparant à un manomètre à air libre ordinaire, soigneusement gradué, que l'on applique à un récipient quelconque, dans lequel on foule de l'eau à l'aide d'une pompe. Ce récipient porte un tuyau avec une tubulure à laquelle on adapte le manomètre qu'il s'agit de vérifier. Les deux instruments doivent accuser des pressions égales. Quant aux vérifications des thermomanomètres, je me réfère aux détails contenus à ce sujet dans l'instruction du 23 juillet 1843 (§ 3, n° 2). Les compagnies de chemins de fer devront avoir, dans leur atelier principal de réparation, ces moyens de vérifications, qui sont très-simples et d'une grande utilité.

— Je vous invite à leur fixer un délai de trois mois pour se conformer aux prescriptions de l'article précité de l'ordonnance du 22 mai, et à me rendre compte de l'exécution que ces mesures auront reçue dans votre département, en faisant connaître quelles sont les espèces de manomètres ou de thermomanomètres que l'on aura adoptés.

---

20 juillet 1847. CIRCULAIRE DU SOUS-SECRÉTAIRE D'ÉTAT DES TRAVAUX PUBLICS AUX PRÉFETS.

Appareils manométriques. Par la circulaire du 16 mars 1846, j'ai appelé votre attention sur la nécessité de tenir la main à l'exécution des prescriptions de l'ordonnance royale du 22 mai 1843, relatives aux appareils manométriques dont les chaudières des machines locomotives doivent être munies.

Quelques difficultés qui s'étaient présentées, dans l'origine, pour l'emploi de ces instruments, avaient pu porter à user d'une certaine tolérance. Ces délais n'auraient plus de motifs aujourd'hui qu'il existe plusieurs espèces de manomètres qui peuvent satisfaire aux conditions requises, quand on prend les précautions convenables pour les entretenir en bon état.

Déjà divers détails à ce sujet ont été donnés dans le rapport annexé à la circulaire précitée. Il m'a paru qu'il pourrait être utile de les compléter par une instruction pratique sur la construction et l'entretien des manomètres, en ce qui concerne spécialement leur application aux chaudières de locomotives.

M. Regnault, de l'académie des sciences, a rédigé cette instruction, qui a été adoptée par la commission centrale des machines à vapeur, dont il fait également partie.

Elle contient notamment la description d'un manomètre à air comprimé et à cuvette mobile, construit par M. Regnault, et qui a été soumis à des essais par les soins de la commission; il est d'une construction simple, facile à installer et à garantir contre toute avarie, et il pourra, au besoin, être réparé très-aisément.

Je rappellerai ici que l'administration n'impose aucunement l'obligation d'adopter de préférence tel ou tel système; mais elle doit exiger que chaque locomotive soit munie d'un appareil manométrique, bien construit et d'une précision suffisante.

Les instruments manométriques sont d'autant plus indispensables sur les chaudières de locomotives que les soupapes, pressées par des ressorts, ne limitent pas d'une manière assez précise la tension de la vapeur. Ils peuvent servir de guide au mécanicien dans un grand nombre de circonstances, pour le chargement du combustible, l'ouverture des portes du foyer, etc.; ils préviendront des accidents qui pourraient avoir des effets désastreux.

L'instruction ci-jointe renferme des renseignements suffisants pour mettre les compagnies à même de faire construire, si elles le veulent, ces appareils dans leurs ateliers, et de les maintenir constamment en bon état.

Je vous invite à transmettre cette instruction aux compagnies des chemins de fer, pour lesquels les attributions que les règlements confèrent aux préfets ont été centralisées entre vos mains par l'arrêté du 10 janvier 1847.

INSTRUCTION PRATIQUE SUR LES MANOMÈTRES ET THERMOMANOMÈTRES
APPLICABLES AUX CHAUDIÈRES DES MACHINES LOCOMOTIVES.

On mesure la tension de la vapeur dans les chaudières à l'aide
de divers appareils, dont les principaux sont :

1° Le manomètre à air libre;

2° Le manomètre à air comprimé;

3° Le thermomanomètre.

I. Dans le manomètre à air libre, on détermine la force élastique de la vapeur en mesurant directement la hauteur de la
colonne de mercure qui lui fait équilibre. A cet effet, on met
la chambre de vapeur en communication avec un tube en siphon, dont une des branches verticales est assez élevée pour
contenir la colonne de mercure qui fait équilibre à la pression
de la vapeur, diminuée de celle de l'atmosphère, qui s'exerce
librement à la surface du mercure, dans le long tube. La *pression effective* de la vapeur, c'est-à-dire la différence entre la pression de la vapeur et celle de l'atmosphère, est donc mesurée
par la différence de hauteur des colonnes de mercure dans les
deux branches verticales du siphon.

On peut remplacer le siphon par un seul tube en verre,
ouvert aux deux bouts, et dont une des extrémités est fixée hermétiquement dans un réservoir en fer forgé ou en fonte, rempli de mercure. Ce réservoir doit avoir un diamètre assez considérable, par rapport au diamètre du tube, pour que l'on puisse
admettre, avec une exactitude suffisante pour la pratique, que
le niveau du mercure ne varie pas dans ce réservoir pendant
que le liquide s'élève plus ou moins dans le tube.

De tous les appareils que l'on a imaginés pour mesurer la
tension de la vapeur, le manomètre à air libre est le plus précis, et, pour les machines fixes, il réunit toutes les conditions que
l'on peut désirer. On trouve dans l'instruction ministérielle du
23 juillet 1843 la description détaillée d'un manomètre à air
libre.

Mais le manomètre à air libre, tel que nous venons de le décrire, ne peut plus être employé pour les machines mobiles,
et surtout sur les locomotives. La longueur considérable qu'il
faut donner au tube du manomètre est, dans ce cas, un inconvénient très-grave, et la grande fragilité de l'appareil, qui est soumis constamment à des vibrations et à des secousses, le rend
complétement inapplicable.

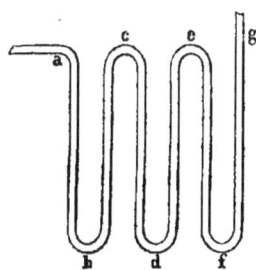

On a cherché à éviter cet inconvénient en remplaçant le tube droit par une série de tubes en siphon, disposés comme le montre la figure ci-contre. Les parties inférieures des tubes contiennent du mercure; les parties supérieures sont entièrement remplies d'eau, excepté toutefois la dernière branche verticale $f\,g$, dont le mercure est soumis directement à la pression de l'atmosphère.

Lorsque les deux extrémités de cet appareil sont en communication avec l'atmosphère, les colonnes de mercure sont de niveau dans chaque siphon partiel; mais, si l'on fait agir à l'extrémité a une pression plus considérable, il s'établit une différence de hauteur entre les colonnes de mercure de chacun des siphons, et la pression totale effective est mesurée par la somme des différences de hauteur du mercure dans tous ces siphons, diminuée des $\frac{10}{185}$ de cette somme, pour la pression des colonnes d'eau qui ne se trouvent plus en équilibre d'elles-mêmes. Il est clair qu'en multipliant le nombre des siphons, on peut s'arranger de manière à ce qu'une pression élevée, par exemple celle de 10 atmosphères, ne produise que des différences de hauteur très-petites dans chacun des siphons, de sorte que l'on peut se contenter de donner une faible hauteur à l'appareil.

Un manomètre de cette espèce a été construit il y a longtemps par M. Collardeau, qui s'en servait pour mesurer des pressions très-considérables. On peut se dispenser de mesurer directement les différences de niveau du mercure dans chaque siphon partiel, et observer seulement le niveau du mercure dans la dernière branche ouverte $f\,g$; il suffit pour cela de graduer directement l'appareil au moyen d'un manomètre à air libre ordinaire, et de tracer sur le tube $f\,g$ les divisions auxquelles s'arrête le mercure dans ce tube, lorsque l'extrémité a de l'appareil est soumise à des pressions de 2, 3, 4, 5...... atmosphères. Les siphons en verre peuvent alors être remplacés par des tubes de fer, et le manomètre présente une solidité beaucoup plus grande.

Mais l'appareil doit être construit avec une grande perfection, car il est essentiel qu'il ne puisse pas se perdre la moindre quantité de liquide, soit mercure, soit eau : sans cela les indications que donnerait l'extrémité de la colonne de mercure dans le tube $f\,g$ seraient nécessairement erronées. Ce manomètre revient donc à un prix élevé, il présente beaucoup moins de sensibilité que le manomètre à air libre ordinaire, et on peut toujours craindre que la graduation ne soit plus exacte; car il suffit pour cela qu'une petite quantité de liquide soit sortie, par un des nombreux joints de l'appareil, depuis le moment où l'on a fait la graduation. Il a été joint à la circulaire du 16 mars 1846 la description détaillée d'un manomètre de cette espèce, construit par M. Richard, et qui est maintenant établi sur un grand nombre de locomotives.

II. Le manomètre à air comprimé consiste essentiellement en un siphon en verre A B C, dont l'extrémité A communique avec la chaudière. La branche B C porte une division qui donne les capacités du tube à partir de l'extrémité C.

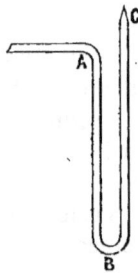

L'extrémité effilée de la branche B C est restée ouverte; on verse dans le siphon une certaine quantité de mercure, qui se met de niveau dans les deux branches et s'élève jusqu'à la première division tracée sur la branche B C; on ferme alors à la lampe l'extrémité C, et on a ainsi isolé un volume 1 d'air. On a tracé sur le même tube des divisions qui correspondent aux fractions $\frac{1}{2}, \frac{1}{3}, \frac{1}{4}, \frac{1}{5}, \frac{1}{6}$... du volume 1; le mercure vient affleurer à ces divisions, lorsque l'appareil est soumis à des pressions de 2, 3, 4, 5, 6... atmosphères.

Le principal inconvénient que l'on a reproché à ce manomètre, outre sa fragilité, tient à ce que le mercure se salit promptement et laisse sur le tube de verre, dans la partie occupée par l'air, une crasse métallique qui empêche d'apercevoir le sommet de la colonne de mercure. Cette crasse métallique est presque toujours produite, dans les vases en verre, par une oxydation du mercure: l'oxyde reste d'abord dissous dans la masse liquide, puis il se rend lentement à la surface, où il forme une pellicule qui adhère au verre, et qui n'est pas emportée par le mercure au moment où ce liquide descend.

On a reconnu que l'on parait à cet inconvénient en mettant au-dessus du mercure une petite couche d'alcool faible ou d'acide acétique; mais alors on s'expose à un inconvénient au moins aussi grave: l'oxyde de mercure se dissout dans l'acide acétique, ce qui empêche l'encrassement du verre; mais, sous l'influence de l'acide, le mercure absorbe successivement l'oxygène de l'air renfermé dans le manomètre, le volume du gaz diminue et le manomètre devient inexact. L'alcool produit un effet semblable : la vapeur alcoolique se combine avec l'oxygène de l'air, et produit de l'acide acétique. On remédie à cet inconvénient en plaçant dans le manomètre, au lieu d'air, du gaz azote, que l'on obtient en faisant passer l'air atmosphérique à travers un tube de verre rempli de cuivre métallique chauffé au rouge.

On éviterait, sans doute, la plus grande partie des inconvénients que l'on a reprochés au manomètre à air comprimé par la construction suivante, qui a été proposée, il y a longtemps, à la commission centrale des machines à vapeur.

Le réservoir de ce manomètre se compose de deux pièces en fonte.

La pièce inférieure forme une espèce de godet *a b c d,* qui renferme le mercure.

La pièce supérieure porte trois tubulures :

1° Une tubulure centrale O, dans laquelle on fixe le tube manométrique proprement dit ;

2° Une tubulure latérale M, par laquelle on met le réservoir du manomètre en communication avec la chaudière : le tube qui

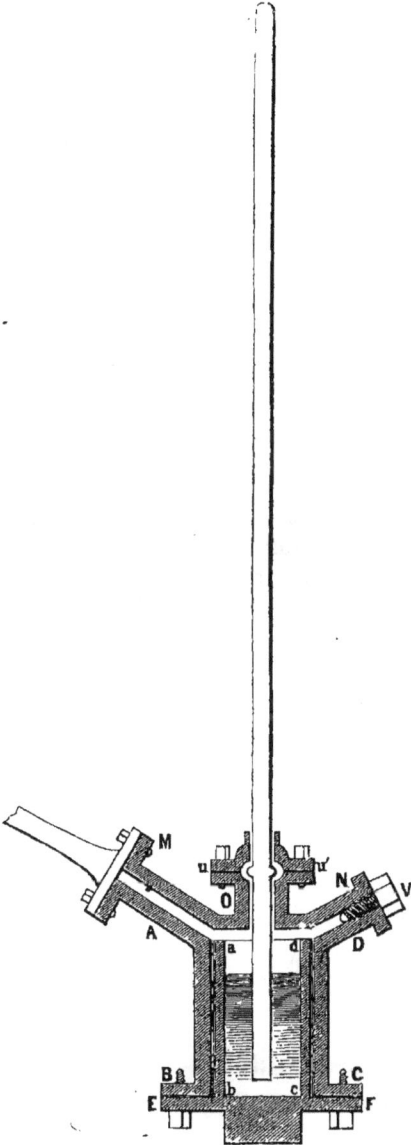

établit cette communication est muni d'un robinet qui permet de soustraire à volonté le manomètre à la pression de la vapeur;

3° Enfin une seconde tubulure latérale N, que l'on peut fermer hermétiquement avec une vis V, et qui sert à introduire le mercure, ou à mettre le manomètre sous la pression de l'atmosphère, après que la communication avec la chaudière a été interceptée.

Le tube manométrique est un tube de cristal de $0^m,30$ environ de longueur; il a $0^m,004$ de diamètre intérieur et $0^m,003$ d'épaisseur de parois. Il est fermé à une de ses extrémités; l'autre extrémité a été usée suivant une section droite bien plane. Il doit être ajusté dans la tubulure centrale O, et, pour que la pression intérieure ne puisse pas le soulever, on a pratiqué sur ce tube, à la lampe, un léger renflement qui sert à la maintenir d'une manière invariable dans la tubulure O.

On pèse la quantité de mercure qui remplit complétement ce tube, en ayant soin qu'il ne reste pas de bulles d'air sur les parois.

On pèse ensuite successivement des quantités de mercure égales à $\frac{1}{8}, \frac{1}{7}, \frac{1}{6}, \frac{1}{5}, \frac{1}{4}, \frac{1}{3}, \frac{1}{2}$ du poids du mercure qui remplit le tube entier; on verse successivement dans le tube ces quantités de mercure, et on marque, avec un pinceau fin trempé dans du vermillon, des traits aux points où s'arrêtent les colonnes de mercure. Au lieu de peser ces quantités de mercure, il sera plus simple de les mesurer dans un tube divisé. Pour que les traits ne puissent pas s'effacer, il faut les graver sur le tube avec l'acide hydrofluorique. A cet effet, on recouvre le tube bien sec d'une couche de vernis liquide, semblable à celui qu'emploient les graveurs sur cuivre à l'eau forte, et qui conserve une certaine transparence après sa dessiccation. Lorsque ce vernis est sec, on l'entame avec une pointe aux endroits où l'on doit marquer les divisions, de manière à mettre à nu la surface du verre. Il suffit alors d'appliquer avec un pinceau de l'acide hydrofluorique sur les traits, et de laisser mordre l'acide pendant un intervalle de deux à cinq minutes, suivant son état de concentration; après quoi on lave le tube à grande eau et on enlève le vernis.

Il serait plus facile de graver immédiatement les traits avec un diamant ou une lime fine en acier; mais on donne ainsi beaucoup de fragilité au verre, qui se fend souvent à l'endroit où il a été entamé.

Pour fixer le tube gradué dans la tubulure O, on l'enveloppe, à l'endroit de son renflement, d'une tresse de chanvre imbibée de mastic au minium. Le tubulure O et la pièce métallique $u\,u'$, qui s'applique dessus, portent une gorge dans laquelle s'engage le renflement du tube; on serre ces deux pièces l'une sur l'autre au moyen de vis, et il reste une couche de mastic interposée entre elles. Le tube doit descendre à 1 centimètre environ du fond du réservoir.

La pièce A B C D est fixée solidement à la locomotive, et il est convenable qu'elle soit déjà en place quand on engage le tube manométrique.

La cuvette $a\,b\,c\,d$ étant remplie de mercure aux trois quarts, on l'entre dans la pièce A B C D, qu'elle remplit presque complétement, et on la fixe au moyen de vis, après interposition de mastic au minium entre les bords plats CB et EF; on a ainsi isolé dans le tube manométrique un volume d'air qui le remplit en entier sous la pression d'une atmosphère, et, si on soumet le réservoir à une pression de 2, 4, 6 atmosphères, le volume de l'air sera réduit à $\frac{1}{2}$, $\frac{1}{4}$, $\frac{1}{6}$, et le niveau du mercure affleurera aux traits 2, 4, 6, gravés sur le tube. Ces traits ne sont pas assez apparents pour que le mécanicien puisse les voir facilement; il est convenable de placer derrière le tube manométrique une planche peinte en blanc et sur laquelle on reporte les divisions.

Au moment où l'on met le réservoir du manomètre en communication avec la chaudière, on peut craindre que la vapeur ou l'eau chaude, pénétrant subitement dans ce réservoir, ne fassent casser le tube. Il faudra avoir soin, lorsque le manomètre sera monté, de verser de l'eau froide par la tubulure N, de manière à en remplir complétement le réservoir, puis de placer la vis V, après interposition d'un cuir graissé ou de mastic au minium. Le tube ne peut plus alors s'échauffer brusquement, et l'on n'a plus à craindre l'accident que je viens de signaler.

Le manomètre décrit ci-dessus est très-facile à réparer, dans le cas où il se trouverait dérangé par un accident.

Supposons, par exemple, que le tube se soit sali intérieurement, que le mercure ait déposé une crasse métallique. On ferme le robinet du tube qui établit la communication entre la chaudière et le réservoir du manomètre; on enlève la vis V et l'on met l'appareil sous la pression de l'atmosphère; on détache le fond E F et on enlève ainsi le mercure sans qu'il y ait danger d'en perdre; on essuie l'intérieur de la pièce A B C D avec un linge, on nettoie le calibre intérieur du tube, sans le déranger, au moyen d'un linge fin qui enveloppe une tige de cuivre rouge.

On filtre le mercure de la cuvette à travers un linge, ou mieux à travers une peau de chamois; on le replace dans la cuvette et on ajuste de nouveau le manomètre, comme il a été dit.

Pour nettoyer le calibre intérieur du tube, il est important que le petit linge soit attaché sur un fil de cuivre bien doux, ou mieux sur une tige de bois dur ou d'ivoire; il ne faut se servir pour cela ni de fil de laiton, ni de fil de fer; l'expérience a montré que, lorsqu'on introduit ainsi dans un tube de verre un fil d'un métal dur, on produit une lésion superficielle, souvent invisible, mais qui rend le verre tellement cassant, qu'il se fendille souvent spontanément, dans divers sens.

Si le mercure paraît encore sale après la filtration, s'il laisse une crasse métallique sur les doigts, il faut le purifier par une action chimique. A cet effet, on le place dans un flacon en verre, on verse par-dessus quelques gouttes d'acide azotique ordinaire du commerce, que l'on étend du double de son volume d'eau, et on laisse le tout digérer, pendant vingt-quatre heures, à une température d'environ 60°, ou, pendant plusieurs jours, à la température ordinaire, en agitant de temps en temps; on lave ensuite le mercure à grande eau et on le sèche.

Ce manomètre est d'une construction facile, et il est très-peu coûteux. Il est à désirer que les compagnies de chemins de fer le fassent construire dans leurs ateliers [1]; elles n'auraient à se procurer au dehors que les tubes manométriques, tout prêts à être montés. Ces tubes n'auraient pas même besoin d'être gradués *à priori* par le procédé indiqué p. 242; car il est facile de les graduer immédiatement, et lorsque l'appareil est monté, à l'aide d'un manomètre à air libre normal. Cette graduation se fera par la méthode suivante, qui servira en même temps pour vérifier ces instruments aussi souvent que l'on voudra.

Une petite pompe foulante à air est montée sur un réservoir en cuivre de 2 à 3 litres de capacité : ce réservoir, qui est fixé solidement contre un mur, communique avec un manomètre à air libre qui sert de manomètre normal, et, par un autre tube,

[1] (*) M. Perreaux, fabricant d'instruments de précision, rue Monsieur-le-Prince, n° 14, à Paris, construit de ces manomètres au prix de 30 francs.

on le met en communication avec le manomètre à air comprimé que l'on veut graduer; on foule avec la pompe de l'air
dans le réservoir, de manière à établir successivement des pressions de 2, 3, 4, 5, 6, 7 et 8 atmosphères, et l'on trace sur le
manomètre que l'on veut jauger des traits correspondants aux
points où le mercure s'est arrêté : si le réservoir portait un plus
grand nombre de tubulures, on pourrait graduer plusieurs manomètres à la fois.

Il est important que le bord supérieur de la cuvette monte
très-près du fond supérieur de la pièce A B C D, afin que le
mercure ne puisse pas être projeté hors de cette cuvette par
les vibrations et les secousses qu'éprouvera l'appareil; la cuvette remplit, d'ailleurs, presque exactement le vide de la pièce
A B C D, de sorte qu'il ne peut s'interposer que très-peu de
mercure entre les parois de la cuvette et celles de cette pièce.

Il est bon de remarquer que, lors même que la fonte du réservoir serait un peu perméable dans les premiers moments, cela
n'aurait aucun inconvénient, car ce serait de l'eau qui sortirait
par les petits interstices et non du mercure; ces petites ouvertures seraient promptement bouchées par oxydation. Il est d'ailleurs facile, en employant de la fonte d'une qualité convenable,
d'obtenir des réservoirs parfaitement imperméables.

On a donné au tube manométrique un diamètre intérieur de
$0^m,004$ environ. En lui donnant un diamètre plus petit, on
s'expose à un inconvénient qui se présente fréquemment dans
les manomètres à air comprimé établis sur les locomotives : la
colonne de mercure se divise par une secousse, et l'appareil se
trouve, au moins momentanément, hors de service. Cette circonstance ne se présentera pas avec des tubes d'un diamètre un
peu grand.

Il sera souvent utile de pouvoir constater la plus haute pression que la vapeur a atteinte pendant la marche d'un convoi. Il
sera facile d'appliquer au manomètre à air comprimé la petite
disposition imaginée par M. Bunten pour les thermomètres à
maxima. Un petit flotteur formé par une petite ampoule de
verre porte une queue effilée et fermée, qui est recourbée,
comme le montre la figure ci-contre, de manière à faire ressort
contre les parois du tube. Ce petit flotteur est soulevé
par le mercure pendant son mouvement ascendant, mais
il ne suit plus ce liquide et reste suspendu dans le tube
lorsque le mercure descend. Pour pouvoir faire descendre

la petite ampoule, lorsqu'elle a été abandonnée par le mercure
dans la partie supérieure du tube, on y a renfermé une petite
tige d'acier, de sorte que l'on peut faire descendre le petit flotteur par l'action d'un barreau aimanté.

Il y a lieu de penser que le manomètre décrit plus haut ne
présentera pas les inconvénients que l'on reproche ordinairement aux appareils de cette espèce : il est possible, néanmoins,
qu'on en reconnaisse dans la pratique ; mais il sera vraisemblablement facile d'y remédier. S'il arrivait, par exemple, que
le tube de verre se cassât fréquemment dans l'intérieur du réservoir, on pourrait composer le tube manométrique d'une
partie en fer creux, qui porterait une bride, par laquelle on la
fixerait sur la pièce A B C D, et d'un tube de verre que l'on
monterait sur ce tube de fer, au moyen d'un joint au chanvre
et au minium semblable à celui qui a été décrit plus haut pour
fixer le tube manométrique sur la pièce A B C D. En donnant à
la partie inférieure en fer du tube manométrique un diamètre
intérieur plus grand qu'au tube de verre, on peut obtenir une
plus grande sensibilité dans les indications de l'instrument sous
les hautes pressions. Il est vrai que l'on ne peut plus alors observer les basses pressions, telles que celles qui sont comprises
entre 1 et 2 atmosphères ; mais cela présente peu d'intérêt pour
les locomotives, qui travaillent toujours sous des pressions plus
considérables.

III. *Du thermomanomètre.* — Le thermomanomètre est un
thermomètre ordinaire à mercure, qui marque la température
de la vapeur dans la chaudière. Lorsque l'eau bout sous la pression ordinaire de l'atmosphère, le thermomètre à mercure
marque 100°.

Sous 2 atmosphères le thermomètre à mercure marque 121°,4
　　　3 idem.. 135 ,1
　　　4 idem.. 145 ,4
　　　5 idem.. 153 ,08
　　　6 idem.. 160 ,2
　　　7 idem.. 166 ,5
　　　8 idem.. 172 ,1

Il suffira donc, pour que l'instrument indique immédiatement les pressions en atmosphères qui existent dans la chaudière, de marquer sur l'échelle les divisions 2, 3, 4, etc., en
regard des températures que nous venons de rapporter. Le réservoir du thermomanomètre ne peut pas être placé immédia-

tement dans la vapeur de la chaudière, parce qu'il se trouverait, dans ce cas, soumis à la haute pression qui règne dans la chaudière, et la colonne mercurielle monterait non-seulement par l'élévation de la température, mais encore par la diminution de volume que subit le réservoir comprimé. Il faut fixer sur la chaudière un tuyau en cuivre qui descende de $0^m,2$ environ dans la chaudière et maintenir le réservoir du thermomanomètre dans ce tuyau, que l'on a préalablement rempli d'une huile fixe.

Le thermomanomètre est très-peu sensible dans ses indications : il lui faut beaucoup de temps pour se mettre en équilibre de température avec la vapeur ambiante, de sorte qu'il est toujours en retard d'une manière notable, et qu'il ne peut pas marquer, en leur temps, les variations rapides de pression qui surviennent constamment dans le travail des locomotives. Cet inconvénient très-grave fera probablement renoncer à l'emploi des thermomanomètres pour ces machines.

CHAUDIÈRES, SOUPAPES DE SÛRETÉ[1].

CIRCULAIRE DU MINISTRE DES TRAVAUX PUBLICS AUX PRÉFETS.

Armatures de la partie supérieure du foyer des chaudières de machines locomotives.

Un accident est arrivé, le 4 mars dernier, sur le chemin de fer de Chartres. La chaudière d'une locomotive, *le Creusot*, a fait explosion au moment où cette machine, qui servait à remorquer des convois de terrassements, stationnait dans une tranchée à l'extrémité de l'une des rues de Versailles.

Il résulte du rapport qui a été rédigé avec un grand soin par M. l'ingénieur des mines Sentis[2], et de l'examen de la commission centrale des machines à vapeur, que cet accident, qui a malheureusement coûté la vie à un ouvrier et où trois autres ont été blessés, doit principalement être attribué à un défaut de construction dans la chaudière du *Creusot*.

Les armatures de la paroi supérieure du foyer n'étaient pas disposées d'une manière convenable pour résister à la pression de la vapeur.

Cette paroi plane avait été rendue rigide au moyen de cornières en fer placées longitudinalement, et qui, au lieu d'être prolongées de manière à s'appuyer sur les parois verticales, se trouvaient arrêtées à $0^m,05$ des extrémités de la plaque supérieure. On n'avait remédié qu'imparfaitement à ce vice de construction par la pose d'une pièce de renfort, reliant la paroi au sommet de la chaudière. Aussi est-ce à la limite de ces cornières que s'est produite la rupture.

Une cause semblable, due à l'insuffisance de longueur des armatures, a également, il y a quelques années, occasionné une explosion, en Angleterre, sur le chemin de fer de Manchester à Leeds.

Pour prévenir le retour de pareils accidents, il importe que toutes les chaudières de locomotives qui se trouvent dans les mêmes circonstances soient, dans un court délai, visitées et réparées.

Soupapes de sûreté.

— Il est essentiel, en outre, afin d'empêcher qu'on ne surélève

---

[1] Voir, indépendamment des circulaires des 15 juin 1849 et 30 novembre 1852, la fin du § 3, 1°, de l'instruction ministérielle du 23 juillet 1843, et un extrait de la circulaire du 7 avril 1845, cité en note de la page 50.

[2] Voir ce rapport dans les Annales des mines (4° série, t. XVI, p. 81).

la tension de la vapeur, que les leviers qui pressent sur les soupapes soient établis de manière à rencontrer un arrêt, lorsqu'ils ont produit une charge équivalente à celle qui correspond au timbre de la chaudière.

Enfin je rappellerai qu'aux termes de l'ordonnance du 22 mai 1843 toutes les locomotives doivent être constamment pourvues d'un manomètre, d'un tube en verre indicateur du niveau de l'eau, de robinets indicateurs convenablement placés à des niveaux différents, et de deux soupapes de sûreté bien entretenues.

Je vous invite à tenir strictement la main à l'exécution de ces dispositions.

CIRCULAIRE DU MINISTRE DES TRAVAUX PUBLICS AUX PRÉFETS. 30 novembre 1852.

Épaisseur
des chaudières
de
locomotives.

L'ordonnance du 22 mai 1843, sur les appareils à vapeur, a déterminé l'épaisseur que doivent avoir les parois cylindriques des chaudières construites en tôle ou en cuivre laminé, suivant le diamètre de ces chaudières et la pression effective sous laquelle elles sont destinées à fonctionner.

La formule devait s'appliquer particulièrement, dans l'origine, aux chaudières fixes ordinaires, et on a dès lors tenu compte, dans les éléments qui la composent, des détériorations auxquelles ces chaudières se trouvent exposées par l'action du foyer et par les autres causes habituelles d'usure.

Les chaudières de locomotives n'étant pas sujettes, dans leurs parois extérieures, aux mêmes causes d'altération, l'administration a, en diverses circonstances, accordé quelque tolérance dans l'emploi de ces machines.

Pour que l'on pût notamment profiter des avantages que procure la détente, ce qui oblige de marcher à des tensions assez élevées, elle a autorisé la mise en service de plusieurs locomotives sous des pressions un peu supérieures à celles que leur assignaient l'épaisseur et le diamètre de la chaudière, à la condition qu'on leur ferait subir une seconde épreuve correspondante à ces pressions.

Quelques fabricants ont demandé récemment que la même tolérance sur l'épaisseur fût accordée pour la construction des nouvelles locomotives qu'ils auraient à fournir aux chemins de fer.

L'administration, avant de statuer, a dû consulter la commission centrale des machines à vapeur.

Cette commission, après une délibération approfondie, a
exprimé l'avis qu'on pouvait permettre de donner aux corps
cylindriques des chaudières de locomotive les deux tiers seulement de l'épaisseur calculée d'après la formule générale rappelée
plus haut, ou, en d'autres termes, de réduire cette épaisseur
d'un tiers, pour le même diamètre ou la même pression.

Mais, en même temps, elle a fait observer que c'était là une
limite extrême qui ne saurait être dépassée sans danger; que,
d'après les expériences les plus récentes sur la résistance des
tôles, même les meilleures, lorsqu'elles sont assemblées au
moyen de rivets, comme dans les chaudières à vapeur, on s'exposerait à ce qu'il arrivât de graves accidents, si l'on autorisait
une plus grande diminution d'épaisseur.

La commission a ajouté qu'il importerait donc de recommander expressément aux fabricants qui voudraient profiter de
la tolérance permise de n'employer, dans la construction des
chaudières, que des tôles de très-bonne qualité.

Les ingénieurs auront, en conséquence, à s'assurer, avec
une attention toute particulière, lorsqu'on leur présentera à
éprouver, dans la fabrique, une chaudière de locomotive, en
premier lieu, que l'épaisseur de la partie cylindrique n'est pas
inférieure aux deux tiers de celle qui résulterait de la formule
réglementaire, et, en second lieu, que la chaudière est faite
avec d'excellents matériaux. Ce n'est qu'autant que ces conditions seront exactement remplies qu'ils devront consentir à
éprouver et timbrer l'appareil pour la pression demandée.

L'épreuve, dans ce cas, devra toujours d'ailleurs être, comme
à l'ordinaire, du double de la pression effective, c'est-à-dire du
double de la plus grande tension que la vapeur pourra avoir
dans la chaudière, diminuée de la pression extérieure de l'atmosphère, et, de même, le timbre à apposer sera celui qui correspondra à cette tension maximum.

Soupapes de sûreté.   — Des précautions spéciales dans la disposition des soupapes
de sûreté ont paru, en outre, devoir être prescrites pour les circonstances dont il s'agit.

Les soupapes des chaudières de locomotives, qui sont pressées
à l'aide de ressorts à boudin, ont, d'après la construction généralement usitée pour ces ressorts, l'inconvénient de ne s'ouvrir
qu'imparfaitement lorsqu'il se produit un excès de pression

dans l'intérieur de la chaudière; ainsi chaque atmosphère de pression n'y répond guère qu'à o^m,o1 de course du ressort, souvent même à une étendue moindre; la levée de la soupape n'étant que d'un dixième de cette course, et le ressort se tendant de plus en plus, par l'effet même du soulèvement de la soupape, il en résulte que l'échappement de la vapeur n'a pas une issue assez large pour que la tension ne continue point de monter.

Afin de parer à cet inconvénient, il conviendra, dans tous les cas où il s'agira d'autoriser la mise en circulation d'une locomotive dont la chaudière n'aura que l'épaisseur minimum tolérée, d'exiger que les ressorts des balances soient disposés de manière à ce que, les longueurs des bras de leviers étant, comme c'est le cas ordinaire, dans le rapport de 1 à 10, la course de l'aiguille indicatrice soit de o^m,o2 au moins par atmosphère. Il devra, en outre, être prescrit de ménager, entre la division de l'échelle correspondante à la pression maximum et le point extrême de la course de l'aiguille, un intervalle au moins égal à celui qui correspond à deux atmosphères, de telle sorte qu'au-dessus du point où l'aiguille de la balance atteint la division limite, la soupape puisse se soulever encore de o^m,oo4.

Les compagnies de chemins de fer pourront, du reste, suppléer, si elles le veulent, à ces dispositions des ressorts, en faisant usage *de la balance à échappement* imaginée par MM. Lemonnier et Vallée. Cet appareil, déjà appliqué sur plusieurs locomotives, a été décrit dans une notice qui a été insérée dans l'une des dernières livraisons des Annales des mines (5e série, t. I, p. 337), et je crois utile de vous adresser une copie de cette notice.

Je vous invite à porter à la connaissance des constructeurs d'appareils à vapeur, dans votre département, les dispositions et observations contenues dans la présente circulaire.

EXTRAIT DE L'AVIS DE LA COMMISSION CENTRALE DES MACHINES À VAPEUR SUR LES SOUPAPES DE SÛRETÉ, AVEC LEVIER À ÉCHAPPEMENT, DE MM. LEMONNIER ET VALLÉE, CHEFS D'ATELIER AU CHEMIN DE FER D'ORLÉANS.

Avec les ressorts à boudin généralement employés, chaque atmosphère de pression ne répond guère qu'à o^m,o1 de course, et souvent même à o^m,oo5 ou o^m,oo6 seulement. Exceptionnellement, on en a fait au chemin de fer du Nord qui ont jusqu'à $0^m,02$ de course.

Dans ces derniers temps, M. Polonceau a fait faire aussi des ressorts composés d'une simple lame d'acier horizontale, flexible dans le sens vertical.

D'une course aussi faible du ressort pour chaque atmosphère de pression, et du rapport des bras de levier (ordinairement 1 à 10), il résulte cette conséquence fâcheuse, que, pour une augmentation de longueur du ressort répondant à un excès de pression de 1 atmosphère, la levée de la soupape n'est que d'un dixième de la course du ressort, et, par conséquent, suivant les cas, de $0^m,001$ ou même de 5 à 6 dixièmes de millimètre.

Il est bien clair que, dans ces conditions, l'ouverture offerte par les soupapes au dégagement de la vapeur n'est pas suffisante pour empêcher que la tension ne continue de monter; car, avec une levée de $0^m,001$, la surface d'écoulement n'est qu'un vingt-cinquième de celle de la soupape.

On perd donc ainsi, en très-grande partie, l'avantage qu'on devrait attendre du jeu de ces appareils de sûreté. Aussi observe-t-on continuellement sur les machines locomotives que, bien que les soupapes soient levées, le manomètre accuse des pressions qui s'élèvent jusqu'à 7 ou 8 atmosphères et même au delà, alors que le timbre répondant à la charge normale des soupapes n'est que de 6.

Ce fait se manifeste principalement dans les stationnements, lorsque la vapeur s'accumule dans la chaudière, et il se présente même assez souvent en marche. Aussi, en pareil cas, le mécanicien est-il réduit à fournir une autre issue à la vapeur, en ouvrant les communications qui permettent à celle-ci d'arriver dans l'eau du tender, qu'elle sert alors à réchauffer.

La disposition très-simple imaginée par MM. Lemonnier et Vallée pare complétement à l'inconvénient d'une levée trop faible des soupapes, comme le prouvent les observations comparatives faites sur une machine du chemin de fer d'Orléans. L'une des deux soupapes de cette machine était du système ordinaire, l'autre portait la modification. Quand on calait cette dernière, de manière à ne mettre en jeu que la soupape ordinaire, celle-ci commençait à lever à 6 atmosphères; mais, néanmoins, le manomètre continuait à monter jusqu'à 7 et 8 atmosphères.

Au contraire, quand on calait la soupape ordinaire et qu'on

permettait à l'autre de fonctionner, en la réglant de manière à lever à 6,5 atmosphères environ, elle levait effectivement, et la pression indiquée au manomètre tombait, en moins d'une minute, à 6 atmosphères.

Dans l'origine, MM. Lemonnier et Vallée avaient disposé leur appareil de telle sorte que le levier s'échappât au moment où la tension atteint la limite fixée, et effectuât son mouvement de rotation dans le plan vertical perpendiculaire à l'axe de la machine.

Il en résultait que le mécanicien, qui très-souvent juge de la tension de la vapeur en pressant avec la main l'écrou qui porte sur l'extrémité du levier de la soupape, était exposé à être heurté violemment sur le bras par le levier, lorsque celui-ci devient libre.

Pour remédier à cet inconvénient, MM. Lemonnier et Vallée placent maintenant l'appareil de telle façon que ce levier s'échappe dans le plan vertical parallèle à l'axe de la machine, et de l'arrière vers l'avant : le mécanicien se trouve ainsi à l'abri. Comme surcroît de précaution, ils ont adapté à l'extrémité du levier des soupapes un petit levier horizontal, oblique par rapport au plan que parcourt le levier qui se décroche, et qui vient se présenter tout naturellement à la main du mécanicien, s'il veut juger de la tension intérieure en consultant les balances à la main.

Il est facile de reconnaître que le tube qui enveloppe le ressort doit avoir une longueur au moins égale à celui-ci, augmenté de l'accroissement de sa longueur correspondante à la pression limite. Quand la balance est en place, le ressort étant bandé à cette pression, il est évident que la tige qui le relie au levier de la soupape est elle-même sortie de l'intérieur de ce tube d'une longueur égale à l'accroissement de la longueur du ressort. MM. Lemonnier et Vallée ont d'ailleurs imaginé une autre disposition, qui permet de réduire au besoin la longueur totale de l'appareil d'une quantité précisément égale à la longueur de cet accroissement. On emploie l'une ou l'autre disposition, suivant que le dôme de la chaudière est plus ou moins élevé.

On peut graduer ces appareils de manière qu'ils fonctionnent à une demi-atmosphère au-dessus du timbre, afin qu'on puisse profiter de toute la tension de la vapeur, sans que le mécanisme ne vienne à chaque instant faire tomber la pression, et l'on sait qu'il est avantageux, dans les machines locomotives surtout, de marcher à la plus haute pression possible.

L'utilité de ce mécanisme commence à être appréciée : quatre-vingt-dix machines du chemin de fer d'Orléans vont en être munies, et il est déjà adapté à trente d'entre elles.

Il n'augmente pas beaucoup le prix des balances, car elles reviennent à 65 francs au lieu de 50 ou 55.

MM. Lemonnier et Vallée ont étendu le même principe aux soupapes des chaudières des machines fixes; mais cette application n'a plus le même degré d'utilité. Les soupapes, dans ces chaudières, ne sont pas pressées par des ressorts faisant obstacle à ce qu'elles se lèvent, et qui résistent d'autant plus que leur soulèvement est plus considérable.

En résumé, la commission, reconnaissant tout ce qu'il y a d'ingénieux dans la disposition proposée par MM. Lemonnier et Vallée, déclare qu'il est à désirer qu'une expérience plus prolongée vienne confirmer, comme on a tout lieu de le croire, les avantages qui doivent en résulter.

STATISTIQUE ANNUELLE

DES MACHINES À VAPEUR EMPLOYÉES PAR LES COMPAGNIES
DE CHEMINS DE FER EN EXPLOITATION [1].

CIRCULAIRE DU SOUS-SECRÉTAIRE D'ÉTAT DES TRAVAUX PUBLICS
AUX PRÉFETS.

10 avril 1844.

Statistique
de 1843.

J'ai l'honneur de vous transmettre, en double exemplaire, les tableaux nᵒˢ 1 et 2, sur lesquels doivent être portés, pour l'année 1843, les documents statistiques relatifs aux machines à vapeur locomotives employées sur les chemins de fer.

J'y joins deux autres tableaux, semblables à ceux qui concernent les appareils à vapeur en général, pour inscrire les détails qui se rapportent aux machines à vapeur fixes, lorsqu'il en existe dans quelques-unes des stations du chemin de fer [2].

L'un des exemplaires de chaque tableau sera conservé comme minute. Je vous prie de me renvoyer l'autre, avec les observations que vous auriez à ajouter sur cette partie du service.

CIRCULAIRE DU SOUS-SECRÉTAIRE D'ÉTAT DES TRAVAUX PUBLICS
AUX PRÉFETS.
(Extrait [3].)

7 avril 1845.

Statistique
de 1844.

Une addition a été faite à la colonne nᵒ 7 du premier des tableaux relatifs aux machines locomotives. Elle a pour objet de distinguer la surface de chauffe de la boîte à feu d'avec la surface des tubes.

Ces deux éléments ne contribuent pas dans le même rapport à la production de la vapeur ; il convient, en conséquence, de les indiquer séparément.

[1] Voir ci-dessus les circulaires des 22 février 1849 et 18 avril 1856, et, en note de l'article 9 de l'ordonnance du 22 mai 1843, un extrait de celle du 15 avril 1850.

[2] La circulaire analogue, du 23 février 1849, mentionne, en outre, les machines à vapeur fixes qui existe-raient dans les ateliers des compagnies de chemins de fer.

[3] Voir, p. 50, en note du § 3 de l'instruction ministérielle du 23 juillet 1843, un autre passage de cette circulaire, lequel était relatif aux soupapes de sûreté.

MINISTÈRE
DE L'AGRICULTURE,
DU COMMERCE
ET
DES TRAVAUX PUBLICS.

DÉPARTEMENT

ANNÉE 185 .

ÉTAT N° 1.

ÉTAT DES MACHINES LOCOMOTIVES

APPARTENANT AUX CHEMINS DE FER D

DÉSIGNATION du chemin de fer.	NOM et numéro de la chaudière.	DISPOSITIONS ET DIMENSIONS PRINCIPALES de la machine.					NUMÉRO du timbre dont la machine est frappée.	NOM et résidence du constructeur de la machine.	DATE de la permission.	DATES des visites.	DATE de la dernière épreuve.	ACCIDENTS et dates des procès-verbaux.	OBSERVATIONS [1]
		Nombre de roues.	Diamètre moyen des roues motrices à la jante.	Diamètre des cylindres à vapeur.	Course des pistons.	Surface de chauffe.							
1	2	3	4	5	6	7	8	9	10	11	12	13	14
			Mètres.	Mètres.	Mètres.	Mèt. carr.	Atmosph.						

[1] (1) Indiquer si les conditions de sûreté prescrites par les règlements sont exécutées ; donner des détails sur le système de construction des machines locomotives employées, tant en ce qui concerne l'appareil à vapeur qu'en ce qui concerne la voiture même.

Dire quelle est la disposition des cendriers, quand il en existe ; les dispositions adoptées pour prévenir les dangers d'incendie , pour augmenter ou diminuer le tirage produit par la vapeur, etc.

Faire connaître quels sont les diamètres de toutes les roues et des essieux, si les essieux sont droits ou coudés, si les roues motrices ont des rebords ou boudins, si les châssis sont intérieurs ou extérieurs aux roues ; quelles sont les pressions supportées par chaque essieu , dans l'état normal de la machine.

Indiquer les avaries les plus ordinaires, leurs causes ; si elles peuvent provenir de la construction même de la locomotive ou des conditions du tracé du chemin.

MINISTÈRE
DE L'AGRICULTURE,
DU COMMERCE
ET
DES TRAVAUX PUBLICS.

DÉPARTEMENT
de

ANNÉE 185 .

ÉTAT N° 2.

ÉTAT DES ÉPREUVES DE LOCOMOTIVES.

DATE de l'épreuve.	INDICATION du lieu où l'épreuve a été faite.	NOM et numéro de la machine.	NOM et résidence du constructeur.	DIMENSION DE LA CHAUDIÈRE.								NUMÉRO du timbre. Atmosphères.	SOUPAPE D'ÉPREUVE.				INDICATION du chemin de fer sur lequel la machine est employée.	OBSERVATIONS. (On indiquera, dans cette colonne, le genre d'armatures employées pour consolider la boîte à feu.)
				Partie cylindrique.				Boîte à feu.		Vide intérieur.			Diamètre de l'orifice de la soupape. Centim.	Largeur de l'anneau de recouvrement. Millim.	Rapport entre les bras du levier.	Charge pour l'épreuve.		
				Longueur. Mètr.	Diamètre. Mètr.	Épaisseur. Mill.	Diamètre et nombre des tubes. Mill.	Largeur. Mètr.	Hauteur. Mètr.	Nature du métal.	Épaisseur du métal. Mill.							
1	2	3	4	5	6	7	8	9	10	11	12	13	14	15	16	17	18	19

Pour avoir, en outre, des observations comparables, il est nécessaire que la surface de chauffe de la boîte à feu soit calculée d'une manière uniforme. Dans les cas ordinaires, cette surface peut être considérée comme égale, en négligeant l'étendue de la porte du foyer, aux cinq faces d'un parallélipipède rectangle ayant pour hauteur la distance de la grille au dôme de la boîte à feu, et pour dimensions horizontales celles du dessus de la boîte. La surface ainsi calculée est, dans les machines les plus récentes, un douzième à un quinzième de la surface totale.

CIRCULAIRE DU MINISTRE DES TRAVAUX PUBLICS AUX PRÉFETS.
(Extrait.)

Les relevés statistiques devront d'ailleurs comprendre, comme à l'ordinaire, toutes les machines locomotives appartenant à chaque chemin de fer, quelle que soit l'époque de leur mise en circulation. Il s'agit là de détails qu'il est nécessaire de fournir de la manière la plus complète, et auxquels ne peuvent s'appliquer les observations contenues dans la circulaire que je vous ai adressée, le 6 courant, au sujet des appareils à vapeur employés dans les établissements industriels.

CIRCULAIRE DU MINISTRE DE L'AGRICULTURE, DU COMMERCE ET DES TRAVAUX PUBLICS AUX INGÉNIEURS EN CHEF DU CONTRÔLE.
(Extrait.)

Les états statistiques relatifs aux machines locomotives employées sur les chemins de fer, dont le contrôle est centralisé entre vos mains, devront comprendre, comme à l'ordinaire, toutes les machines locomotives appartenant à chaque compagnie, quelle que soit l'époque de leur mise en circulation; seulement il y aura lieu d'indiquer celles de ces machines qui n'ont pas fonctionné dans le cours de l'année 1853, ainsi que les causes auxquelles on doit attribuer leur mise en chômage.

Je n'ai pas besoin d'ajouter que les machines locomotives qui ont cessé d'exister avant le 1er janvier 1853 ne doivent plus figurer sur les relevés statistiques dont il s'agit.

EXPLOSIONS[1].

CIRCULAIRE DU SOUS-SECRÉTAIRE D'ÉTAT DES TRAVAUX PUBLICS
AUX PRÉFETS.

L'administration a fait réunir les renseignements qui lui sont parvenus, depuis un certain nombre d'années, sur des explosions de chaudières à vapeur, arrivées soit dans des établissements industriels, soit à bord des bateaux.

Ils font le sujet d'une notice qui a été insérée dans l'un des derniers numéros des Annales des mines[2].

J'ai pensé qu'il convenait que cette notice fût, en outre, imprimée séparément, pour être distribuée aux constructeurs et aux propriétaires d'appareils à vapeur, ainsi qu'aux commissions de surveillance.

J'ai l'honneur de vous en adresser plusieurs exemplaires.

Les principales observations auxquelles les derniers accidents avaient donné lieu, de la part de la commission centrale des machines à vapeur, ont été l'objet des instructions que je vous ai transmises par mes circulaires des 24 juillet 1841, 29 janvier et 30 avril 1842[3].

La notice ci-jointe indique les circonstances dans lesquelles se sont produites les diverses explosions, les causes qui ont pu les déterminer, et des précautions essentielles à prendre. En portant ainsi à la connaissance des fabricants et propriétaires de ces appareils les documents que fournit l'expérience, l'on parviendra, sans doute, à rendre de plus en plus rare le retour de semblables événements.

Je vous prie de transmettre cette notice aux personnes de votre département auxquelles vous jugerez qu'elle pourrait être utile.

CIRCULAIRE DU SOUS-SECRÉTAIRE D'ÉTAT DES TRAVAUX PUBLICS
AUX PRÉFETS.

Je vous ai transmis, dans le temps, une notice extraite des

[1] Voir ci-dessus les circulaires des 30 janvier 1845, 15 septembre 1847, 15 juin 1849, 29 novembre 1850 et 15 juillet 1853.

[2] 3e série, t. XX, p. 113. — Annales des ponts et chaussées, 2e série, t. IV, p. 153.

[3] Ces documents, n'ayant plus aujourd'hui qu'un intérêt historique, n'ont point été reproduits dans ce Recueil.

[4] A une circulaire semblable, du

Annales des mines, et dans laquelle il était rendu compte de diverses explosions de chaudières à vapeur.

La publication des documents de cette nature ne peut qu'être fort utile, en indiquant les causes qui ont déterminé les accidents, et en montrant, par cela même, quelles sont les précautions à prendre pour les prévenir. Ils font voir combien il est nécessaire de ne négliger aucune des mesures de sûreté prescrites par les règlements.

J'ai l'honneur de vous adresser des exemplaires d'un rapport de la commission centrale des machines à vapeur, sur une explosion qui a eu lieu dans un établissement du département de la Loire[1]. Je vous prie de les faire distribuer aux principaux propriétaires d'appareils à vapeur dans votre département.

L'accident dont il s'agit paraît avoir été principalement occasionné par un vice de la chaudière, à laquelle on avait adapté récemment une feuille de tôle de mauvaise qualité, et qui était mal attachée. On n'avait point eu le soin de faire renouveler l'épreuve après cette réparation. Il a été remarqué, en outre, que les soupapes étaient surchargées, et que l'appareil ne se trouvait pas muni d'un manomètre, qui aurait averti le chauffeur du danger auquel il s'exposait.

Je rappellerai que l'ordonnance du 22 mai dernier exige expressément que toute chaudière à vapeur soit éprouvée de nouveau lorsqu'il y a été fait des modifications ou réparations quelconques.

Il importe de toujours énoncer dans les arrêtés d'autorisation les diverses conditions auxquelles le propriétaire doit satisfaire, tant en ce qui concerne les moyens de sûreté de l'appareil que relativement aux dispositions du local.

Il est bien essentiel aussi de tenir la main à ce que l'instruction pratique du 22 juillet soit constamment affichée dans l'enceinte des ateliers. Cette instruction indique, pour l'emploi de la vapeur, des précautions de tous les instants, dont on ne saurait trop recommander la stricte observation aux ouvriers qui dirigent ces machines et aux chefs d'établissements.

28 octobre 1845, étaient annexés des exemplaires imprimés de plusieurs rapports concernant des explosions d'appareils à vapeur, insérés dans les Annales des mines (4e série, t. VII) et dans les Annales des ponts et chaussées (2e série, t. X).

[1] Annales des mines, 4e série, t. II, p. 39. — Annales des ponts et chaussées, 2e série, t. IV, p. 247.

CIRCULAIRE DU SOUS-SECRÉTAIRE D'ÉTAT DES TRAVAUX PUBLICS
AUX PRÉFETS.

18 mai 1846[1].

Envoi
de documents
relatifs
à
divers accidents

J'ai l'honneur de vous adresser des exemplaires de deux no-tices sur de nouvelles explosions de chaudières à vapeur, qui ont eu lieu récemment.

L'un de ces accidents, où vingt ouvriers ont été atteints, a eu pour causes l'excès de tension auquel on faisait fonctionner la chaudière, une construction vicieuse de l'appareil et l'omission de plusieurs des conditions de sûreté requises par l'ordonnance du 22 mai 1843.

Le second a également été occasionné par de graves contra-ventions au règlement. Les bouilleurs avaient été mal réparés, et l'on avait remis la chaudière en activité sans lui faire subir une nouvelle épreuve. Les soupapes avaient, en outre, un trop petit diamètre, et elles étaient fortement surchargées.

Ces deux notices ont aussi été insérées dans les Annales des mines[2] et dans les Annales des ponts et chaussées[3].

Il importe de donner la plus grande publicité possible aux do-cuments de cette nature. Ces malheureux événements montrent combien il est essentiel de ne négliger aucune des mesures et des précautions prescrites.

CIRCULAIRE DU MINISTRE DES TRAVAUX PUBLICS AUX PRÉFETS.

11 mars 1848.

Envoi
de documents
relatifs
à
divers accidents.

J'ai l'honneur de vous adresser des exemplaires imprimés des rapports concernant des explosions de chaudières à vapeur, qui ont eu lieu, l'une, en juillet 1846, à bord du bateau le Con-current n° 5, faisant un service de passagers sur la haute Seine; l'autre, en mai 1847, dans une usine située à la Villette, près Paris.

Je vous prie de les distribuer, comme les précédentes notices dont il vous a été fait envoi en 1842 et années suivantes, aux principaux propriétaires et constructeurs d'appareils à vapeur dans votre département.

[1] A une circulaire semblable, du 8 mars 1847, étaient annexés des exemplaires imprimés de plusieurs rapports concernant des explosions d'appareils à vapeur, insérés dans les Annales des mines (4e série, t. IX, X et XI) et dans les Annales des ponts et chaussées (2e série, t. XIII).
[2] 4e série, t. VIII, p. 497 et 517.
[3] 2e série, t. XI, p. 333 et 349.

Ces rapports ont également été insérés dans les Annales des mines [1] et dans les Annales des ponts et chaussées.

Les ingénieurs y trouveront d'utiles documents pour le service qu'ils ont à exercer, soit comme membres des commissions de surveillance des bateaux à vapeur, soit comme chargés de l'inspection des appareils appartenant aux établissements industriels.

— L'explosion à bord du *Concurrent*, qui a causé la mort de trois hommes de l'équipage, est arrivée au moment de la mise en train pour le départ. Il a paru probable qu'elle avait été occasionnée par un accroissement subit et considérable de pression, provenant d'une projection de l'eau de la chaudière sur les parois suréchauffées du réservoir à vapeur, quelques-uns des tubes calorifères ayant pu être émergés par l'inclinaison du bateau à l'escale, et une alimentation insuffisante ayant pu avoir lieu pendant le temps d'arrêt.

On a remarqué aussi que les conduits de la flamme et de la fumée, à section triangulaire, présentaient une forme qui les rendaient impropres à supporter de fortes pressions, et que les tirants servant d'armatures n'étaient pas disposés de manière à suppléer au défaut de résistance des parois.

Il importe de ne point autoriser, à l'avenir, pour des services de passagers, des bateaux dont les chaudières auraient des tubes intérieurs d'une construction analogue, et seraient destinés à fonctionner sous une pression effective de plus d'une demi-atmosphère. Je vous invite à appeler, sur cet objet, l'attention des commissions de surveillance qui se trouveraient instituées dans votre département.

— L'explosion survenue à la Villette est pareillement arrivée au moment de la mise en train de la machine.

Les causes qui peuvent ainsi faire coïncider les explosions avec l'instant de la mise en train ont été indiquées dans les circulaires des 15 septembre et 4 octobre 1847, lesquelles ont, en même temps, rappelé les conditions prescrites par l'ordonnance royale du 22 mai 1843, pour prévenir les dangers de ces suréchauffements des parois des réservoirs de vapeur. On ne saurait tenir trop strictement la main à l'exécution de ces mesures.

La chaudière qui a éclaté dans l'établissement de la Villette présentait d'ailleurs des détériorations, provenant de vétusté et

---

[1] 4ᵉ série, t. XI, p. 539 et 550.

d'une mauvaise qualité de la tôle, qui ont nécessairement contribué à déterminer l'explosion. On avait installé cet appareil à l'insu de l'autorité, sans lui faire subir d'épreuve. Le déplorable accident qui en est résulté, et dans lequel sept personnes ont péri et douze ont été blessées, est un nouvel exemple des funestes conséquences que peuvent entraîner les contraventions.

Cet accident a donné lieu aussi, comme vous le verrez par les rapports ci-joints, à des observations sur l'importance des mesures qui sont relatives, dans l'emplacement des chaudières, à la fixation de leur axe. Je me réfère également, sur ce point, aux recommandations contenues dans la circulaire précitée du 4 octobre 1847.

CIRCULAIRE DU MINISTRE DES TRAVAUX PUBLICS AUX PRÉFETS.

12 juin 1848

Envoi
de documents
relatifs
à
divers accidents.

L'administration a pensé qu'elle ferait une chose utile pour prévenir les accidents dans l'emploi des appareils à vapeur, en donnant de la publicité aux rapports qui lui sont transmis lorsqu'il arrive des explosions, et en signalant ainsi les causes qui amènent ces malheureux événements et les précautions qui peuvent en garantir.

Déjà, par diverses circulaires, dans les années 1842 et suivantes, et dont la dernière vous a été adressée le 11 mars, il a été fait envoi d'un certain nombre de ces rapports.

Quelques autres accidents également survenus ne s'étaient pas trouvés compris dans ces publications. Je vous transmets des exemplaires d'un imprimé où sont réunies les notices qui les concernent.

— L'une de ces explosions a eu lieu dans une usine sise à Saint-Rénobert, département du Doubs.

Le chauffeur, auquel elle a coûté la vie, avait laissé le niveau de l'eau s'abaisser dans la chaudière, dont les parois avaient été portées au rouge par la chaleur. Il a ensuite ouvert le robinet de la pompe d'alimentation. Cette injection d'eau froide sur le métal échauffé a déterminé la production instantanée d'une grande quantité de vapeur, qui a occasionné la rupture de l'appareil.

C'est là un nouvel exemple du danger de l'abaissement du niveau de l'eau au-dessous des parties qui sont entièrement en contact avec la flamme.

Peut-être aussi le propriétaire de l'usine a-t-il lui-même contribué à hâter l'explosion, en fermant le robinet du tuyau de prise de vapeur lorsqu'il s'est aperçu de l'imminence du danger.

Dans des cas pareils, quand une chaudière vient à manquer d'eau, on doit avoir bien soin, avant de rétablir l'alimentation, de faire refroidir suffisamment cette chaudière; il faut fermer le registre de la cheminée, ouvrir les portes du foyer, et se garder d'exécuter aucune manœuvre, telle que la fermeture de robinets ou l'ouverture des soupapes, qui modifie brusquement les mouvements intérieurs de l'eau et de la vapeur.

Le flotteur d'alarme de la chaudière de l'établissement de Saint-Rénobert était en outre très-imparfait. Il se composait d'une lentille creuse, remplie d'eau de manière à avoir une pesanteur spécifique convenable. On y a remarqué une fente, qui existait probablement avant l'explosion et qui a paralysé le jeu de l'instrument. Les flotteurs de ce genre sont sujets à plusieurs inconvénients; il peut s'y produire des fissures par lesquelles l'eau pénètre dans leur intérieur ou en sort à l'état de vapeur; la lentille peut se vider complétement et être écrasée par la pression extérieure. L'emploi de ces appareils à lentille creuse était assez fréquent autrefois. Ils sont maintenant généralement abandonnés. On doit en interdire l'usage.

D'ailleurs, les flotteurs d'alarme, quelque simple qu'en soit le mécanisme, sont susceptibles de se déranger, et ils n'avertissent que lorsque le niveau de l'eau est déjà trop bas. C'est pourquoi les chauffeurs doivent examiner très-fréquemment les autres indicateurs du niveau de l'eau dont chaque chaudière doit être munie, et régler, d'après cette inspection, le jeu de la pompe alimentaire.

—Le second des accidents, qui fait l'objet d'un autre rapport, est arrivé dans une fabrique de sucre de betterave, située à Saint-Saulve, département du Nord.

La chaudière qui a éclaté servait à la défécation. L'explosion a été occasionnée par suite de l'inexécution des conditions de sûreté prescrites par l'ordonnance du 22 mai 1843. Cette chaudière recevait la vapeur d'un générateur dans lequel la pression pouvait être d'environ 4 atmosphères; la vapeur circulait entre la paroi extérieure et un double fond intérieur, puis s'écoulait avec l'eau condensée par un tuyau muni d'un robinet qu'on pouvait fermer à volonté. On l'avait établie sans autorisation, sans lui faire subir d'épreuve, et elle n'était pas pourvue d'une soupape. C'est la fermeture intempestive du robinet adapté au tuyau d'émission de la vapeur qui a déterminé l'explosion. Cet accident, où un ouvrier a péri par suite de ses blessures, aurait été prévenu si l'appareil eût été soumis à l'épreuve et muni d'une soupape; si l'on se fût conformé, pour son installation, aux dispositions exigées par l'article 67 de l'ordonnance et rappelées dans la circulaire du 30 janvier 1845. Des poursuites ont dû être dirigées, à raison de ces contraventions, contre le propriétaire de l'établissement, et il a été condamné à l'amende par arrêt de la cour de Douai.

— Le troisième accident a été produit par l'explosion d'un calorifère à circulation d'eau chaude, qui était placé dans une maison d'habitation à Paris.

Cet appareil avait également été établi sans permission, et l'on n'avait pas pris les précautions nécessaires pour son emploi. L'eau n'y avait presque point de circulation, en sorte qu'elle pouvait acquérir une très-haute température et que la tension de la vapeur devait être excessivement élevée.

L'explosion n'a heureusement pas causé beaucoup de dégâts, mais elle aurait pu avoir des conséquences très-graves.

Ce calorifère, du genre connu sous le nom de *calorifère anglais* ou de système Perkins, rentrait dans la classe des calorifères à eau dont il est fait mention dans la circulaire du 11 février 1845, et auxquels s'applique l'article 67 précité de l'ordonnance de 1843. Il doit être défendu d'établir de semblables appareils sans une autorisation spéciale, déterminant les conditions de sûreté à remplir.

—Ces rapports ont, en outre, été insérés dans les Annales des mines[1] et dans les Annales des ponts et chaussées. Les ingénieurs chargés de la surveillance des machines et chaudières à vapeur y trouveront d'utiles renseignements pour cette partie importante du service.

CIRCULAIRE DU MINISTRE DES TRAVAUX PUBLICS AUX PRÉFETS. 10 septembre 1849.

J'ai l'honneur de vous transmettre des exemplaires d'une notice sur les explosions et ruptures d'appareils à vapeur qui ont eu lieu, en 1848, tant dans les établissements industriels

Appareils et bateaux à vapeur.

—

[1] 4ᵉ série, t. XI.

Envoi
d'une notice
sur
les accidents.

qu'à bord des bateaux ; notice qui a été insérée dans les Annales des mines [1] et dans celles des ponts et chaussées.

On y a compris plusieurs explosions survenues en 1846 et 1847, qui n'avaient pas été mentionnées dans les publications précédentes.

L'on a de plus ajouté deux tableaux, présentant le résumé des divers accidents de cette nature arrivés en France depuis 1827 jusqu'à l'année 1848 inclusivement.

En examinant ces tableaux, on voit que presque tous les accidents ont été occasionnés par des contraventions aux règlements, telles que l'absence de plusieurs des appareils de sûreté exigés, des manques d'épreuves, des défauts de soin, des vices de construction dans les chaudières, dont un grand nombre avaient été établies sans permission et à l'insu de l'autorité.

Cela montre combien est nécessaire l'exact accomplissement des conditions et précautions prescrites par les ordonnances et instructions sur la matière; l'on ne saurait trop recommander de veiller strictement à leur exécution.

Je vous prie de faire distribuer, suivant l'usage, la présente notice aux principaux constructeurs et propriétaires d'appareils à vapeur dans votre département, ainsi qu'aux commissions de surveillance des bateaux à vapeur, là où il en existe.

---

24 août 1852.

CIRCULAIRE DU MINISTRE DES TRAVAUX PUBLICS AUX PRÉFETS.

Envoi
d'une notice
sur
les accidents
arrivés
de
1849 à 1850.

J'ai l'honneur de vous transmettre, pour faire suite aux documents de même nature qui ont été publiés dans les années antérieures, des exemplaires d'une notice extraite des Annales des mines [2] et relative aux explosions d'appareils à vapeur survenues, en France, durant la période des deux années 1849 et 1850, soit dans des établissements industriels, soit à bord des bateaux.

De semblables relevés, en montrant les causes des accidents et les précautions qui auraient pu les prévenir, doivent être un utile enseignement; on y voit que toutes ou presque toutes les explosions n'arrivent que par suite de défaut de soins dans l'emploi des appareils, d'infractions aux dispositions réglementaires,

---

[1] 4e série, t. XV, p. 3. [2] 4e série, t. XX, p. 67.

et combien, par conséquent, est importante l'exacte observation des mesures prescrites par les ordonnances et instructions.

Ainsi que vous le remarquerez, la présente notice, rédigée
par la commission centrale des machines à vapeur, signale, en
outre, comme une des circonstances qui tendent à rendre les
explosions plus fréquentes, l'habitude de quelques industriels
d'adopter des chaudières de trop petites dimensions : ces chaudières, où la combustion est très-active, s'usent rapidement; le
niveau de l'eau y éprouve des variations dangereuses, et les ouvriers qui conduisent la machine peuvent être souvent tentés de
surcharger les soupapes pour augmenter la production de la
vapeur ou pour empêcher la perte de celle qui s'accumule dans
les intervalles de repos : c'est un point sur lequel il est essentiel
d'appeler l'attention des fabricants et des propriétaires.

—Il est fait mention, à la fin de la notice, de la rupture d'un
appareil qui a occasionné un grand désastre dans l'établissement
où il a éclaté : il s'agit d'un cylindre rotatoire en fonte. Quoique
cet appareil ne rentre pas proprement dans la catégorie de ceux
que régit l'ordonnance du 22 mai 1843, il a paru utile de faire
connaître les graves dangers que présente l'emploi de la fonte
pour la construction de ces sortes de cylindres, aujourd'hui
très-répandus dans les raffineries.

APPENDICE.

I. RÉCIPIENTS DIVERS DE VAPEUR (p. 130).

10 décembre 1856. CIRCULAIRE DU MINISTRE DE L'AGRICULTURE, DU COMMERCE
ET DES TRAVAUX PUBLICS AUX PRÉFETS.

*Appareils employés
dans
les distilleries.* L'article 67 de l'ordonnance du 22 mai 1843, sur les machines et chaudières à vapeur, a laissé à l'administration le soin
de déterminer les conditions spéciales auxquelles pourraient
être assujettis certains appareils où l'on produit ou dans lesquels on fait circuler de la vapeur, et qui, à raison de leur
mode particulier de construction ou de l'usage auquel ils seraient destinés, ne rentreraient pas dans les mesures générales
prescrites par cette ordonnance.

Déjà, en exécution de cette disposition du règlement, des
circulaires, en date des 30 janvier et 11 février 1845, ont fixé
les conditions à remplir pour l'emploi de divers récipients de
cette nature, tels que les cylindres sécheurs, les chaudières à
double fond des teinturiers et des fabricants de sirops, les roues
à peigner la laine, les calorifères à eau, etc.; mais jusqu'ici il
n'avait encore été rien prescrit pour les appareils à distiller et
à rectifier, maintenant usités dans un assez grand nombre de
fabriques.

Ces derniers appareils, qui présentent autant d'analogie avec
les chaudières ordinaires à vapeur que ceux que je viens de
rappeler, sont également susceptibles de causer de graves accidents, et de tristes exemples l'ont malheureusement prouvé.

Là, en effet, la vapeur fournie par le liquide en distillation
peut acquérir, par suite de l'obstruction fortuite du tuyau
d'échappement ou par la simple fermeture de robinets, une
très-haute tension, et déterminer ainsi une explosion.

Le même accident peut encore se produire si, l'appareil
étant chauffé à l'aide de la vapeur d'eau provenant d'un générateur ordinaire, le serpentin à travers lequel cette vapeur
circule vient à se déchirer.

Enfin il peut arriver, quand le chauffage s'opère à feu nu,
que le niveau de la masse liquide s'abaisse, mette une partie
des parois en contact avec la flamme, et, en occasionnan dans

l'intérieur du récipient la formation subite d'une grande quantité de vapeur, fasse éclater ce récipient.

Il convient d'ajouter que, dans ces divers cas, les suites de l'explosion seraient d'autant plus à craindre, qu'en raison de la nature inflammable du liquide, elle pourrait le plus souvent être accompagnée d'un incendie.

L'administration a dû se préoccuper sérieusement des appareils dont il s'agit; elle a invité la commission centrale des machines à vapeur à rechercher les mesures qui devront leur être appliquées. Cette commission a exprimé l'avis qu'il y avait lieu de faire application aux appareils dont il s'agit de l'article 67 précité de l'ordonnance du 22 mai 1843, et qu'en conséquence ces appareils ne devaient, conformément aux prescriptions dudit article, être établis qu'en vertu d'une permission du préfet, déterminant dans chaque espèce, sur le rapport des ingénieurs, les conditions de sûreté qui seront reconnues nécessaires.

Ces conditions, devant naturellement varier suivant le mode de construction des appareils eux-mêmes et selon les circonstances où ils se trouveront placés, ne sauraient être toutes indiquées par avance; il en est toutefois quelques-unes que l'on peut signaler comme les plus essentielles, et qui devront être imposées dans la plupart des cas.

Ainsi, 1° pour les appareils à feu nu, il conviendra de prescrire un tube indicateur ou des robinets étagés, semblables à ceux qui sont adaptés aux chaudières à vapeur; ces instruments, indispensables comme mesure de sûreté, sont en outre ici utiles à la conduite de l'opération, et leur application ne peut par conséquent présenter de difficultés.

2° Pour tout appareil à distiller ou à rectifier, quel que soit le mode de chauffage, il devra y avoir sur le corps servant de chaudière un manomètre et une soupape de sûreté ou son équivalent, de telle sorte qu'on puisse connaître à chaque instant quelle est la tension de la vapeur produite, et s'assurer que cette tension ne dépasse point une limite donnée.

Déjà un certain nombre des appareils dont nous nous occupons ici sont munis de tubes de sûreté disposés comme dans les flacons de Woolf; d'autres portent un manomètre à eau et à air libre, qui remplit jusqu'à un certain point le même office, et consiste en un tube de verre de quelques millimètres de largeur : ces dispositions sont bonnes en elles-mêmes; seulement il est à remarquer qu'un tube d'un aussi petit diamètre n'offrirait pas une issue suffisante, surtout pour le cas où, par une cause quelconque, il se développerait instantanément dans l'appareil une grande quantité de vapeur. Un instrument de ce genre ne devra donc être accepté, comme faisant tout ensemble fonction de manomètre et de soupape de sûreté, qu'autant qu'il présentera une large section, au moins huit à dix centimètres de diamètre. On pourra d'ailleurs le construire en métal, et y indiquer le niveau de l'eau au moyen d'un flotteur ou à l'aide d'un tube de verre adapté latéralement, à la hauteur convenable, comme on en place sur la partie antérieure des chaudières à vapeur.

3° Lorsque dans le local de l'appareil existera un foyer, soit celui de l'appareil lui-même, s'il s'agit d'une distillation à feu nu, soit celui du générateur, si l'on distille à la vapeur, il conviendra de faire aboutir au dehors l'ouverture par laquelle doivent s'échapper les vapeurs du liquide en distillation, quand les instruments de sûreté viennent à jouer; cette disposition devra toujours être exigée si le local est clos de toutes parts et de petites dimensions.

4° Pour prévenir l'écrasement de l'appareil en cas de la formation d'un vide intérieur, il faudra, lorsque cet appareil ne sera pas muni du tube de sûreté ou du manomètre décrits plus haut, qu'il y soit adapté une soupape atmosphérique, c'est-à-dire s'ouvrant de dehors en dedans.

Je vous prie de porter à la connaissance des constructeurs et des principaux fabricants de votre département les instructions de la présente circulaire, et d'en assurer l'exécution.

II. BATEAUX À VAPEUR (p. 174 et 202).

---

10 décembre 1856. CIRCULAIRE DU MINISTRE DE L'AGRICULTURE, DU COMMERCE ET DES TRAVAUX PUBLICS AUX PRÉFETS.

Bateaux à vapeur.

Chaudières
tubulaires.

Des réclamations ont été formées plusieurs fois, comme vous le savez, au sujet des inconvénients que peut présenter, pour le perfectionnement de notre navigation à vapeur, l'obligation de soumettre les chaudières tubulaires des bateaux aux mêmes

épreuves que les chaudières cylindriques, c'est-à-dire à une
pression triple de la pression effective.

Les questions soulevées par ces réclamations ont été mûre-
ment examinées par la commission centrale des machines à
vapeur, et cette commission a reconnu que l'on pourrait, sans
danger pour la sûreté publique, réduire au double la pression
d'épreuve pour les chaudières dont il s'agit, sous la condition
formelle que l'épreuve serait renouvelée au moins une fois
chaque année.

L'administration va s'occuper des modifications qu'il y aurait
lieu d'apporter, sous ce rapport et sous quelques autres, aux règlements des 23 mai 1843 et 17 janvier 1846 ; mais, en atten-
dant, il m'a paru qu'il n'y aurait pas d'inconvénient, comme le
permettent d'ailleurs les articles 58 et 80 des deux règlements
ci-dessus, à autoriser dans la pratique, conformément à l'avis
de la commission centrale, la substitution de l'épreuve double
à l'épreuve triple pour les chaudières tubulaires des bateaux
qui naviguent sur les fleuves et rivières ou sur la mer.

Ces chaudières pourront, en conséquence, n'être éprouvées
désormais qu'au double de la pression effective sous laquelle
elles seront destinées à fonctionner ; mais, en même temps, il
conviendra de tenir strictement la main à ce que les épreuves
soient régulièrement répétées une fois par an, sans préjudice
du droit des commissions de surveillance d'en provoquer
de nouvelles, dans toutes les occasions où elles le jugeront nécessaire d'après l'état des appareils. Ce renouvellement des
épreuves, déjà recommandé d'une manière expresse, dans les
instructions des 26 juillet 1843 et 6 juin 1846, pour tous les
générateurs de vapeur employés sur les bateaux, est une précaution des plus essentielles ; et des mesures devront être prises,
dans chaque port d'armement, pour que cette condition soit
exactement observée.

Il est, du reste, bien entendu que lesdites chaudières tubulaires continueront d'être renforcées par des armatures suffisantes, comme le prescrivent l'article 23 de l'ordonnance du
23 mai 1843 et l'article 20 de l'ordonnance du 17 janvier
1846. Il n'est pas possible, à raison des modes variés de construction qu'affectent les générateurs usités sur les bateaux,
d'assujettir ces armatures à un système général et absolu ; mais
il appartient aux commissions de surveillance d'apprécier, dans
chaque cas, si celles dont il est fait usage sont établies dans de

bonnes conditions : pour que cet examen puisse d'ailleurs toujours être fait avec précision, il conviendra d'exiger dorénavant
que le dessin géométrique de la chaudière, qui doit accompa-
gner toute demande de permis de navigation, donne également
l'indication complète, avec les diverses cotes nécessaires, des
armatures dont l'appareil sera muni.

Je joins ici des exemplaires de la présente circulaire pour
les membres des commissions de surveillance, et je vous prie
aussi de la porter à la connaissance des principaux constructeurs d'appareils à vapeur de votre département.

TABLE ANALYTIQUE.

18

STATISTIQUE ANNUELLE.

MACHINES LOCOMOTIVES.

MANOMÈTRES.

TABLE CHRONOLOGIQUE.

———

Pages.